职业教育汽车类专业通识教育系列教材

人工智能 + 汽车技术与应用

（高职汽车类专业通用）

组　编　全国汽车职业教育教学指导委员会
主　编　徐念峰　王士进
副主编　田兴政　卞合善
参　编　孙永道　常卫花　郭三华　郝　俊　梁月放
　　　　李文娜　周颖颖　刘　涵　郝　芳　张俊宇
　　　　吴佳锋　刘湘煜　冯海胜

扫一扫
随书资源

机械工业出版社

本书系统介绍了人工智能（AI）技术在汽车领域的创新应用与发展前景。全书共6章：第1章讲解人工智能基础技术与大语言模型原理；第2~4章聚焦AI在汽车设计与制造、智能座舱、自动驾驶中的实践，包括仿真测试、人机交互、车路协同等核心技术；第5章探讨AI驱动的汽车服务新生态，如故障诊断、个性化用户服务及后市场创新；第6章分析伦理法规、产业变革与未来趋势，辅以实践任务和案例，强化实用性。

本书可作为高职专科和职业本科汽车类专业的"人工智能通识"课程教材，也可供应用型本科和技工院校汽车类专业学生、汽车行业技术人员、研发人员以及对智能汽车与AI应用感兴趣的读者阅读。

图书在版编目（CIP）数据

人工智能+汽车技术与应用：高职汽车类专业通用 / 全国汽车职业教育教学指导委员会组编；徐念峰，王士进主编. -- 北京：机械工业出版社，2025.9. --（职业教育汽车类专业通识教育系列教材）. -- ISBN 978-7-111-79098-3

Ⅰ. U46-39

中国国家版本馆CIP数据核字第2025S8R202号

机械工业出版社（北京市百万庄大街22号　邮政编码100037）
策划编辑：李崇康　　　　　　　　责任编辑：李崇康
责任校对：高凯月　杨　霞　景　飞　封面设计：张　静
责任印制：单爱军
北京瑞禾彩色印刷有限公司印刷
2025年9月第1版第1次印刷
210mm×285mm·12.75印张·353千字
标准书号：ISBN 978-7-111-79098-3
定价：59.90元

电话服务　　　　　　　　网络服务
客服电话：010-88361066　　机　工　官　网：www.cmpbook.com
　　　　　010-88379833　　机　工　官　博：weibo.com/cmp1952
　　　　　010-68326294　　金　书　网：www.golden-book.com
封底无防伪标均为盗版　机工教育服务网：www.cmpedu.com

前言
Preface

随着数字化、智能化的日益发展，人工智能（AI）将成为未来社会的重要支柱。随着人工智能技术的迅猛发展，汽车产业正迎来前所未有的变革，从设计研发、生产制造到售后服务，AI技术已深度融入汽车产业链各环节，推动着汽车产业向电动化、智能化、网联化、共享化方向加速迈进。

习近平总书记在中共中央政治局第二十次集体学习时强调，面对新一代人工智能技术快速演进的新形势，推进人工智能全学段教育和全社会通识教育，源源不断培养高素质人才。为贯彻落实中共中央、国务院《教育强国建设规划纲要（2024—2035年）》，推动职业教育与人工智能深度融合，促进教育教学模式创新，全国汽车职业教育教学指导委员会受教育部职业教育发展中心委托，组织行业企业和职业院校专家共同开发教材，旨在为读者系统介绍人工智能在汽车领域的应用，帮助正确理解AI技术如何重塑汽车产业，并为未来的学习和实践奠定基础。

本书共分为6章，内容涵盖人工智能基础、汽车设计与制造、智能座舱、智能驾驶、汽车服务生态以及未来展望。第1章从人工智能的基本概念和发展历程入手，介绍机器学习、深度学习等关键技术，并探讨大语言模型的工作原理及其局限性。第2章聚焦AI在汽车设计与制造中的应用，展示AI如何优化设计流程、提升研发效率并实现智能制造。第3章深入探讨智能座舱的核心技术，包括人机交互、个性化服务和情感计算，揭示AI如何为用户打造更舒适、更安全的驾乘体验。第4章围绕智能驾驶技术，详细分析环境感知、决策规划和控制执行等关键环节，并介绍仿真测试和车路协同的前沿进展。第5章重点讨论AI驱动的汽车服务新生态，涵盖故障诊断、个性化用户服务以及后市场创新。第6章则从伦理、法规与标准、产业变革和未来趋势等角度，探讨汽车AI发展的基石与方向。

本书顺应"三教改革"要求，特别强调适岗性、自主性和新颖性，具体表现在：

1)"课程思政"元素融入其中。落实"立德树人"的根本任务，在内容设计中有机融入思政元素，强调培育学生自主学习的能力素养、追求卓越的工匠精神。

2)"全产业链"岗位覆盖。内容覆盖汽车设计与制造、智能座舱、智能驾驶、汽车服务等汽车全产业链岗位，精选企业实际案例，融入新技术与新工艺，满足案例学习、模块化学习、泛在学习等不同学习方式要求。

3）"微课"主导实践全过程。为突出以学生为中心、以能力为本位的教育理念，实践任务配有对应的微课二维码，链接典型工作任务的操作视频，便于学生自主学习，提高学习兴趣，降低学习难度。

4）"校企"联合组建编写团队。主编是来自行业企业的资深专家，具有高级职称，参编人员由企业技术工程师和多所职业院校的一线骨干专业教师组成。

感谢清华大学曹东璞教授、大连理工大学赵剑院长、天津滨海汽车工程职业学院张鹏副校长、广东科学技术职业学院曾文权院长、南京信息职业技术学院何淼院长、长春汽车职业技术大学李东兵院长、广州市交通运输职业学校陈高路主任对本书内容提出了建设性意见和建议。感谢比亚迪股份有限公司、东风汽车集团有限公司、吉利汽车集团有限公司以及地平线、天行健、数格致元等公司为本书的编写工作提供的帮助。

本书理论结合实践，通过丰富的案例和延伸阅读，帮助读者深入理解AI技术在汽车领域的应用场景与潜力，可供高职专科、职业本科及技师学院等汽车专业师生使用，也可作为汽车相关企业技术人员的培训教材和参考用书。本书配套课程资源包括课程标准、教案、PPT课件、习题答案、微课视频，获取方式见本书封底。

由于编者水平有限，本书难免有不当之处，恳请读者批评指正。

本书配套X-Pilot助教助学智能体，读者可登录网址http://www.x-pilot.cn/#/EducationChat/HigherVocational 或扫描下方二维码使用。

编　者

目录
Contents

前言

第1章 走进人工智能大模型新时代

学习内容 …………………………………………………………… 002
学习目标 …………………………………………………………… 002

1.1 人工智能及其发展历程 …………………………………… 003
1.1.1 什么是人工智能？ ………………………………………… 003
1.1.2 人工智能的发展历程 ……………………………………… 005

1.2 人工智能的关键技术 ……………………………………… 008
1.2.1 机器学习：让机器"学习"的魔法 …………………………… 008
1.2.2 深度学习：模仿大脑的神经网络 ……………………………… 011
1.2.3 自然语言处理：让机器"听得懂"和"说得出" ………………… 012
1.2.4 计算机视觉：让机器"看懂"世界 …………………………… 015

1.3 初识大语言模型：开启智能文本的奇幻之旅 ………………… 020
1.3.1 什么是大语言模型？ ……………………………………… 020
1.3.2 大语言模型如何"思考"？ ………………………………… 023
延伸阅读1：常见的深度学习算法 ………………………………… 027
延伸阅读2：什么是RAG、Agent？它们和大语言模型有什么关系？ …………………………………………………… 027
参考文献 …………………………………………………………… 028

第2章 AI赋能汽车：从设计到制造

学习内容 …………………………………………………………… 030
学习目标 …………………………………………………………… 030

2.1 AI辅助汽车设计 …………………………………………… 031
2.1.1 传统汽车设计流程简介 …………………………………… 031
2.1.2 AI如何帮助汽车设计工程师？ ……………………………… 032
2.1.3 AI在概念车设计中的应用 ………………………………… 034

2.2　AI优化汽车研发　037
2.2.1　基于数据驱动的汽车研发　037
2.2.2　AI在仿真测试中的应用　040
2.2.3　AI工具在团队协作中的应用　046

2.3　AI在汽车制造中的应用　052
2.3.1　智能质量检测：机器视觉的应用　052
2.3.2　具身工业机器人：自动化装配与物流　055
2.3.3　工厂预测性维护：让设备永不停机　057
实践任务：体验图片生成工具　061
参考文献　061

第3章　智能座舱：会思考的移动空间

学习内容　063
学习目标　063

3.1　智能座舱的核心：人机交互　064
3.1.1　什么是智能座舱？　064
3.1.2　交互方式的演变：从物理按键到智能语音　067
3.1.3　多模态交互：让汽车"眼耳口手"一起工作　071

3.2　AI大语言模型驱动的座舱新体验　075
3.2.1　语音助手的进化之路：从"机械应答"到"智能对话"　075
3.2.2　语音助手的核心功能与座舱应用　076
3.2.3　AI大语言模型语音助手的技术架构　077

3.3　智能座舱及智能体应用　079
3.3.1　智能座舱个性化推荐系统与情感计算　079
3.3.2　智能体案例——蔚来NOMI智能伙伴　082
实践任务：智能座舱语音助手智能体设计　085
参考文献　085

第4章　智能驾驶：迈向自动化的未来

学习内容　087
学习目标　087

4.1　ADAS：迈向自动驾驶的关键一步　088
4.1.1　ADAS如何重塑我们的出行方式？　088
4.1.2　ADAS的核心功能　089

4.1.3 ADAS如何通向自动驾驶？ ………………………………… 090

4.2 感知、决策与控制的智能化革新 …………………………… 092
4.2.1 环境感知：让汽车"看懂"路况 ……………………… 092
4.2.2 决策规划：让汽车"思考"如何行驶 ……………… 094
4.2.3 控制执行：让汽车精确"操作" …………………… 096

4.3 自动驾驶仿真测试 …………………………………………… 099
4.3.1 自动驾驶仿真测试的重要性 ………………………… 099
4.3.2 仿真数据的合成：自动驾驶仿真测试的"燃料" ……… 103
4.3.3 场景生成：自动驾驶仿真测试的"引擎" …………… 107

4.4 车路协同与智慧交通 ………………………………………… 112
4.4.1 初识车路协同：让交通参与者学会"沟通" ………… 112
4.4.2 AI大模型如何"看懂"交通？ ………………………… 117
4.4.3 AI当上"交通大管家"：城市交通管理服务新体验 …… 119

实践任务1：评判当前的ADAS技术 ………………………… 122
实践任务2：调研你所在城市的V2X智慧交通项目 ………… 123
参考文献 ……………………………………………………… 124

第5章 服务进化：AI引领汽车服务新生态

学习内容 ……………………………………………………… 126
学习目标 ……………………………………………………… 126

5.1 智能故障诊断与远程运维 …………………………………… 127
5.1.1 AI如何帮助诊断汽车故障？ …………………………… 127
5.1.2 远程诊断与OTA升级：汽车的"在线诊疗"与"云端进化" …………………………………………… 133
5.1.3 预测性维护：防患于未然 ……………………………… 136

5.2 个性化用户服务 ……………………………………………… 141
5.2.1 汽车大数据：人工智能的智慧基座 …………………… 141
5.2.2 用户画像：智能驱动的汽车消费洞察 ………………… 146
5.2.3 智能应用：企业与用户的沟通桥梁 …………………… 150

5.3 AI赋能：汽车后市场进入新时代 …………………………… 154
5.3.1 重塑车险服务新体验 …………………………………… 154
5.3.2 打造透明高效的二手车交易模式 ……………………… 160

实践任务1：设计二手车评估智能体 ………………………… 166
实践任务2：设计数字人车展导览员 ………………………… 166
参考文献 ……………………………………………………… 167

第6章　汽车人工智能基石与未来展望

　　学习内容 …………………………………………………………………………… 169
　　学习目标 …………………………………………………………………………… 169
6.1　伦理、法规与标准 ………………………………………………………… 170
　　6.1.1　人工智能带来的伦理挑战 ………………………………………………… 170
　　6.1.2　汽车AI的"安全密码"：技术防护与信任构建 …………………………… 174
　　6.1.3　全球汽车人工智能领域相关法律法规与标准 …………………………… 177
6.2　汽车产业变革与人才新要求 ……………………………………………… 183
　　6.2.1　AI如何重塑汽车产业链？ ………………………………………………… 183
　　6.2.2　未来需要哪些汽车+AI人才？ …………………………………………… 186
6.3　技术前沿与未来展望 ………………………………………………………… 190
　　6.3.1　技术前沿 …………………………………………………………………… 190
　　6.3.2　未来展望 …………………………………………………………………… 192
　　实践任务：构建关于"电车难题"的知识图谱 ………………………………… 195
　　参考文献 …………………………………………………………………………… 196

第 1 章
走进人工智能大模型新时代

在 21 世纪的第三个十年，人工智能已从科幻小说中的幻想，变为重塑人类生活的核心技术。从智能手机的语音助手到自动驾驶汽车的复杂决策，人工智能正在以惊人的速度渗透到日常生活的方方面面。本章将从多元视角揭开人工智能的神秘面纱。

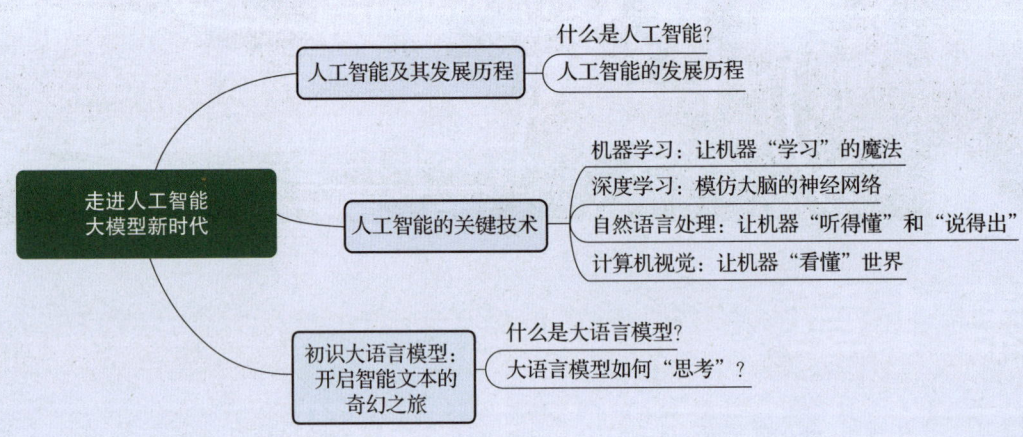

1. 复述人工智能的定义与核心特征，列举其三大技术分支。
2. 了解人工智能的分类，加深对其本质特征的理解。
3. 梳理人工智能的发展历程，熟悉其在不同阶段的重大事件、技术突破及标志性成果。
4. 剖析自然语言处理的全流程机制，揭示其技术原理与应用逻辑。
5. 熟知自然语言处理在汽车领域的应用。
6. 比较机器学习与深度学习的异同，说明神经网络在图像识别中的关键作用。
7. 概括大语言模型的 Transformer 架构原理，指出其与传统 NLP 模型的区别。
8. 了解计算机视觉的五大关键技术，列举其在自动驾驶中的应用场景。
9. 分析大语言模型的局限性，检索当前行业解决方案。
10. 归纳人工智能发展史上的三次技术浪潮，关联各阶段突破与汽车产业的联系。
11. 构建创新思维日志，记录人工智能技术灵感并实践一个微创新方案。
12. 保持对人工智能前沿动态的关注，分析其对汽车产业的影响。

1.1 人工智能及其发展历程

计算机的人脸识别、自动驾驶的路况理解，乃至机器的"思考"能力，背后是无数科学家在符号逻辑与神经网络之间的抉择，是算力与数据碰撞出的火花，更是哲学思辨与工程实践的持续博弈。

回望历史，人工智能每一次突破都非偶然：图灵测试的哲学追问催生了对话系统的雏形，深度学习的积淀最终催生AlphaGo，而汽车工业的智能化转型，则让算法从实验室走向量产汽车。

本节将从人工智能的定义之争启程，穿越符号主义的理性之光与连接主义的数据洪流，在自动驾驶、智能座舱等真实场景中见证技术的落地与反思。历史是未来的罗盘——唯有理解人工智能的演进路径，才能预判其发展方向。

1.1.1 什么是人工智能?

> **案例导入**
>
> **围棋人机大战**
>
> 围棋人机对弈的发展是人工智能技术突破的缩影，仅用20余年便完成了从"玩具程序"到"超越人类"的跨越。1997年，IBM"深蓝"战胜国际象棋世界冠军后，围棋因其10^{170}种可能棋局的复杂度被视为人类智慧的最后堡垒，但AlphaGo的横空出世改变了局面。
>
> 2006年，法国团队开发的"疯石"（Crazy Stone）在9路棋盘首次击败职业棋手。2015年10月，DeepMind团队研发的AlphaGo以5∶0完胜欧洲冠军樊麾二段，这是AI首次在公平条件下击败职业棋手，它通过分析16万局人类棋谱（监督学习）和3000万局自我对弈（强化学习）实现了突破。
>
> 真正的里程碑是2016年3月的人机对决。AlphaGo以4∶1战胜围棋世界冠军李世石九段。DeepMind随后公开了50盘自我对弈棋谱，其中37局出现人类棋谱库从未记录的新定式。2017年5月，升级版AlphaGo Master在乌镇3∶0完胜当时排名世界第一的柯洁九段（图1-1-1）。2017年10月，AlphaGo Zero完全摒弃人类数据，仅凭围棋规则通过490万局自我对弈，40天即超越所有前版本。
>
>
>
> 图1-1-1 围棋人机大战

1. 人工智能概述

人工智能（Artificial Intelligence，AI）概念自20世纪50年代被提出以来，

人类一直致力于让计算机技术朝着越来越智能的方向发展。这是一门涉及计算机科学、控制论、语言学、神经学、心理学及哲学等的综合性交叉学科，它试图了解智能的实质，并生产出一种新的能以人类智能相似的方式做出反应的智能机器，该领域的研究包括机器人、语言识别、图像识别、自然语言处理和专家系统等。同时，人工智能也是一门有强大生命力的学科，它试图改变人类的思维和生活习惯，延伸和解放人类智能，也必将带领人类走向科技发展的新纪元。

2. 人工智能概念的提出

1956年8月，在美国达特茅斯学院，约翰·麦卡锡等科学家聚集一堂（图1-1-2），探讨如何用机器模拟人类的学习及其他智能行为。这次具有里程碑意义的会议虽然未达成共识，却正式确立了"人工智能"这一术语，1956年也因此被视为人工智能元年。

图1-1-2 参与达特茅斯会议的科学家

人工智能是跨学科的综合性领域，其定义存在多元视角：尼尔森强调其为"关于知识的学科"，聚焦知识表示与应用；温斯顿认为需突破"计算机执行人类专属智能任务"的边界；我国《人工智能标准化白皮书》则将其定义为通过计算机模拟人类智能，实现环境感知与知识运用的理论与技术体系。

上述这些定义共同聚焦三点核心要义：①揭示人类智能活动规律；②构建类人智能系统；③以计算机技术代替人类完成智力任务。其本质是通过软硬件模拟人类智能行为，最终建立包含基础理论、技术方法与实际应用的全要素科学体系。

3. 人工智能的分类

人工智能可从功能、能力、应用领域等多个维度分类，以下从不同角度展开说明。

（1）按照功能分类

1）弱人工智能：被设计用来执行特定任务的人工智能系统。这些系统不具备自我意识或理解能力，只能在预先设定的参数和规则下进行操作，如语音助手（图1-1-3）、推荐系统和图像识别软件都属于弱人工智能的范畴。

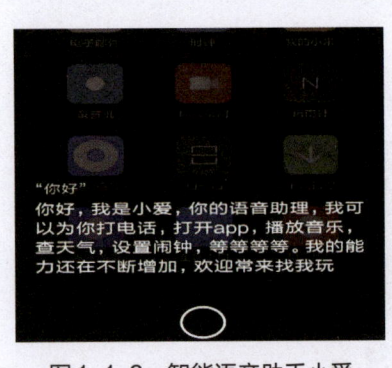

图1-1-3 智能语音助手小爱

2）强人工智能：具备与人类相当或超越人类的通用认知能力、自主解决问题能力的智能系统。与弱人工智能不同，强人工智能能够理解复杂概念、适应新环境、跨领域学习并具备自我意识。目前技术尚未实现强人工智能。

（2）按照能力分类

1）感知智能：擅长处理视觉、听觉等感官信息，如人脸识别（如Face ID）和语音转文字工具。

2）认知智能：具备逻辑推理与决策能力，如法律咨询AI分析案件，或金融AI预测市场趋势。

3）生成智能：生成原创内容，如AI绘画工具或文本生成模型。

（3）按照应用领域分类

1）医疗AI：辅助影像诊断（如肺部CT分析）、药物分子筛选等。

2）教育AI：个性化学习路径推荐、智能批改作业系统。

3）工业AI：生产线自动化质检、设备故障预测维护。

4）交通AI：自动驾驶技术、实时交通流量优化。

1.1.2 人工智能的发展历程

人工智能作为一门交叉学科，其发展历程是一个螺旋式上升、不断突破的演进过程，如图1-1-4所示。

1. 孕育期（20世纪40年代末—20世纪50年代）

在人工智能理论奠基与初步探索阶段，诺伯特·维纳等人的控制论为智能机器的设计提供了思想启示；沃伦·麦卡洛克和沃尔特·皮茨提出的早期神经网络模型则开启了神经网络的研究；艾伦·麦席森·图灵提出的图灵测试为判断机器智能提供了标准。艾伦·麦席森·图灵有着"计算机科学之父""人工智能之父"等称谓，在1936年，图灵发表了一篇论文《论可计算的数及其在密码问题中的应用》，首次提出逻辑机的通用模型，人们把这个模型机称为图灵机。它有一条无限长的纸带，纸带分成了一个一个的小方格，每个方格有不同的颜色。有一个机器头在纸带上移来移去。机器头有一组内部状态，还有一些固定的程序。在每个时刻，机器头都要从当前纸带上读入一个方格信息，然后结合自己的内部状态查找程序表，根据程序输出信息到纸带的方格上，并转换自己的内部状态，然后进行移动，如图1-1-5所示。图灵机是一种抽象计算模型，其更抽象的意义为一种数学逻辑机，可以看作等价于任何有限逻辑数学过程的终极强大逻辑机器。图灵机不是一种具体的机器，而是一种思想模型；虽然简单，但运算能力极强，可以计算出所

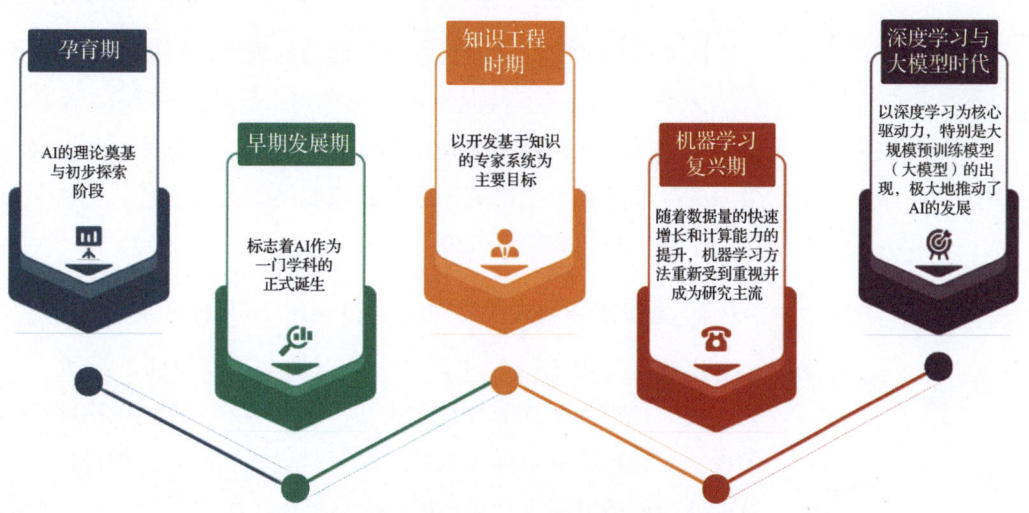

图1-1-4 人工智能的发展历程

有能想象到的可计算函数。

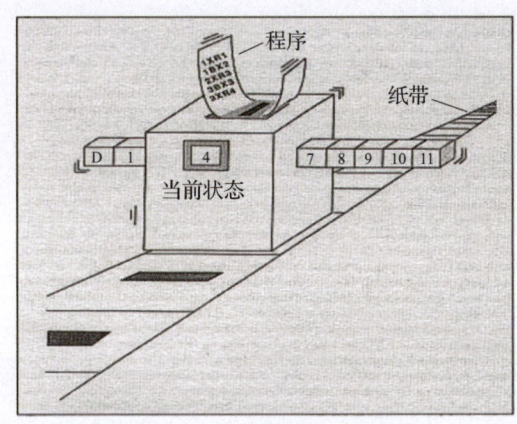

图1-1-5 图灵机示意图

2. 早期发展期（1956年—20世纪70年代）

1956年的达特茅斯会议确立了"人工智能"的概念，标志着AI作为一门学科的正式诞生。这一时期以符号主义为主导，通过逻辑推理和符号操作来模拟智能行为，产生了"逻辑理论家"和"通用问题求解器"等早期成果，以及尝试编码人类专家知识的早期专家系统。然而，弗兰克·罗森布拉特提出的感知机在解决非线性问题上的局限性暴露了早期神经网络的不足，加上Lighthill报告的负面影响，导致了神经网络研究的第一次低谷。

3. 知识工程时期（20世纪80年代）

这一时期以开发基于知识的专家系统为主要目标。随着计算机硬件性能的提升，专家系统在特定领域取得了一些初步应用，并受到日本"第五代计算机计划"的推动。然而，专家系统依赖人工编码知识的局限性，知识获取困难、维护成本高昂和缺乏通用性等问题逐渐显现，最终导致了人工智能研究的第二次低谷，即"AI寒冬"。

4. 机器学习复兴期（20世纪90年代—21世纪10年代）

随着数据量的快速增长和计算能力的提升，机器学习方法重新受到重视并成为研究主流。支持向量机、决策树、随机森林和K-近邻等重要算法相继涌现。反向传播算法的成熟和计算资源的进步也使得多层神经网络（深度学习的早期形式）在模式识别等领域取得了显著进展。机器学习技术被广泛应用于数据挖掘和知识发现。

5. 深度学习与大模型时代（21世纪10年代—至今）

以深度学习为核心驱动力，特别是大规模预训练模型（大模型）的出现，极大地推动了人工智能的发展。2012年，深度卷积神经网络AlexNet在图像识别领域的突破标志着深度学习时代的到来。大规模数据集和高性能计算硬件为训练更深更复杂的神经网络提供了条件。2017年，Transformer模型的提出在自然语言处理领域引发革命，并扩展到其他领域。基于Transformer

等架构的大模型，如GPT系列、BERT系列、LaMDA和PaLM等，展现出强大的语言理解、生成、推理和跨模态能力，并涌现出上下文学习、指令遵循等复杂能力，引发了对通用人工智能（AGI）的更深层次探索。然而，大模型也带来了可解释性、偏见、真实性、能耗以及潜在社会伦理风险等一系列挑战。

总而言之，人工智能的发展历程是一个不断演进和突破的过程，从早期的理论探索到如今大模型展现的强大能力，每一次进步都伴随着机遇和挑战，并持续推动着人们对智能本质的理解和对未来智能应用的探索。围棋人机大战前，人工智能对于普通人而言还是那么"云山雾罩"；围棋人机大战后，人们通过各种报道已经了解到，人工智能已经渗透到每个人的工作和生活中。智能化服务将会快速地接入餐饮、出行、旅游、电影、教育、医疗等生活服务领域，覆盖用户吃、住、行、玩，人工智能在未来可能媲美人类的专职秘书。

练习题

一、选择题

1. 人工智能是研究、开发用于模拟、延伸和扩展人的智能的理论、方法、技术及应用系统的一门新技术科学，它属于（　　）的分支。

   A. 数学　　　　　　　　　B. 计算机科学
   C. 物理学　　　　　　　　D. 生物学

2. （　　）不属于人工智能的分类方式。

   A. 按照功能分类　　　　　B. 按照颜色分类
   C. 按照能力分类　　　　　D. 按照应用领域分类

二、填空题

1. 人工智能（Artificial Intelligence）企图了解智能的实质，并生产出一种新的能以人类智能相似的方式做出反应的_____，该领域的研究包括机器人、语言识别、图像识别、自然语言处理和专家系统等。

2. _____年被视为人工智能元年。

三、简答题

1. 人工智能的分类方式有哪些？请列举并简要说明。
2. 人工智能的发展经历了哪些阶段？

1.2 人工智能的关键技术

当一辆自动驾驶汽车在十字路口流畅转向时，它眼中的世界并非柏油马路与交通灯，而是由计算机视觉解码的像素矩阵；当车载语音助手用方言回应"打开座椅按摩"时，自然语言处理正将声波转化为代码指令；当车辆在暴雨中预判打滑风险时，深度学习已在上亿次虚拟试错中沉淀出超越人类的本能反应——这些场景背后，是人工智能四大核心技术的交响：

1）机器学习——让机器"学习"的魔法。
2）深度学习——模仿大脑的神经网络。
3）自然语言处理——让机器"听得懂"和"说得出"。
4）计算机视觉——让机器"看懂"世界。

从数据中提炼规律，在交互中理解意图，于混沌中预见危机——这些技术不仅是算法的集合，更是机器认知能力的基因图谱。本节将介绍人工智能的关键技术，看看它们是如何工作的。

1.2.1 机器学习：让机器"学习"的魔法

案例导入

地图软件轨迹分类

打开导航，在开车驶向目的地的过程中，有时候会碰到这样的问题：前方明明没有路，可能在施工封闭，如图1-2-1所示，可是导航仍然指引往前开车，以至于无法顺利到达目的地。全国道路千万条，每天都有巨量的道路变得不可通行，那么如何动态识别出哪些道路走不通了呢？

道路不通往往导致该条道路汽车流量突然降低。监控汽车流量的变化是挖掘封路事件的重要指标。但是，目前业务中遇到的一个重要问题是，针对汽车无法通行的封路事件，行人、自行车可能都可以穿行，这些行人、自行车等的噪声流量大大削弱了道路流量变化。

因此，如果能够对行人、自行车、汽车的轨迹进行分类，就可以对道路流量的噪声进行过滤，仅仅关注汽车流量，流量随着封路事件的变化将更为显著，从而便于道路封闭的挖掘。这就需要用到机器学习技术。

图1-2-1 封路事件导致的导航路线改变

1.机器学习技术的定义

机器学习（Machine Learning）是一种通过算法和模型使计算机从数据中自动学习并进行预测或决策的技术，属于人工智能的一个分支。其核心目标是让计算机在没有明确编程指令的情况下,通过对大量数据的分析,识别模式和规律,从而构建适应新数据的模型,如图1-2-2所示。机器学习包括监督学习、无监督学习和强化学习等不同类型,广泛应用于图像识别、自然语言处理、推荐系统和自动驾驶等领域,具备自适应、自动化和泛化能力,是数据驱动的技术创新。

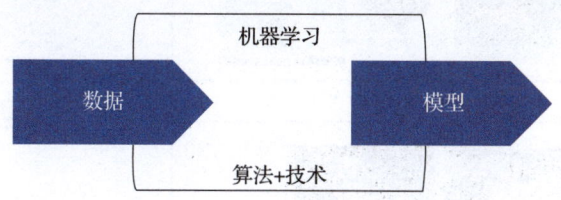

图1-2-2　机器学习从数据中学习,成为模型

2.机器学习的流程

机器学习的流程主要包括数据准备、模型选择、模型训练和模型评估等关键步骤。

(1)数据准备　此阶段涉及数据的收集、清洗以及特征工程,后者旨在提取或构造对目标任务具有实际价值的特征。随后,数据集将被划分为训练集、验证集和测试集,以支持后续的模型开发与评估。

(2)模型选择　根据具体的任务类型(例如,分类、回归)以及数据的内在特性,需要选择合适的机器学习算法,常见的包括线性模型、树模型和神经网络等。

(3)模型训练　在模型训练阶段,首先需要定义模型预测结果与真实值之间的误差度量,例如均方误差(Mean Squared Error)或交叉熵(Cross-Entropy),其中均方误差是反映估计量与被估计量之间差异程度的一种度量,交叉熵是香农信息论中一个重要概念,主要用于度量两个概率分布间的差异性信息。基于此,确定模型的目标函数,即损失函数。然后,通过梯度下降等优化算法迭代地调整模型参数,目标是最小化损失函数,使模型能够更好地拟合训练数据。

(4)模型评估　模型评估环节首先利用验证集对模型的超参数进行调优,例如学习率、网络层数等。最终,使用独立的测试集来评估模型的泛化能力,常用的评估指标包括准确率(分类模型预测正确的样本数占总样本数的比例)、精确率(在所有被预测为正的样本中实际为正样本的概率)等。

3.机器学习的分类

机器学习包括监督学习、无监督学习和强化学习。

(1)监督学习　监督学习是指给算法一个数据集合,并且给定正确答案,机器通过数据来学习正确答案的计算方法。

如图1-2-3与图1-2-4所示,让机器学习如何识别鸡和鸭。使用监督学习的方法,需要准备大量鸡、鸭照片,人工给这些照片打上对应的标签

"鸡"或"鸭"。再用打好标签的照片进行训练。计算机会将照片打的标签视为"正确答案",通过大量学习提取同类物品相同特征,就可以学会在新照片中认出鸡和鸭。

图1-2-3 给照片打上标签用于训练

图1-2-4 计算机给出答案

这种通过大量人工打标签来帮助机器学习的方式就是监督学习。这种方式的优点是效果好,但成本却比较高。

(2)无监督学习 无监督学习中,给定的数据集合没有"正确答案",所有的数据都是一样的。计算机需要从给定的数据集合中,通过不同的无监督学习算法,挖掘出潜在的结构和关联规则。例如,把一堆鸡和鸭的照片发送给计算机,不给这些照片打任何标签,机器会通过选择合适的算法把这些照片分为两类,一类是鸡的照片,一类是鸭的照片,如图1-2-5所示。

(3)强化学习 强化学习更接近生物学习的本质,它关注的是智能体如何在环境中采取一系列行为,从而获得最大的累积回报。通过强化学习,一个智能体应该知道在什么状态下采取什么行为。如谷歌公司开发的AlphaGo人工智能程序使用深度强化学习来训练自己,以改进自身的棋艺。

图1-2-5 计算机无监督学习分类鸡和鸭照片

4. 三种机器学习方法的区别

上述三种机器学习方法都是通过数据和算法来解决问题。同时三者都需要通过训练数据来完成模型的构建，模型的构建基于数学模型。三者的区别见表1-2-1。

表1-2-1　三种机器学习方法的区别

学习方式	数据有无标签	学习目标	应用场景
监督学习	有标签	预测准确性	分类或回归
无监督学习	无标签	挖掘数据结构	聚类或降维
强化学习	无标签	解决特定问题	行为策略

1.2.2　深度学习：模仿大脑的神经网络

> **案例导入**
>
> **深度学习算法识别障碍物**
>
> 在障碍物识别方面，深度学习算法能够识别出道路上的各种障碍物，包括车辆和行人等（图1-2-6）。通过对图像中的特征进行提取和分析，模型可以判断出物体的类型、位置和运动状态。这为自动驾驶车辆的路径规划和决策提供了重要依据。例如，当车辆检测到前方有行人时，它可以及时采取制动或避让措施，确保行驶安全。
>
>
>
> 图1-2-6　算法识别障碍物
>
> 深度学习在自动驾驶视觉系统中的重要性不言而喻。它不仅提高了环境感知的准确性和可靠性，还为车辆的决策和控制提供了更加丰富的信息。随着深度学习技术的不断发展，自动驾驶视觉系统的性能也将不断提升。

1. 深度学习的定义

深度学习作为机器学习领域的重要分支，是一个高度交叉的技术领域，融汇了数据科学、统计学、工程科学、人工智能乃至神经生物学的精髓。它立足于统计机器学习和人工神经网络等经典算法模型，并受益于当代大数据和强大算力的蓬勃发展。深度学习最突出的技术优势在于其自动提取特征的强大能力。这种自主学习获得的特征，常被称为深度特征或深度特征表示，相较于人工设计的特征，展现出更卓越的表示能力和更强的鲁棒性。人工智能、机器学习和深度学习三者之间的关系如图1-2-7所示。

图1-2-7　人工智能、机器学习、深度学习三者之间的关系

2. 神经网络技术原理

多个人工神经元可以被组织成层（Layer），常见的层有输入层、隐藏层和输出层，输入层接收外部输入，输出层产生神经网络的输出，而隐藏层则在输入层和输出层之间进行信息处理。层与层之间的神经元可以相互连接，

想一想

如果把隐藏层比喻成"黑箱",你认为最少需要几层才能从"像素"走到"概念"?写下你的猜测,再去查ResNet的层数,对比差距。

形成神经网络的拓扑结构,如图1-2-8所示。

1)输入层:接收外部信息,将外部信息转化为神经元可以处理的信息。

2)隐藏层:隐藏层的神经元接收输入层的信息,并将信息进行处理,生成新的信息。

3)输出层:输出层的神经元接收隐藏层的信息,并将信息转换为外部可以理解的信息,从而完成机器学习任务。

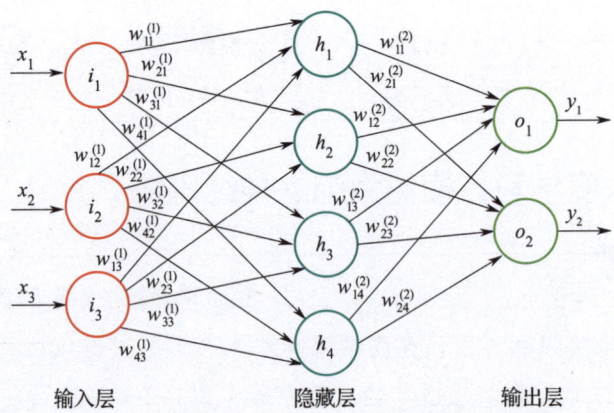

图1-2-8 信息流程:输入层→隐藏层→输出层

训练神经网络通常采用反向传播算法,该算法计算网络输出与实际标签之间的误差,并根据误差来调整每个神经元的参数。该过程迭代进行,直到网络的输出与实际标签的误差达到最小值。

1.2.3 自然语言处理:让机器"听得懂"和"说得出"

案例导入

语音唤醒的智能座舱

车内人员使用语音发出指令,如"温度调低一点""打开后排空调"(图1-2-9),智能语音系统能准确识别并转化为标准语义指令,进而控制车辆空调系统。背后原理是通过大量语音数据训练模型,让自然语言处理系统具备语音理解能力,实现人与车更自然、便捷的交互,提升用户在智能座舱内的体验。

图1-2-9 语音发出指令

1. 自然语言处理技术的定义

自然语言处理（Natural Language Processing，NLP）是人工智能领域的重要研究方向，融合了语言学、计算机科学、深度学习、数学、认知心理学等多个学科领域的知识。它旨在使机器理解、解释并生成人类语言，实现人机之间有效沟通，如图1-2-10所示。

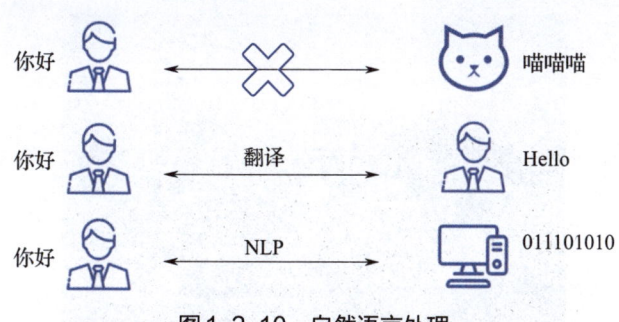

图1-2-10　自然语言处理

2. 自然语言处理技术的研究方向

自然语言处理主要有两大研究方向：自然语言理解和自然语言生成，如图1-2-11所示。

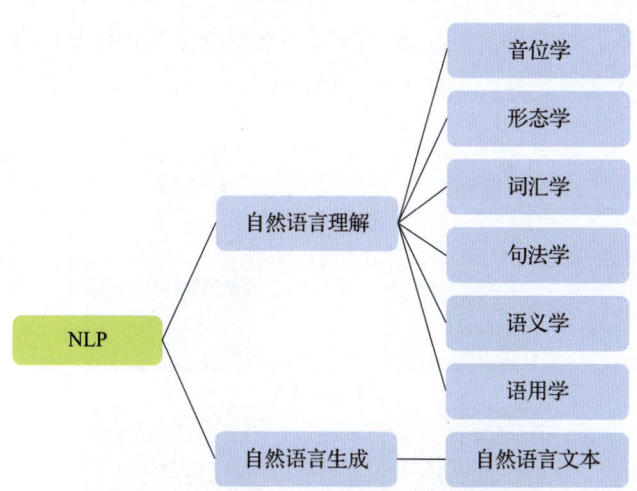

图1-2-11　自然语言处理的两大研究方向

自然语言理解（Natural Language Understanding，NLU）：使计算机理解自然语言（人类语言文字）等，重在理解。具体来说，就是理解语言、文本等，提取出有用的信息，用于下游的任务。

自然语言生成（Natural Language Generation，NLG）：提供结构化的数据、文本、图表、音频、视频等，生成人类可以理解的自然语言形式的文本。

3. 自然语言处理技术在汽车领域的主要应用

自然语言处理技术在汽车领域有着广泛的应用，例如智能语音助手、车载导航的语音输入、情感化交互，以及通过分析用户手册或维修记录进行智能问答等。这些应用的实现依赖于NLP中的多种核心技术，如语音识别、语言建模、智能翻译、自动问答、情感分析、文本分类、命名实体识别等。

（1）智能翻译　智能翻译技术使得汽车能够理解多种语言，实现多语言交互。例如，智能语音技术可以让汽车听懂并执行多种语言的指令，如可以进行地图导航、音频娱乐等，如图1-2-12所示。

图1-2-12　智能翻译

（2）文本分类　文本分类是指利用计算机将文本集合按照一定的分类体系或标准，进行自动分类标记的过程。假设有一堆文章，需要自动把它们分成体育、娱乐、科技等类别，或者判断一条评论是好评还是差评——这就是文本分类。文本分类流程如图1-2-13所示。

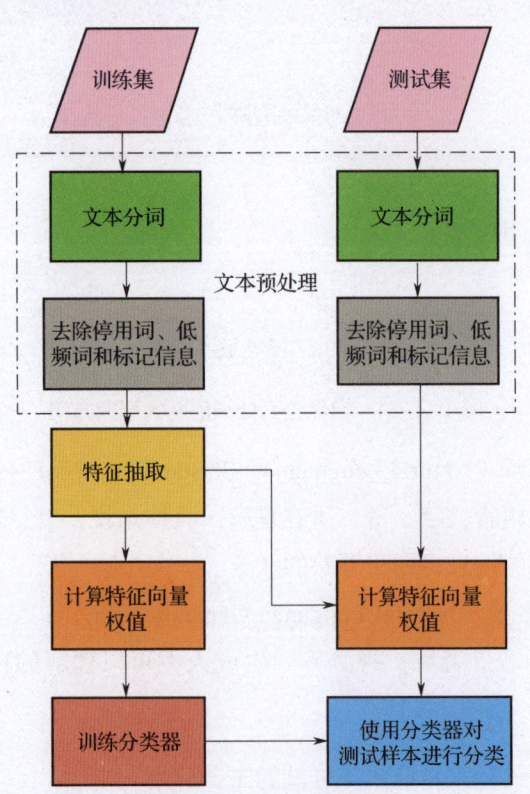

图1-2-13　文本分类流程

（3）自动问答　自动问答是指利用计算机自动回答用户提出的问题，以满足用户的知识需求。当用户问一个问题，计算机先"读"懂问题，然后从资料库、网页或知识库中找出正确答案，直接告诉用户结果，而不是让用户自己在一堆信息里翻找，如图1-2-14所示。

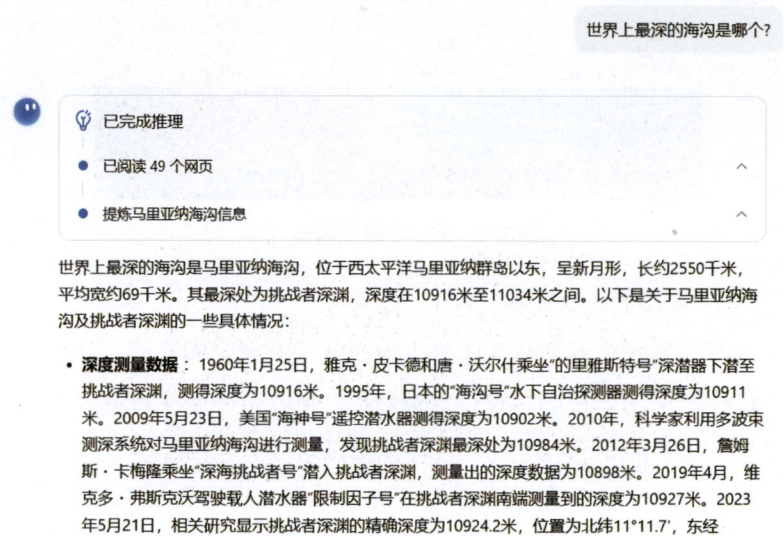

图1-2-14 自动问答

1.2.4 计算机视觉：让机器"看懂"世界

案例导入

PCB电路板焊点检测

在电子产品制造领域，计算机视觉技术可精准检测微观缺陷。例如印制电路板（PCB）焊点缺陷检测系统，通过高分辨率相机采集焊点图像（图1-2-15），结合深度学习算法识别虚焊、连锡等异常，检测效率较人工提升5倍以上，漏检率低于0.1%。半导体封装环节的芯片焊接质量检测系统，能识别3μm级焊接偏移，确保芯片与基板的精准对位。

图1-2-15 高分辨率相机采集焊点图像

1.计算机视觉技术的定义

对人类而言，通过视觉输入的信息占据各种感官信息的75%以上。计算机视觉主要处理由光学传感器（如摄像头）获取的图像和视频信息，但也常与其他传感器（如红外传感器、激光雷达，甚至毫米波雷达的部分成像结果）的信息进行融合分析。

人眼可见光处理是计算机视觉的很重要一部分。除此之外，计算机视觉可以感知人眼所看不到的很多信息。伽马射线、X射线、紫外线、可见光、红外线、无线电波等各种电磁波的成像，都可以用于计算机视觉分析，电磁波波长如图1-2-16所示。

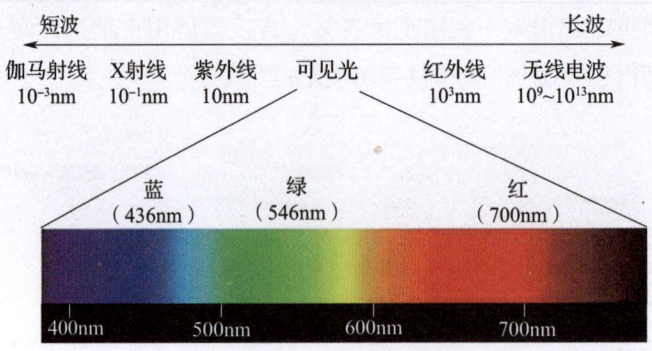

图 1-2-16　电磁波波长

2. 计算机视觉处理的关键技术

随着人工智能和机器学习算法进入与产业深度融合的阶段，计算机视觉处理技术已广泛应用于自动驾驶、人脸识别、无人机、医学影像分析、工业生产等场景，主要运用到以下几种计算机视觉处理的关键技术。

（1）图像分类　图像分类是根据各自在图像信息中所反映的不同特征，把不同类别的目标区分开来的图像处理方法。它利用计算机对图像进行定量分析，把图像或图像中的每个像元或区域划归为若干个类别中的某一种，以代替人的视觉判读，如图 1-2-17 所示。

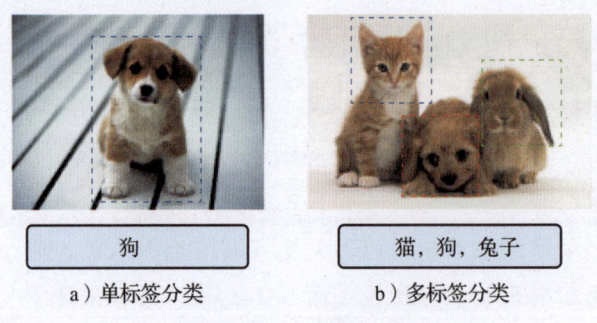

图 1-2-17　图像分类

（2）目标检测　目标检测是指在图像或视频中，识别出目标物体所在的位置，并标注出其所属的类别的任务。相比于图像分类任务，目标检测需要对目标的位置和数量进行准确的识别，因此其难度更大，但也更加实用。在实际应用中，可以根据具体场景和需求，选择不同的模型和算法来实现追踪、识别和分析等目标检测任务，如图 1-2-18 所示。

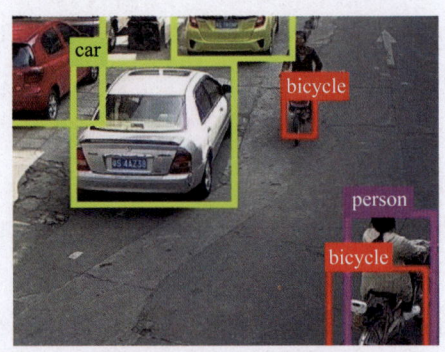

图 1-2-18　目标检测

（3）目标跟踪　目标跟踪是指在视频序列中，对于已知的初始目标，在后续帧中通过对目标的特征提取和跟踪算法进行处理，实现对目标位置、形态等信息的实时跟踪，如图1-2-19所示。

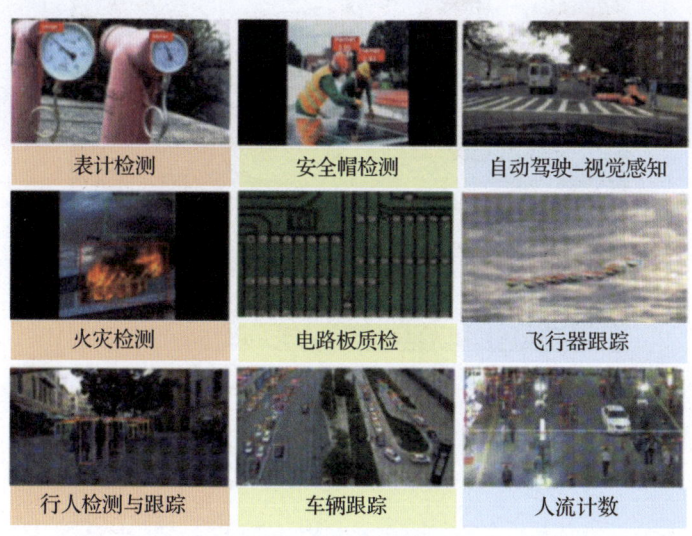

图1-2-19　目标跟踪

（4）语义分割　语义分割旨在将输入图像中的每个像素标记为属于哪个语义类别。与目标检测和图像分类不同，语义分割不仅可以识别图像中的物体，还可以为每个像素分配标签，从而提供更详细和准确的图像理解，如图1-2-20所示。

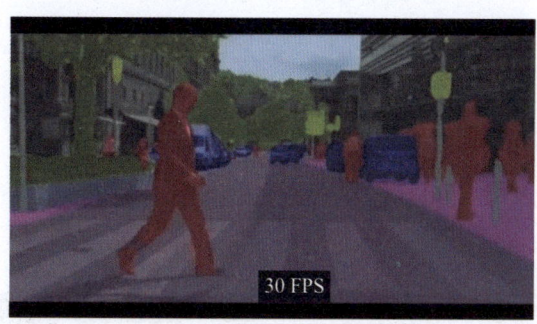

图1-2-20　语义分割

（5）实例分割　实例分割是结合目标检测和语义分割的一个更高层级的任务，旨在检测图像中的物体，同时将每个物体分割成精确的像素级别的区域。与语义分割不同，实例分割不仅可以分割出不同类别的物体，还可以将它们分割成独立的、像素级别的区域，如图1-2-21所示。

3.计算机视觉技术在汽车领域的主要应用

计算机视觉技术在汽车领域已广泛应用于交通标志识别、车道检测、行人检测、实时导航等。

计算机视觉在自动驾驶中运用于交通标志的识别，可以帮助车辆理解交通规则，例如识别停车标志、限速标志或者其他告知道路状况的标志，如图1-2-22所示。通过在车辆前方的摄像头捕捉图像，运用机器学习算法快

> **想一想**
>
> 自动驾驶的摄像头如果突然遇到暴雨，视觉算法可能失效。除了计算机视觉，还有哪些传感器可以"补位"？列三种并简单说明理由。

速准确地识别并解读这些标志的重要信息。这对于自动驾驶系统的决策支持极为关键，如调整车速、确定行驶路线等。

图1-2-21 实例分割

图1-2-22 交通标志识别

车道检测作为自动驾驶的核心功能之一，确保车辆能够正确地识别道路上的车道线，并根据车道信息进行适当的转向和车速控制，如图1-2-23所示。高精度的车道检测技术，需要计算机视觉系统能够即便在恶劣天气或复杂光照条件下也能准确地执行任务。同时，处理图像时需要过滤掉噪声，增强车道线特征，确保识别的精确性。

图1-2-23 车道检测

在自动驾驶系统中，行人检测是确保行车安全的关键技术之一，如图1-2-24所示。计算机视觉用于实时捕捉和分析道路上的行人动态信息，确保自动驾驶车辆能及时做出反应，比如减速或绕行。这要求算法不仅仅要有高识别准确率，还需要有很强的适应性，能够在不同背景、光照，甚至行人衣着多样性的情况下都能保持稳健的检测性能。

图1-2-24　行人检测

利用计算机视觉技术进行高精度地图的构建与匹配、实时定位，以及识别道路元素辅助导航决策，是实现精准实时导航的关键，如图1-2-25所示。

图1-2-25　实时导航

练习题

一、选择题

1. 机器学习的分类不包括（　　）。
   A. 监督学习　　　B. 无监督学习　　　C. 强化学习　　　D. 自我学习
2. 深度学习是机器学习的一个重要分支，其核心优势在于（　　）。
   A. 手动提取特征　B. 自动提取特征　　C. 不需要数据　　D. 不需要计算资源
3. 自然语言处理在汽车领域的主要应用不包括（　　）。
   A. 智能语音助手　　　　　　　　　　B. 车载导航的语音输入
   C. 图像识别　　　　　　　　　　　　D. 情感化交互
4. （　　）不是计算机视觉的关键技术。
   A. 图像分类　　　B. 目标检测　　　　C. 语音识别　　　D. 实例分割

二、填空题

1. 机器学习的三种分类是监督学习、无监督学习和_____学习。
2. 自然语言处理的两大研究方向是自然语言理解和_____。
3. 在自动驾驶系统中，_____是确保行车安全的关键技术之一。

三、简答题

1. 简述机器学习的基本流程。
2. 简述计算机视觉技术在汽车领域的主要应用。

1.3 初识大语言模型：开启智能文本的奇幻之旅

当一辆汽车不再只是回应"打开空调"，而是轻声询问："您的手动座椅调节已保存为'周末露营模式'，今天要切换吗？"；当它从一句"胎压有点低"中自动关联最近的维修站、预约技师，并提醒"雨天路滑，已为您降低动能回收强度"——这背后不再是简单的指令匹配，而是一个拥有千亿"神经突触"的数字"大脑"在思考。大语言模型（Large Language Model，LLM）正让汽车从"执行者"蜕变为"协作者"，它理解的不只是语言的字面含义，更是人类需求背后的情感与场景。

这场变革的钥匙是什么？

从"词典"到"世界模型"：传统语音助手依赖关键词库，而大语言模型通过海量文本"体验"人类世界的常识（如"露营模式"需要座椅放倒、关闭车窗）。

从"应答"到"预见"：基于上下文记忆，如驾驶员上周提过"讨厌空调直吹"，主动调整出风角度。

从"孤岛"到"生态"：打通座舱、动力、云端服务，让一句"我想看海"触发路线规划、景点推荐、电池预热和落日歌单的连锁反应。

本节将拆解这个"大脑"的构造——它如何从海量单词中学习驾驶员的脾性？又如何平衡创造力与安全性？答案藏在参数、注意力与人类反馈的交响中。

1.3.1 什么是大语言模型？

> **案例导入**
>
> **汽车也能"妙语连珠"**
>
> 想象一下，未来的某一天，你坐进你的智能汽车。你不再需要对着它说"导航到最近的加油站"这样生硬的指令，而是可以用更自然的方式与它交流："哎，感觉有点累，想去个风景不错的地方放松一下，附近有什么好去处吗？"
>
> 你的汽车不仅能听懂你略带情绪的表达，还能理解"风景不错""放松一下"这些模糊的概念。它可能会回答："根据您的喜好，附近有××风景区，以优美的山水和清新的空气闻名，最近评价也很高。需要为您规划路线吗？"
>
> 更进一步，你可能会问："去那里的路上有什么值得一听的播客或者最近的新闻吗？我今天心情不太好，想听点轻松的。"
>
> 你的汽车会根据你的偏好和当前的热点，为你推荐合适的播客和新闻，甚至还能在你心情低落时，主动播放一些轻松的音乐或者和你进行一些简单的、带有情感理解的对话，如图1-3-1所示。

图1-3-1 与汽车交流

1.大语言模型的定义

大语言模型（LLM）是指使用大量文本数据训练的包含数百亿（或更多）参数的深度学习模型，目标是理解和生成人类语言，以便进行有效的对话和解答各种问题。为了实现这个目标，模型需要在大量文本数据上进行训练，以学习语言的各种模式和结构，如ChatGPT就是一个大语言模型。

大语言模型被训练用来解决通用（常见）的语言问题，如文本分类、问答、文档总结和文本生成等。

1）文本分类。大语言模型可以通过对输入文本进行分析和学习，将其归类到一个或多个预定义的类别中。例如，可以使用大语言模型来分类电子邮件是否为垃圾邮件，或将推文归类为积极、消极或中立。

2）问答。大语言模型可以回答用户提出的自然语言问题。例如，可以使用大语言模型来回答搜索引擎中的用户查询，或者回答智能助手中的用户问题。

3）文档总结。大语言模型可以自动提取文本中的主要信息，以生成文档摘要或摘录。例如，可以使用大语言模型来生成新闻文章的概要，或从长篇小说中提取关键情节和事件。

4）文本生成。大语言模型可以使用先前学习的模式和结构来生成新的文本。例如，可以使用大语言模型来生成诗歌、短故事，或者特定主题的文章。

2.大语言模型的发展历程

大语言模型并非一蹴而就的创新，而是自然语言处理（NLP）领域长期研究和技术进步的累积成果。其发展历程可以追溯到早期的语言模型概念，并在近年来随着深度学习和大规模数据的兴起而取得了飞跃式的发展，如图1-3-2所示。

（1）早期语言模型（20世纪90年代末—21世纪10年代初）：统计方法为主导　N-gram模型是最早也是最基础的语言模型之一。它通过统计文本中连续出现的N个词语的频率，来预测下一个词出现的概率。例如，一个三

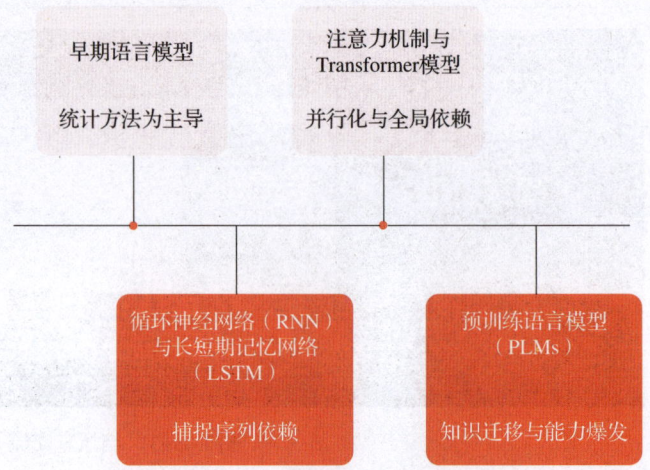

图1-3-2 大语言模型的发展历程

元模型（Trigram）会考虑前两个词来预测第三个词。N-gram模型简单有效，但无法捕捉长距离的依赖关系，且存在数据稀疏性问题。

在机器翻译领域，早期的模型也依赖于统计方法，例如基于短语的翻译模型，这些模型虽然不完全是语言模型，但其中也包含了对源语言和目标语言的统计建模。

Bengio等人在2003年提出了神经网络语言模型（NNLM）。这种模型使用神经网络学习词语的分布式表示（词向量），并利用这些词向量来预测下一个词。NNLM相较于N-gram模型能够更好地捕捉词语之间的语义关系，并缓解数据稀疏性问题，为后续的深度学习语言模型奠定了基础。

（2）循环神经网络与长短期记忆网络（21世纪10年代中期）：捕捉序列依赖　循环神经网络（Recurrent Neural Network，RNN）的出现使得模型能够处理序列数据，并在理论上捕捉任意长度的依赖关系。在语言建模任务中，RNN逐个处理词语，并将之前的隐藏状态传递到下一个时间步，从而记住上下文信息。

传统的RNN在处理长序列时容易出现梯度消失或梯度爆炸的问题，导致难以学习长距离依赖。长短期记忆网络（Long Short-Term Memory，LSTM）和门控循环单元（Gated Recurrent Unit，GRU）等变体通过引入门控机制，有效地解决了这个问题，使得模型能够更好地记住和利用长距离的上下文信息，在语言建模和机器翻译等任务中取得了显著进展。

（3）注意力机制与Transformer模型（2017年—至今）：并行化与全局依赖　Vaswani等人在2017年的里程碑式论文"Attention is All You Need"中提出了注意力机制。注意力机制允许模型在生成每个输出词时，动态地关注输入序列中相关的部分，从而更好地捕捉长距离依赖关系，并且提升了模型的可解释性。

Transformer模型完全基于自注意力机制，摒弃了传统的循环结构。这使得模型能够并行处理输入序列中的所有词语，大大提高了训练效率，并能够有效地建模全局的依赖关系。Transformer模型在机器翻译任务中取得了巨大的成功,并迅速成为各种序列建模任务(包括语言建模)的主流架构。

(4)预训练语言模型(Pre-trained Language Models,PLMs)(2018年至今):知识迁移与能力爆发　Peters等人在2018年提出了ELMo(Embeddings from Language Models),ELMo通过在大型文本语料库上预训练双向LSTM模型,学习上下文相关的词向量。这些预训练的词向量可以作为下游任务的输入特征,显著提升了各种NLP任务的性能,展示了预训练的有效性。

OpenAI在2018年发布了GPT-1,它基于Transformer架构,并在大规模文本语料库上进行无监督预训练,学习生成连贯的文本。随后的GPT-2(2019年)和GPT-3(2020年)通过进一步扩大模型规模和预训练数据量,展现了令人惊叹的文本生成、语言理解和少样本学习能力,标志着大语言模型时代的到来。

Google在2018年发布了BERT,它同样基于Transformer架构,但采用了不同的预训练目标——掩码语言模型(Masked Language Model)和下一句预测。BERT通过学习双向的上下文表示,在各种自然语言理解任务上取得了最先进的性能。

后续在GPT和BERT的基础上,涌现了大量的优秀预训练语言模型,例如RoBERTa、XLNet、T5、DeBERTa、PaLM、LLaMA、GPT-4等。这些模型不断探索更大的模型规模、更有效的预训练方法、更长的上下文窗口和更广泛的应用领域,持续推动着大语言模型的发展。

1.3.2　大语言模型如何"思考"?

> **案例导入**
>
> ### AI的"头脑风暴"
>
> 你有没有好奇过,当你向一个大语言模型提出一个复杂的问题,比如"解释一下量子力学的基本原理,并用一个高中生也能理解的例子说明",它是如何在短短几秒内给出看似条理清晰、逻辑连贯的答案的?它真的像人类一样在"思考"吗?
>
> 想象一下,你正在和一群经验丰富的专家进行一次"头脑风暴"。你抛出一个模糊的想法,这些专家会根据他们各自的知识储备、经验和理解,迅速地关联各种信息、进行推理、构建论证,最终形成一个相对完善的答案。
>
> 大语言模型在某种程度上就类似于这样一个由海量"知识专家"组成的"智囊团"。它们通过学习互联网上几乎所有的文本数据,构建了一个庞大而复杂的"知识网络"(图1-3-3)。当你提出问题时,模型会迅速地在这个网络中搜索、匹配、关联相关的信息,并根据一定的规则和模式,生成看似合理的答案。

图1-3-3　AI"知识网络"

1. 大语言模型GPT的技术架构

（1）GPT的含义　从本质上讲，GPT是一个语言模型，它的核心任务是预测下一个词。它就像一个拥有海量知识，并且精通语法和语境的"完形填空"天才。你给它一段话，它会不知疲倦地计算出下一个最可能出现的词是什么。

GPT名字中的"G"代表"Generative"（生成式）。这意味着它不仅仅能理解文本，还能创造文本。通过一次又一次地预测"下一个词"，它就能像串珠子一样，不断地生成新的、连贯的句子、段落，甚至是文章。你看到的聊天机器人、AI写作助手，其底层都依赖于这种生成能力。

"P"代表"Pre-trained"（预训练），这是GPT成功的关键秘诀之一。在与你见面之前，GPT已经"阅读"了海量的书籍、网页、文章等文本数据（可以想象成整个互联网的文本内容），这个过程就叫作预训练。

"T"即Transformer架构，由Google设计，是当前最流行的GPT大模型所使用的核心架构，其中最著名的例子就是OpenAI的ChatGPT。Transformer架构是一种用于处理序列数据的深度学习模型架构，主要用于解决自然语言处理领域中的序列建模任务。

（2）自注意力机制　自注意力机制是Transformer架构中的核心概念。想象你在阅读句子："苹果公司发布的最新款手机，让很多果粉都想买一个苹果尝尝。"当你读到第一个"苹果"时，你的大脑会自动将它与"公司""发布""手机"这些词联系起来，从而判断出它指的是一家科技公司。而当你读到第二个"苹果"时，你的大脑会关注到"买一个""尝尝"这些词，立刻明白它指的是一种水果。

自注意力机制就是模拟了人类的这种能力。它会计算一句话中，每个词与其他所有词之间的"关联度"或"重要性"。模型在处理一个词时，会给予句子中与它最相关的词语更高的"注意力权重"。

一句话总结：自注意力机制让模型能够理解一个词在特定语境下的确切含义，从而解决一词多义等棘手问题。

（3）位置编码　位置编码是一个与词向量维度相同的向量，它的作用是为模型提供序列中每个位置的相对和绝对位置信息。

既然Transformer可以并行处理所有词语，那它如何知道词语的顺序呢？比如，"我打了你"和"你打了我"的意思天差地别。

为了解决这个问题，科学家们引入了位置编码。它就像给每个词语都打上一个位置标签。这个标签是一个数学向量，它包含了词语在句子中的位置信息。这样一来，即使是并行处理，模型也能准确地知道每个词的位置，从而理解句子的正确语序和语法结构。

2. 大语言模型的训练流程

大语言模型的训练流程主要分为三个阶段，如图1-3-4所示。

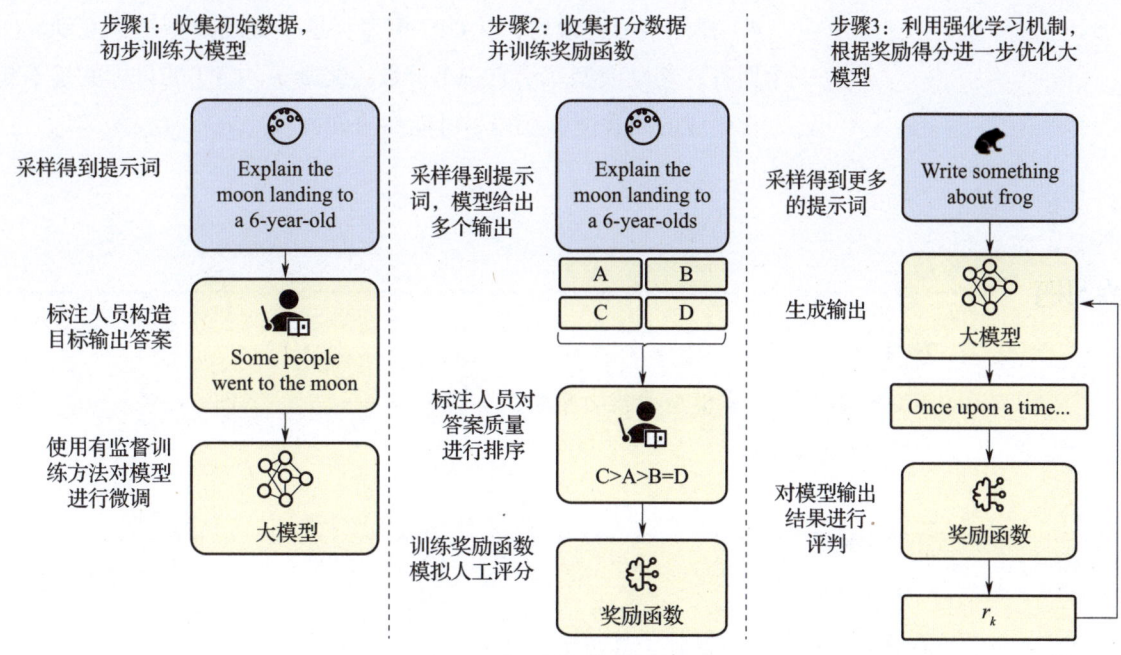

图1-3-4　大语言模型的训练流程

（1）第一阶段：预训练　预训练是最基础，也是最耗时耗力的阶段。在这个阶段，把从互联网上收集到的海量文本数据"喂"给模型。该阶段的训练任务是随机遮住文本中的一些词，然后让语言去预测被遮住的词是什么，这就像完形填空。

（2）第二阶段：微调　预训练后的模型虽然博学，但还不太会"听话"。它可能知道很多知识，但不知道如何按照特定要求（比如回答问题、翻译、总结）来组织语言。

在这个阶段，会用一批高质量的、由人工标注的"指令-回答"数据对模型进行微调。比如，给模型一个问题，然后告诉它一个标准答案。

这个过程就像给一个知识渊博但有点散漫的学生请了一位家教。家教（人工标注数据）会教他如何针对具体问题，有条理、有逻辑地组织答案。

经过微调，模型就开始变得"听话"，能够更好地理解和执行人类的指令。

（3）第三阶段：基于人类反馈的强化学习　为了让模型的回答更符合人类的偏好和价值观（比如更有用、更无害、更真实），科学家们引入了强化学习。在该阶段主要进行以下训练：

1）生成多个答案：针对一个问题，让微调后的模型生成多个不同的答案。

2）人工排序：由人类评估员，根据质量（有用性、真实性、无害性）对这些答案进行排序。

3）训练奖励模型：利用这个排序数据，训练出另一个奖励模型。这个模型的作用是给任何一个回答打分，分数高低代表了人类对它的喜好程度。

4）强化学习：最后，让GPT模型与这个奖励模型进行互动。GPT生成一个回答，奖励模型就给它一个分数（奖励）。GPT的目标就是不断调整自己，让生成的回答能够获得尽可能高的分数。

练习题

一、选择题

1. GPT系列大语言模型的核心架构是（　　　）。

A. Transformer

B. RNN

C. CNN

D. GAN

2. 大语言模型的局限性不包括（　　　）。

A. 训练成本高

B. 不能创造语言

C. 安全性高

D. 可信度低

3. （　　　）算法不是深度学习算法。

A. 卷积神经网络（CNN）

B. 循环神经网络（RNN）

C. 生成对抗网络（GAN）

D. 决策树

二、填空题

1. Transformer架构由_____设计，是当前最流行的GPT大模型所使用的核心架构。

2. 大语言模型的训练通常包含两个主要阶段：预训练和_____。

三、简答题

1. 大语言模型的工作原理是什么？

2. 简述GPT的含义。

延伸阅读1：常见的深度学习算法

1. 卷积神经网络

卷积神经网络（Convolutional Neural Network，CNN）是一种深度学习技术，它使用卷积运算来提取图像中的特征，以实现图像分类和识别。它的结构类似于人类视觉系统，可以模拟人类的视觉感知过程，因此可以在图像分类和识别任务上取得更好的效果。

2. 循环神经网络

循环神经网络（Recurrent Neural Network，RNN）是一类专为处理序列数据而设计的神经网络模型，其核心特征是通过引入循环结构使网络具备时序动态特性。RNN具有记忆功能，能够记住之前某个时刻的信息，并在之后的时刻使用这些信息。RNN在自然语言处理、语音识别、机器翻译、机器学习、时间序列分析等领域有着广泛的应用。

3. 生成对抗网络

生成对抗网络（Generative Adversarial Network，GAN）是一种深度学习模型，由Ian Goodfellow等人在2014年提出。GAN通过两个神经网络的对抗训练来生成新的、与训练数据类似的数据。这两个神经网络分别是生成器（Generator）和判别器（Discriminator）。

生成器接收一个随机噪声作为输入，生成模拟的样本。生成器的目标是生成看似真实的样本，以欺骗判别器。

判别器接收一个样本（可能是真实样本或生成样本），输出该样本为真实样本的概率。判别器的目标是区分真实样本和生成样本。

生成对抗网络近年来在众多领域中获得了广泛的应用并成为热门。例如，在自然语言处理领域，可以用于对话系统中的回复生成、文本摘要、语音转换文本等任务，该技术运行流程如图1-4-1所示。

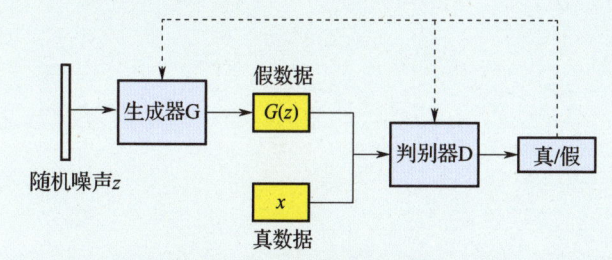

图1-4-1　生成对抗网络

延伸阅读2：什么是RAG、Agent？它们和大语言模型有什么关系？

检索增强生成（Retrieval-Augmented Generation，RAG）和智能体（Agent）都是基于大语言模型（LLM）的技术，它们与大语言模型有着密切的关系。

RAG是一种结合检索和生成的方法，解决的是AI"胡说八道"的问题。想象你问AI"如何治疗感冒"，如果它没有参考依据，可能给出错误建议。而RAG就像给AI配了一个"知识管家"，让它先从海量知识库（企业文档、医学指南、市场报告等）里找答案，再结合问题生成回答。

通过从外部知识库中检索相关信息来增强语言模型的生成能力，RAG解决了大语言模型的知识局限性问题，使其能够利用最新的、特定领域的知识。RAG包括以下几个核心部分：

1）检索模块：从知识库中提取相关文档或片段。

2）生成模块：基于检索到的信息生成高质量的回答。

3）动态更新：可以通过更新知识库轻松扩展模型的知识范围。

Agent是一种智能体，能够感知环境并采取行动以完成特定任务。它就像一个24小时在线的智能助理。普通AI只能被动等待提问，而Agent能主动理解任务，拆解步骤，调用工具完成目标。

比如你说"做一份下周的旅行攻略"，Agent会自动规划：先查目的地天气（调用天气API）→搜索热门景点（调用搜索引擎）→对比机票酒店价格（调用预订平台）→最后整理成攻略发给你。它不仅能执行任务，还能像人类一样思考优先级，灵活调整流程。

在NLP领域，Agent通常指一个基于大语言模型的系统，具备规划、推理、记忆和执行复杂任务的能力。Agent的核心思路是让人工智能不仅能回答问题，还能像人一样主动完成一系列关联性的任务。Agent由以下几个关键部分组成：

1）规划：负责拆解复杂任务为可执行的子任务，并评估执行策略。

2）记忆：存储用户特征、业务数据等信息，支持多轮对话。

3）工具：感知环境、执行决策的辅助手段，如API调用、插件扩展等。

4）行动：将规划与记忆转化为具体输出，如智能客服回复、查询天气预报等。

RAG和Agent都是基于大语言模型的技术，旨在增强大语言模型的能力。RAG通过检索和生成的方式扩展模型的知识范围，而Agent则通过自主的任务规划、决策与执行，进一步提升了模型的实用性和灵活性。两者共同作用，使得大语言模型在处理复杂任务和生成高质量回答方面表现出色。

参考文献

[1] 李楠，秦建军. 人工智能通识讲义 [M]. 北京：机械工业出版社，2022.

[2] 王立春. 人工智能引论 [M]. 北京：机械工业出版社，2025.

[3] 陈海虹，黄彪，刘峰，等. 机器学习原理及应用 [M]. 成都：电子科技大学出版社，2017.

[4] 邓剑勋，王勇. Python人工智能技术与应用 [M]. 北京：机械工业出版社，2024.

[5] 姜东洋，刘世兴. 人工智能应用基础 [M]. 北京：机械工业出版社，2023.

第 2 章
AI 赋能汽车：
从设计到制造

人工智能技术正在重塑汽车设计的全生命周期。从概念草图到量产制造，AI 通过数据驱动和算法优化，显著提升了设计效率与创新潜力。

在设计阶段，AI 可快速生成多样化草图，例如通过深度学习工具自动绘制符合空气动力学与美学需求的车身造型，并基于用户偏好实时优化方案；概念车开发中，AI 进一步突破想象边界，从风格融合到功能创新，通过自动化建模与虚拟验证加速概念落地。研发环节依托 AI 驱动的仿真测试，例如高精度碰撞模拟与能耗分析，大幅缩短开发周期并降低试错成本。制造领域则深度融合智能技术：机器视觉实现毫米级质量检测，协作机器人完成柔性化装配与物流调度，预测性维护系统让设备永续运转成为可能。

02

学习内容

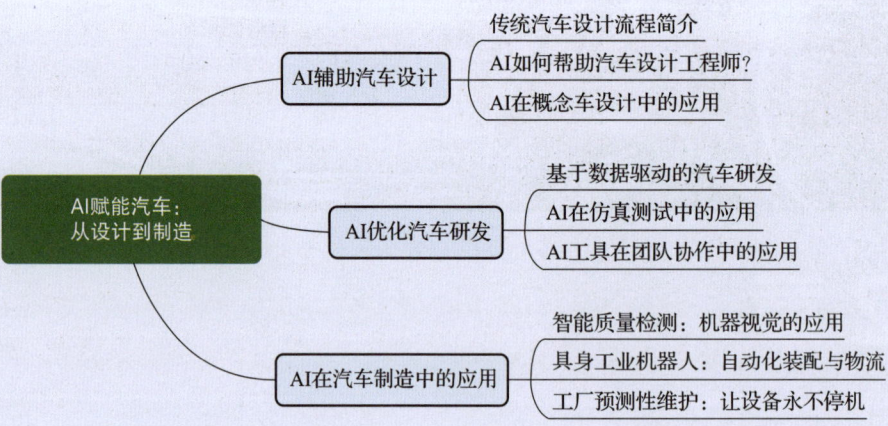

学习目标

1. 复述 AI 在汽车设计中的三大应用场景，列举其效率提升的具体数据案例。
2. 比较传统研发与数据驱动研发的差异，概括数据价值链的六个关键环节及其作用。
3. 分析 AI 仿真测试的五大技术优势，关联其对缩短研发周期的实际影响。
4. 归类汽车制造中机器视觉的检测对象，说明各场景的技术实现原理。
5. 解释预测性维护的"采集－分析－决策－验证"闭环流程，推断其在冲压设备故障预防中的经济效益。
6. 模仿 AI 设计工具操作流程，完成一组符合空气动力学要求的车身草图生成。
7. 设计跨部门协作方案，运用 AI 术语对齐工具解决中英文技术文档的语义歧义问题。
8. 评估生成式 AI 的概念车设计方案，优化提示词以提升设计创新性。
9. 养成数据驱动思维，实践用量化指标替代经验决策。
10. 保持对技术局限性的批判意识，质疑 AI 生成方案中的工程可行性风险。
11. 树立可持续制造理念，推广 AI 在减少材料浪费与能耗中的最佳实践。

2.1 AI 辅助汽车设计

在汽车设计的未来版图上，AI 正以颠覆性的力量重塑每个细节。从风阻系数趋近完美的流体车身，到能感知驾驶需求的智能座舱，AI 不仅是设计师的灵感缪斯，更是突破工程极限的秘密武器。你是否想知道机器学习如何预测百年车企的下一款爆款？算法怎样让汽车外观与空气动力学实现"天人合一"？让我们一起解锁 AI 与汽车设计碰撞出的科技火花，探索这场正在改写工业美学规则的创新革命！

在产品开发的整个过程中，总体设计是前提和关键。产品的先天质量取决于总体设计。统计表明，产品在包括原材料、制造、使用、维修等各方面花费（即广义成本）的大半是由总体设计阶段决定的。汽车作为一种经济产品，其市场表现直接影响企业经济效益与发展前景，因此在汽车开发过程中必须高度重视汽车总体设计。

进行汽车总体设计时应考虑满足如下基本要求：

1）汽车的各项性能、成本指标要达到企业在产品规划时所确定的目标。
2）严格遵守和贯彻有关法规和标准，同时注意不要侵犯知识产权。
3）深入贯彻标准化、通用化和系列化，大力推进平台化、模块化和集成化。
4）进行相关运动学校核，保证汽车有正确的运动并且避免发生运动干涉。
5）保证汽车拆装和维修方便，可报废回收利用，具有环境友好性。

2.1.1 传统汽车设计流程简介

> **案例导入**
>
> **传统汽车设计痛点：多部门协同困境**
>
> 在传统汽车设计中，对现有方案的调整往往面临跨部门协同壁垒与物理验证成本高两大核心痛点。以某合资车企的保险杠改款项目为例，设计师需在保留原车硬点（如前照灯安装位、雷达孔距）的基础上，融入新造型语言并满足碰撞法规升级要求。这一过程涉及造型、开闭件、轮胎包络、冷却系统、雷达布置等多个部门协同，每次调整需反复核对 12 类参数（如间隙面差、散热进风面积、雷达探测盲区等），单次方案迭代周期长达 3 周。若在实测中发现参数冲突（例如造型调整导致雷达探测角度偏移超出安全阈值），则需回溯至设计源头重新修正，形成"设计-验证-返工"的闭环损耗。数据显示，该合资车企在同类项目中平均需经历 4~6 轮方案迭代，总耗时长达 3~4 个月。

汽车设计是一个复杂且精细的过程，从最初的产品策划到最终量产车型的诞生，涉及众多领域的专业知识和技能，如图 2-1-1 所示。汽车产品市场竞争日趋激烈，如何缩短车型设计开发时间、降低成本、提高质量、提高市场竞争力，日益成为各汽车制造厂家首要考虑的问题。

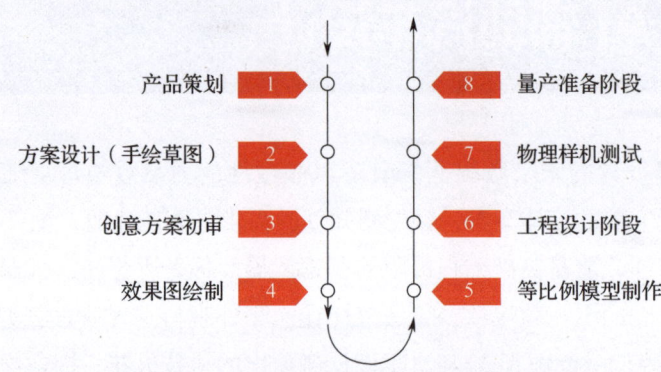

图2-1-1 传统汽车设计主要流程

传统的汽车设计流程虽然复杂且耗时，但每一个环节都至关重要，它们共同保证了汽车的设计质量和性能。然而，随着科技的不断进步，人工智能（AI）技术逐渐融入汽车设计领域，为汽车设计带来了新的变革和机遇。

2.1.2 AI如何帮助汽车设计工程师？

案例导入

AI破局路径：生成式协同设计

引入AI生成式设计工具后，车企构建了多约束参数化模型。以保险杠设计为例，该模型将48项工程参数（如材料厚度、碰撞吸能区拓扑、雷达安装倾角）与造型特征（如棱角线曲率、格栅分型比例）编码为可量化的参数。设计师只需通过自然语言指令，例如"运动化格栅比例提升20%+保留原车雷达布局"，即可调整造型风格。AI基于GAN模型从历史方案库中提取特征，生成超过300个硬点约束的候选方案。这种生成式平台可输出200组3D模型，显著提升了设计效率和创新能力。

在当今科技飞速发展的时代，AI正以惊人的速度渗透到各个领域，汽车设计领域也不例外，如图2-1-2所示。

图2-1-2 借助AI进行汽车设计

知识拓展

由多伦多的NVIDIA AI研究实验室开发的GANverse3D应用，将平面图像放大成逼真的3D模型，可以在虚拟环境中可视化和控制。这种性能可以帮助建筑师、创作者、游戏开发人员和设计师轻松地将新对象添加到他们的实体模型中，而不需要3D建模方面的专业知识，也不需要在渲染上花费大量预算。例如，单张汽车照片可以转换为3D模型，该模型可以在虚拟场景中模拟行驶，并配有逼真的前灯、尾灯和转向灯。

1. 生成设计草图

传统的设计草图绘制往往依赖设计师个人的灵感和绘画技巧，过程相对缓慢，且受到设计师思维局限的影响。而AI在生成设计草图方面展现出了独特的优势。借助先进的图像生成算法和大量的汽车设计数据训练，AI能够根据设计师输入的简单描述或关键词，迅速生成一系列风格各异的汽车设计草图。

例如，设计师只需在AI绘图软件中输入"一款未来感十足的电动SUV，具有流畅的线条和独特的前脸造型"这样的描述，AI便能在短时间内生成多张不同风格的草图。这些草图可能具有科幻感的车身线条、独特的前照灯设计以及新颖的进气格栅样式等。设计师可以从这些生成的草图中获取灵感，或者直接将其作为基础，进行进一步的修改和完善。这不仅大大缩短了设计草图的生成时间，还为设计师提供了更多的创意可能性，突破了传统设计思维的边界。一些AI绘图工具还具备智能交互功能，设计师可以通过简单的手势或语音指令，对生成的草图进行实时调整，如改变线条的曲率、调整车身的比例等，使设计过程更加流畅和高效。

2. 协助进行设计分析

汽车设计不仅要注重外观和造型，还需要考虑诸多工程和性能方面的因素，如空气动力学性能、碰撞安全性、人机工程学等。AI在这些设计分析方面能够为设计师提供有力的支持。

在空气动力学分析方面，AI可以通过对汽车模型的几何形状进行分析，预测汽车在行驶过程中的气流分布和阻力情况。利用深度学习算法，AI能够快速模拟不同车速下汽车周围的空气流动状态，并给出优化建议，帮助设计师调整车身线条和外形，以降低风阻系数，提高汽车的燃油经济性和行驶稳定性。例如，AI分析发现汽车尾部的某个设计细节导致气流紊乱，增加了风阻，设计师便可以根据AI的建议对该部位进行优化设计，改善空气动力学性能。

在碰撞安全性分析中，AI能够通过大量的碰撞数据学习，对汽车的车身结构进行模拟碰撞分析。它可以预测在不同碰撞场景下汽车的结构变形情况以及车内人员的受伤风险，并为设计师提供优化车身结构和安全装置的建议，以提高汽车的碰撞安全性。例如，AI分析显示在正面碰撞时，某个部位的车身结构容易发生严重变形，危及车内乘客安全，设计师可以据此对该部位的结构进行加强设计，或者调整安全气囊的布置位置和触发策略。

在人机工程学分析方面，AI可以根据人体尺寸数据和人体运动学原理，对汽车内饰的布局和人机交互系统进行分析和优化。它能够评估驾驶员在操作各种控制装置时的舒适度和便捷性，以及乘客在车内的乘坐空间和姿势是否合理。例如，AI通过模拟驾驶员的手臂运动轨迹，发现某个按键的位置设计不利于驾驶员操作，设计师便可以对按键的位置进行调整，提高人机交互

> **想一想**
>
> 从常见的汽车设计相关场景出发，AI技术在汽车设计成本优化方面未来的发展趋势是什么？

的便利性和舒适性。

3.优化设计成本

汽车设计过程中涉及大量的人力、物力和时间成本。AI技术的应用可以在多个环节帮助优化设计成本。

在设计方案的筛选和评估阶段，AI可以通过数据分析和模拟预测，快速对不同的设计方案进行评估，帮助设计师提前发现潜在的问题和风险，避免在后期制作物理样机和进行测试时才发现问题而导致的成本增加。例如，AI可以根据市场需求和生产成本等因素，对不同的材料选择和工艺方案进行评估，为设计师提供成本效益最优的建议。通过选择合适的材料和工艺，既可以保证汽车的质量和性能，又能够降低生产成本。

在物理样机制作方面，由于AI能够帮助设计师更快速地确定最优设计方案，减少了设计方案的修改次数，从而降低了物理样机制作的数量和成本。同时，AI在生产制造过程中的应用，如智能生产调度、质量控制等，也有助于提高生产效率，降低生产过程中的废品率和返工率，进一步降低了汽车的设计和生产成本。例如，AI可以根据生产线上的实时数据，优化生产设备的运行参数和生产流程，提高生产效率，减少能源消耗和设备损耗，从而降低生产成本。通过AI技术的应用，汽车制造商能够在保证设计质量的前提下，更加有效地控制设计成本，提高企业的市场竞争力。

2.1.3 AI在概念车设计中的应用

概念车，作为汽车行业创新与未来愿景的承载者，一直以来都以其前卫的设计、领先的科技和独特的理念吸引着众人的目光。在概念车设计领域，AI技术正逐渐展现出强大的影响力，为设计师们提供了全新的设计思路和工具，推动着概念车设计不断迈向新的高度。

1.灵感启发与创意拓展

概念车设计需要突破传统思维的束缚，追求极致的创新和独特性。AI在这方面为设计师提供了丰富的灵感源泉。通过对海量的艺术作品、科幻电影、建筑设计以及历史汽车设计资料等多领域数据的深度学习，AI能够挖掘出各种独特的设计元素和风格，并将其以新颖的方式组合呈现给设计师。

例如，AI可以分析科幻电影中未来交通工具的造型特点，提取其中具有前瞻性的线条、形态和结构元素，为概念车的外观设计提供灵感。当设计师想要打造一款具有科幻感的概念车时，AI系统可以根据其学习到的数据，生成一系列融合了科幻元素的汽车外观草图，如带有流线型且富有张力的车身线条、类似宇宙飞船造型的车身轮廓、独特的发光灯带设计，如图2-1-3所示。这些草图能够启发设计师的思维，帮助他们打破常规，探索出前所未有的设计方向。

图2-1-3　AI根据提示词生成的科幻主题概念车

同时，AI还可以根据市场趋势、消费者潜在需求以及技术发展趋势等信息，为概念车设计提供创意建议。比如，随着环保意识的增强和新能源技术的发展，AI可能会建议设计师在概念车设计中突出可持续性元素，如使用可回收材料、优化能源利用效率等。通过将这些因素纳入设计考量，概念车能够更好地反映未来社会的发展需求和人们的生活方式。

2.智能设计推荐

AI能够对海量的汽车设计数据进行分析和学习，包括历史车型的设计特点、市场上热门车型的设计元素，以及消费者的偏好数据等。通过这些数据分析，AI可以为设计师提供智能设计推荐。

当设计师在设计一款新车型时，AI系统可以根据目标市场、车型定位以及消费者需求等因素，为设计师推荐合适的设计风格、色彩搭配、车身比例等。例如AI设计生成的一辆在沙漠中行驶的越野车，如图2-1-4所示。

图2-1-4　AI根据沙漠场景设计生成的车

3.快速迭代设计方案

利用AI的参数化设计功能，设计师可以通过调整一些关键参数，如车身长度、宽度、高度，以及某些部件的形状、位置等，快速生成多个不同版本的设计方案。AI系统能够自动根据这些参数的变化，更新整个设计模型，包括外观和内饰的设计。例如，设计师想要调整汽车的车身长度和轴距，以改善车内空间布局，只需在AI设计软件中输入新的参数值，软件便能迅速生成修改后的设计方案，包括新的车身外观线条、内饰空间布局以及相应的工程数据变化。这种快速迭代的方式让设计师能够在短时间内探索更多的设计可能性，通过对比不同版本的设计方案，快速找到最优的设计方向，大大提高设计效率和质量。

选择题

1. AI在生成设计草图时，主要依赖（　　）技术实现多样化输出。
   A. 自然语言处理（NLP）
   B. 生成对抗网络（GAN）
   C. 强化学习（RL）
   D. 计算机视觉（CV）

2. （　　）不属于AI在概念车设计中的应用。
   A. 灵感启发与创意拓展
   B. 智能设计推荐
   C. 物理样机制造
   D. 快速迭代设计方案

3. 在AI辅助设计分析中，不涉及（　　）性能优化。
   A. 空气动力学
   B. 碰撞安全性
   C. 内饰材质成本
   D. 人机工程学

4. 关于AI优化设计成本的描述，错误的是（　　）。
   A. 减少物理样机制作数量
   B. 提高生产过程废品率
   C. 提前预测设计风险
   D. 优化生产流程效率

2.2 AI 优化汽车研发

在汽车研发过程中，AI技术正逐步改变传统的研发模式，通过数据驱动来推动研发进程。其主要应用可分为两个阶段：一是需求分析与数据整合阶段，利用AI技术汇总市场数据、用户需求及工程参数，构建研发数据库，通过数据分析优化产品定义，提高需求匹配精度。二是产品开发与定制化阶段，基于互联网和AI技术采集客户个性化需求，并生成数据分析报告，结合数据洞察指导产品设计、仿真验证及制造优化，提升研发效率。AI技术的应用贯穿汽车研发全流程，从参数设计、性能验证到团队协作与决策优化，逐步替代传统的"试错式"工程模式，使研发过程更加精准、高效和敏捷。在学习新内容之前，你是否想过：

1) 一辆新车的底盘调校，能否通过历史数据自动生成最优方案？
2) 虚拟仿真测试能否替代物理碰撞试验？
3) 跨国研发团队能否用AI实时跨越语言与技术壁垒达成协作？

本节将介绍AI如何以数据驱动汽车研发、以仿真测试缩短周期、以智能工具重构协作模式，带你见证汽车研发从"经验主导"到"算法赋能"的跃迁。

2.2.1 基于数据驱动的汽车研发

> **案例导入**
>
> **动力系统手动标定日常**
>
> 想象一下，你是一名汽车发动机标定工程师，面前有200多个旋钮（喷油量、点火时机、废气循环率……），每个都得逐一手动调节，如图2-2-1所示。工作日常是在发动机台架实验室一蹲就是大半年，用实验设计（DOE）表格像填写Excel表格一样尝试组合，调完一组参数→跑测试→记录数据→再调下一组……进行完整测试可能需要6~8个月（研发测试的新车都快变老款了），有时候老师傅的经验调参法有可能突然失效，让你无所适从。传统动力系统标定方法就像用老式收音机调台，拧半天旋钮才能找到清晰频道！

图2-2-1 汽车发动机手动标定场景

1. 传统汽车研发特点

传统的汽车研发流程通常包括产品策划（需求定义）、方案设计（手绘草图与概念设计）、创意方案初审（概念筛选与优化）、效果图绘制（视觉化设计确认）、工程设计阶段（工程开发与结构设计）、等比例模型制作（物理原型验证）、物理样机测试（测试验证与性能评估）、量产准备阶段（工艺定型与生产准备），该流程主要依赖人工经验、物理原型和重复试验，存

> **想一想**
>
> 数据比老师傅的经验更靠谱吗？你可列举几个例子吗？
>
>

在周期长（3~5年）、成本高（数十亿元）、迭代效率低等痛点，难以满足市场对个性化、快速迭代和成本控制的需求。

2. 数据驱动研发的定义与特征

（1）数据驱动研发的定义　数据驱动研发（Data-Driven Development）是一种以数据为核心生产要素，通过系统性采集、处理和分析多样化复杂数据，借助机器学习或深度学习算法挖掘数据内在规律，并反向指导产品设计、验证与优化的研发范式。

（2）数据驱动研发的特征　数据驱动研发的核心特征主要包括三个方面：

1）数据闭环：构建"采集–分析–决策–验证"的持续迭代循环。

2）算法主导：用预测模型替代经验公式（如神经网络替代传统查表法）。

3）实时响应：支持研发过程中的动态调整（如在线参数优化）。

数据驱动研发与传统研发模式对比见表2-2-1。

表2-2-1　数据驱动研发与传统研发模式对比

类别	决策依据	迭代速度	成本结构	容错能力	显著特点
传统研发	专家经验+物理公式，依赖工程师个人经验与试错法	周/月级，开发的周期长、成本高	人力密集型	试错成本高	工作效率不高，难处理海量多维数据
数据驱动研发	数据规律+模型预测	分钟/小时级（如AI实时调参）	算力密集型	虚拟验证降低实物损耗	从"人工分析"到"机器学习"的转变，有实时优化与预测性维护能力

3. 数据驱动研发的"六脉神剑"——数据价值链

数据驱动研发关键的技术体系是数据价值链构建。数据价值链是指从数据采集到闭环优化的全流程价值创造链，每个步骤（如数据清洗、特征提取）均通过技术手段提升数据质量与效用，最终形成可指导研发决策的完整链条。构建流程由六个关键步骤组成，如图2-2-2所示，此流程如同武侠小说中的"六脉神剑"，通过六种关键"招式"（步骤）释放数据潜能。

数据采集 ➡ 数据清洗 ➡ 特征提取 ➡ 模型训练 ➡ 决策支持 ➡ 闭环优化

图2-2-2　数据驱动研发的六个关键步骤

（1）数据采集——投喂AI"数据饲料"　在汽车研发过程中，数据采集的核心在于通过多源传感器系统获取车辆测试数据与用户使用数据，为AI驱动的研发优化提供数据支撑。主要采集数据类型包括：整车性能参数（如动力、能耗、NVH等）、环境感知数据（如摄像头、雷达等传感器信息）、系统运行用户行为数据和质量反馈数据（整合售后维修记录、故障诊断报告等质量溯源信息）。

（2）数据清洗——打造"高纯度数据燃料" 数据清洗的核心在于通过智能清洗算法，对原始数据进行去噪、修复与标准化处理，确保输入AI模型的数据具备高信噪比与可靠性。如环境干扰噪声清洗：激光雷达在雨雪天气下易产生虚假点云，采用自适应动态滤波算法，结合毫米波雷达回波特征，实现降水噪声的实时滤除。

（3）特征提取——提炼"数据精华" 特征是指从原始数据中提取的、对AI模型训练具有关键影响的可量化指标。合理的特征选择能显著提升模型性能，而无关特征则会引入噪声，降低学习效率。特征提取的本质是数据到知识的蒸馏过程，需结合领域知识（如汽车工程）与算法工具，才能高效提炼出"数据精华"。在车辆性能分析中，特征提取需聚焦物理意义明确、可解释性强的指标。比如，能耗预测模型通过加速踏板开合度变化率、制动频次提取驾驶行为特征；通过海拔变化梯度、实时风速提取环境特征；通过电池组温度、胎压偏差值提取车辆状态特征。特斯拉2023年AI活动日技术报告和宁德时代2022年电池白皮书都指出，通过驾驶行为、环境及车辆状态等多维度特征提取，先进能耗预测模型的误差可控制在3%左右。

（4）模型训练——开展AI"驾校学习" AI模型训练是指通过算法从汽车研发数据中自动学习规律，构建可预测、优化或生成解决方案的智能模型的过程。让AI学会"汽车研发工程师的思维"，替代或辅助人工决策，就像教新手司机开车，先给AI看大量"教学视频"（数据），再让它"上路练习"（迭代优化）。模型训练过程中会遇到的两种典型问题，一是过拟合，主要表现是模型在训练集上表现完美，但遇到新数据时性能会出现骤降现象，好比AI死记硬背驾考试题，却不会实际路况应变，可通过增加数据多样性（如合成暴雨、逆光场景）加以训练解决；二是欠拟合，模型连训练数据都无法准确拟合，好比AI仅学会"看到红灯要停车"，但分不清是路灯和尾灯，可增加模型复杂度（如加深神经网络层数），添加更有意义的特征参数解决。总之，模型训练是AI从"理论派"到"老司机"的进化过程，需平衡"练习量"（数据量）与"教学质量"（算法设计）。

（5）决策支持——AI当"参谋长" AI决策支持是指利用人工智能技术，对汽车研发中的海量数据（如仿真结果、传感器数据、用户反馈等）进行智能分析，为工程师提供优化建议或自动化决策的系统。比如车身设计阶段需考虑，如何平衡车身强度与重量？可以将车身材料数据库与碰撞测试结果输入AI系统，输出最优解为"某车型B柱用厚度2.0mm高强度钢，可减重12kg"。焊接机器人实时监测焊缝质量，自动调整电流和焊接速度，可以使不良率降低30%左右。

（6）闭环优化——AI的"自我进化" AI闭环优化是指通过"数据准备→模型训练→决策执行→效果反馈→迭代升级"的循环过程，让汽车研发系统像"会学习的生物"一样持续自我进化。核心思想是通过"实践→学

> **想一想**
>
> 在涉及跨学科协同的复杂系统开发中，数据孤岛现象是否阻碍整体优化？用于训练AI的测试数据若存在隐性偏差，是否会导致产品设计出现系统性缺陷？

习→改进"的无限循环，达到AI的"自我进化"。在新能源汽车研发中，智能悬架系统需要动态适应不同路况，同时兼顾舒适性与能耗控制。传统调试方式周期长、参数固化，难以实现最优平衡。采用AI闭环优化流程，实现悬架参数毫秒级动态自适应，降低综合能耗，提升用户舒适度，形成"用户使用→数据反馈→AI进化"的持续优化闭环。该模式可复制至转向系统、制动系统等底盘部件的协同优化。

2.2.2 AI在仿真测试中的应用

> **案例导入**
>
> **AI让汽车"碰撞测试"走向虚拟化**
>
> 某国产新能源汽车品牌在开发一款新车型时，工程师团队遇到了棘手问题：为了优化车身安全结构，需要进行上百次物理碰撞测试，如图2-2-3所示。每次测试不仅耗费数百万元成本，还需等待数周时间制作原型车、布置传感器和分析数据。项目进度严重滞后，团队不得不在安全性与研发周期之间艰难权衡。研发团队引入AI解决方案，通过分析过往10年全球碰撞测试数据，AI生成不同材质、结构下的安全性能预测模型；利用数字孪生技术，AI在1天内完成200种碰撞场景模拟，精准识别车身薄弱点；AI实时推荐最优材料组合（如某部位采用高强度铝材，可减重15%），并自动生成3D改进方案。最终成效，物理碰撞测试次数减少70%，研发周期缩短4个月，车身轻量化提升续驶里程。
>
>
> 图2-2-3 汽车物理碰撞测试

1. 传统模式下的车辆研发测试

传统汽车研发测试采用分阶段验证的线性模式，以硬件性能和安全合规为核心。流程通常分为台架测试、试制车验证、量产前耐久测试三个阶段。

台架测试：在实验室中对发动机、变速器等核心部件进行单独性能测试（如功率输出、疲劳寿命）。

试制车验证：组装手工样车，进行高温、高寒、高原等极端环境测试，以及碰撞安全、NVH（噪声振动）等专项试验。

量产前耐久测试：量产前对工装车进行数万千米耐久路试，确保零部件与生产线匹配。

传统测试流程的局限性，该模式依赖物理测试，周期长、成本高且灵活性不足。如一款车型需制造上百台试制车，累计测试里程超百万千米，耗时1~2年，问题发现后需回溯设计，导致研发效率低下。此外，测试标准以"通过性"为导向（如国标碰撞），难以覆盖用户真实场景需求（如智能驾驶边缘案例），且软件功能测试能力薄弱，无法适应电动化、智能化时代的快速迭代需求。

2. AI模式下的车辆研发仿真测试

AI驱动的车辆研发测试以数据仿真和智能算法为核心，大幅提升效率并降低对物理测试的依赖。其流程主要分为虚拟建模、AI仿真验证和数字孪生迭代三个阶段。

虚拟建模：基于高精度3D建模和传感器数据构建车辆数字模型，覆盖机械结构、电子电气系统及自动驾驶算法。

AI仿真验证：利用强化学习和神经网络，在虚拟环境中模拟极端工况（如极端天气、复杂交通场景），自动优化性能参数并识别潜在缺陷。

数字孪生迭代：通过实时数据反馈，将真实车辆运行数据与数字模型同步，持续优化设计并预测故障。

相比传统方法，AI仿真可缩短测试周期，并支持百万级场景的并行测试，覆盖传统路测无法实现的极端场景。安波福（Aptiv）与微软联合案例研究，自动驾驶系统验证通过云端并行仿真，测试效率提升69%（日均测试场景从800个增至2700个），如某自动驾驶技术公司通过AI仿真基于强化学习算法，通过虚拟环境模拟复杂交通场景（如行人突然横穿、恶劣天气），利用历史路测数据训练模型远超实际路测规模，然而其依赖高质量数据训练，且虚拟环境与现实的偏差仍需物理测试校准。未来，随着多模态AI和量子计算的发展，仿真精度有望进一步逼近真实世界。

> **知识拓展**
>
> ### 虚拟仿真测试
>
> 汽车研发中的虚拟仿真测试是通过计算机建模和数值模拟技术，在数字化环境中对车辆性能进行全方位验证的关键环节，如图2-2-4所示。它主要运用计算机辅助工程（CAE）工具对整车和零部件的结构强度、碰撞安全、空气动力学、噪声振动（NVH）以及耐久性等性能指标进行模拟分析，通过有限元分析、多体动力学仿真、计算流体力学等方法，在物理样机制造前就能预测和优化产品性能。这种数字化测试手段不仅能显著减少实车测试次数（如将碰撞测试从上百次缩减到数十次），降低30%~50%的研发成本，还能通过参数化建模快速验证多种设计方案，大幅缩短开发周期，已成为现代汽车研发中不可或缺的核心技术。
>
>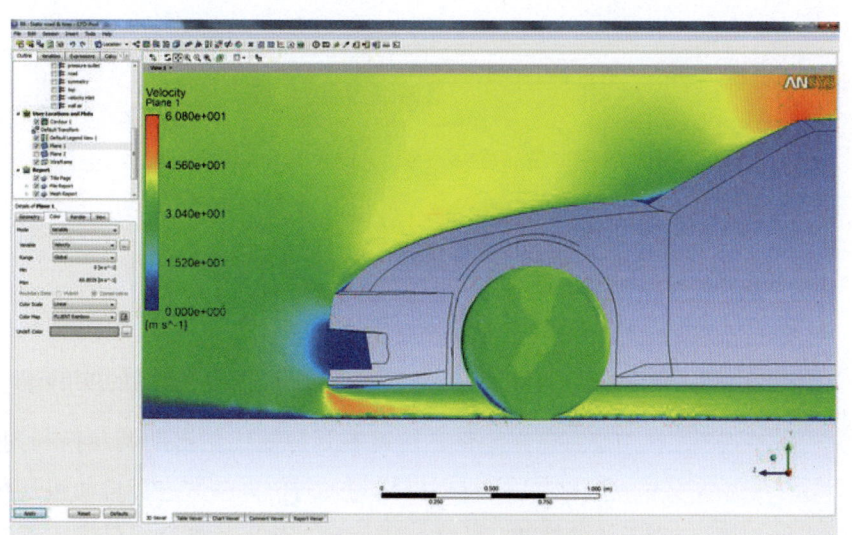
>
> 图2-2-4 虚拟仿真测试软件界面

> **想一想**
>
> AI一天可进行上百万次仿真测试，真车测试会消失吗？
>
> ....
>
> ....
>
> ....

3. AI在仿真测试中的核心应用

AI在汽车研发仿真测试中的核心应用包括：机器学习快速预测可加速迭代，缩短仿真周期；智能优化自动调整参数（如碰撞模型、空气动力学设计），提升设计精度；仿真数据AI生成可自动合成多样性虚拟场景（如极端天气、传感器故障），为算法训练与测试验证提供数据基础；海量虚拟测试验证可生成极端场景数据（如罕见交通事故），覆盖传统测试盲区；替代物理原型测试，可减少试验次数，降低研发成本。AI在仿真测试中应用的本质是以数据驱动替代试错式开发，实现"仿真即真实"的研发革命。

（1）机器学习快速预测　利用AI技术（如深度学习、强化学习等）对仿真数据进行快速分析和加速迭代优化，显著缩短"设计–仿真–验证–改进"的传统研发循环周期，实现研发效率的指数级提升。其核心是通过数据驱动的智能算法，突破人工试错的效率瓶颈。机器学习快速预测典型效益及具体表现见表2-2-2。

表2-2-2　机器学习快速预测典型效益及具体表现

典型效益	具体表现
研发周期缩短	将传统数周/月的仿真分析压缩至小时级，整体研发周期缩短50%~70%
计算效率提升	通过智能算法优化，减少冗余计算，仿真效率提升5~10倍
设计质量提高	在相同时间内可探索更多设计方案，最优解发现率提升40%
资源利用率优化	计算资源消耗降低30%，人力投入减少50%

机器学习快速预测的应用场景如图2-2-5所示。

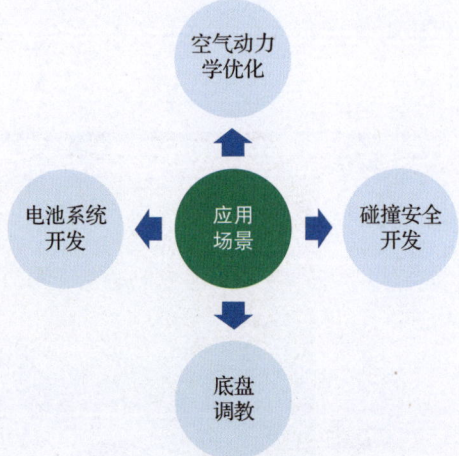

图2-2-5　机器学习快速预测的应用场景

（2）智能优化自动调参　智能优化自动调参指利用AI算法（如遗传算法、强化学习、神经网络等）对仿真参数进行自动搜索和调优，在多目标约束下（如性能、成本、重量等）快速找到全局最优或近似最优解，显著提升设计精度和效率。智能优化自动调参典型效益及具体表现见表2-2-3。

表2-2-3　智能优化自动调参典型效益及具体表现

典型效益	具体表现
设计精度提升	通过AI多参数协同优化，关键性能指标（如风阻系数、碰撞安全性）误差降低30%~50%
开发效率飞跃	AI可在数小时内完成传统需人工反复调整的参数（如悬架刚度、电池冷却策略）优化，效率提升5~10倍
多目标平衡	同时满足轻量化（减重15%）、安全性（碰撞评分提高20%）、成本控制（材料成本降低10%）等冲突需求
资源节约	减少冗余仿真次数，计算资源消耗降低40%以上

智能优化自动调参的应用场景如图2-2-6所示。

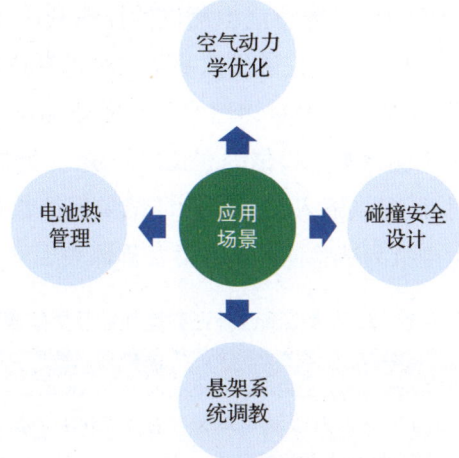

图2-2-6　智能优化自动调参的应用场景

（3）仿真数据AI生成　仿真数据AI生成指利用生成对抗网络、强化学习、物理建模等人工智能技术，自动合成具有多样性和复杂性的虚拟测试环境数据（包括常规工况、极端场景及长尾问题），为虚拟测试验证提供数据基础，二者形成技术输入与工程落地的逻辑闭环。仿真数据AI生成典型效益及具体表现见表2-2-4。

表2-2-4　仿真数据AI生成典型效益及具体表现

典型效益	具体表现
数据多样性增强	通过生成对抗网络、强化学习生成百万级差异化场景（如光照变化、传感器噪声组合）
自动化数据生产	支持7×24h无间断生成数据，效率达人工标注的1000倍
解决数据隐私问题	合成数据无需真实信息，符合通用数据保护条例等隐私法规（如虚拟行人面部/车牌）
算法训练优化	生成对抗性样本（如极端遮挡、传感器故障），提升感知算法鲁棒性（误判率降低50%以上）

仿真数据AI生成的应用场景如图2-2-7所示。

想一想

AI模拟生成的"假车祸"，能教会真车躲避事故吗？

_____

_____

_____

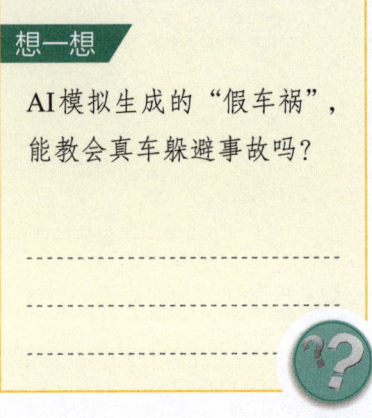

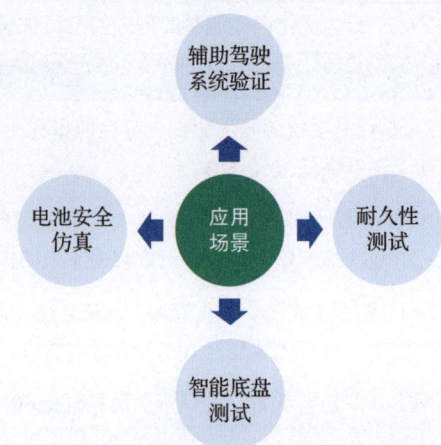

图2-2-7 仿真数据AI生成的应用场景

（4）海量虚拟测试验证　海量虚拟测试验证指利用AI生成海量虚拟测试场景（包括极端、罕见工况），通过数字孪生和仿真技术，在计算机环境中完成产品性能验证，大幅减少对物理原型和实车测试依赖。其核心是通过数据驱动，覆盖传统测试难以模拟的"长尾问题"（低概率高风险场景）。AI生成数据为虚拟验证提供输入，虚拟验证结果反馈数据生成需求，两者形成技术闭环。海量虚拟测试验证典型效益及具体表现见表2-2-5。

表2-2-5　海量虚拟测试验证典型效益及具体表现

典型效益	具体表现
覆盖传统测试盲区	AI可生成百万级测试场景，覆盖0.001%概率的极端情况（如极端天气、复杂事故形态）
降低测试成本	减少70%以上的物理样车制作和实车测试费用（如碰撞测试单次成本可节省数百万元）
加速验证周期	传统需要数月的耐久性测试，AI虚拟验证可在几周内完成（如底盘疲劳仿真提速5倍）
安全风险前置	提前暴露潜在设计缺陷（如电池热失控风险），使产品安全达标率提升30%以上

海量虚拟测试验证的应用场景如图2-2-8所示。

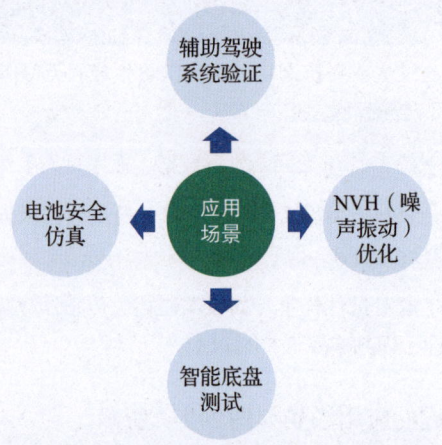

图2-2-8　海量虚拟测试验证的应用场景

（5）替代物理原型测试　替代物理原型测试指利用AI技术（如智能仿真优化、数字孪生、自动化分析）减少对物理样车、重复试验和人工调试的依赖，显著降低研发过程中的材料、人力和时间成本。其核心是通过"虚拟优先"策略，在数字环境中完成大部分验证工作，仅对关键节点进行物理测试。替代物理原型测试典型效益及具体表现见表2-2-6。

想一想

在涉及复杂机械交互或极端边界工况时，虚拟模型的准确性如何保证？

表2-2-6　替代物理原型测试典型效益及具体表现

典型效益	具体表现
减少物理样车制作	通过高精度仿真替代80%以上原型车测试，单车研发成本降低30%~60%
优化试验资源分配	AI自动筛选高风险设计方向，避免无效测试，试验设备利用率提升50%
缩短整车研发周期	虚拟迭代速度远超物理测试，整车开发周期压缩30%~40%（如从36个月降至24个月）
降低后期修改成本	提前在仿真阶段暴露问题，避免量产后的设计变更（单次工程变更可节省百万元级费用）

替代物理原型测试的应用场景如图2-2-9所示。

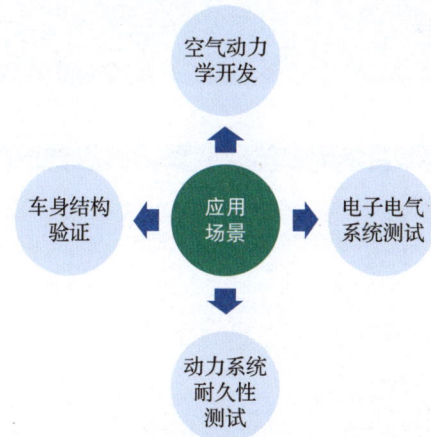

图2-2-9　替代物理原型测试的应用场景

知识拓展

长尾场景是指智能网联汽车感知系统中发生频率低、但潜在风险高的极端或边缘场景。这类场景在常规测试与训练数据中占比极小（可能不足5%），但一旦出现，可能引发严重事故。其核心特征包括：

1）低频性：日常驾驶中罕见，如道路施工、异形障碍物（倒伏树木、遗落巨石）、极端天气（暴雨叠加浓雾）。

2）复杂性：涉及多模态传感器失效或目标行为异常，如行人突然闯入车道、车辆逆行且变道。

3）高风险性：可能直接导致碰撞、系统误判或功能失效。

2.2.3　AI工具在团队协作中的应用

案例导入

72小时效率突围：AI工具如何拯救产品发布会

　　在某汽车企业，市场部团队正在筹备一场重要的产品发布会。由于团队成员分散在不同时区，协作过程中频繁出现信息延迟、文件版本混乱和任务跟进困难等问题。项目经理张女士发现，每次会议前都需要花费大量时间整理邮件、汇总反馈，并反复确认各部门进度，导致工作效率低下，甚至险些错过关键节点。这种沟通困境不仅增加了团队压力，还影响了整体项目质量。

　　为解决这一问题，团队引入了一款AI驱动的协作平台，如图2-2-10所示。该工具通过智能日程协调自动匹配所有成员的空闲时间，实时同步文档版本并标记修改建议，还能自动汇总待办事项并提醒负责人。AI助手甚至能分析聊天记录和邮件内容，提取关键决策点生成会议纪要。短短一周内，团队沟通效率显著提升，项目进度可视化，跨时区协作变得顺畅高效。

图2-2-10　AI工具在团队协作中的应用

　　汽车研发涉及机械、电子、软件等多个部门和高度复杂、多学科协作的领域，传统沟通方式效率低且易出错，AI工具通过智能化手段可简化流程、优化整合信息流转、消除跨部门信息壁垒和加速决策循环，重塑团队协作模式，具有显著的优化潜力。以下是AI工具优化汽车研发团队沟通协作的关键方向及具体应用场景。

1.实时跨部门知识协同

（1）知识检索生成：基于企业知识库的信息"随问随答"。汽车研发有着系统的开发流程，支持这些流程的工作指导手册、指南、工具、检查清单形成一套完整的知识库框架。但这些知识往往重复出现在不同的文档之中，缺少逻辑关联，使得工程师查找困难，使用效率低，更新成本高。智能知识库是基于人工智能（AI）的中央数据平台，通过自然语言处理（NLP）和机器学习技术，将分散在汽车研发各部门的技术文档、测试数据、经验案例等结构化存储，实现"用自然语言提问，即时获取精准答案"的智能交互系统。就像汽车的"超级大脑"，把研发中心所有工程师的经验、图纸、报告都变成可随时调用的"记忆片段"。传统方式与AI智能知识库核心特点对比见表2-2-7。

表2-2-7 传统方式与AI智能知识库核心特点对比

特点	传统方式	AI智能知识库	应用场景案例
即时响应	需手动搜索多个系统/问同事	语音/文字输入问题，数秒内返回答案	生产线技师询问"紧固件拧紧标准"，AI直接推送最新工艺卡和近期故障统计
多源整合	数据分散在PDM/ERP/邮件等不同系统	自动关联CAD图纸、测试报告、供应商文档	查询"电池热管理方案"时，同步显示仿真数据、路测视频、供应商技术协议
自主学习	依赖人工更新知识库	自动从新项目报告中提取有效信息更新知识库	每次碰撞测试后，AI自动归纳失败模式并关联历史案例
权限智能	统一权限设置，易泄密	根据提问者身份自动过滤敏感信息	供应商查询时仅显示公开数据，内部工程师可获取完整技术参数

应用案例：某车企实习生小李初入岗位，面对车身焊接工作，急需明确车身焊点验收标准。以往，他需要通过集团标准网站进行多次模糊查找，或等待资深同事抽空指导，耗时耗力。如今，他直接向某车企配备的AI工具询问："车身焊点验收标准？"AI迅速响应，提供了最新版集团标准，内容涵盖焊点尺寸（直径）、焊点位置和数量、焊接质量的一般要求等核心要求。同时，还给出了检测注意事项，如可用千分尺、游标卡尺等工具辅助检测焊点外观，通过手工剥离试验等方法检测焊点强度，提醒注意被焊零件间隙、表面平整度等细节。AI工具还附上了引用标准的具体出处，便于小李深入查证，如图2-2-11所示。依靠AI工具，小李快速掌握专业要点，顺利开展工作，大大提升了上岗效率。

想一想

如果智能知识库给出的答案相互矛盾，如设计规范与实测数据不符，你认为应该优先相信哪一方？为什么？

_____
_____
_____

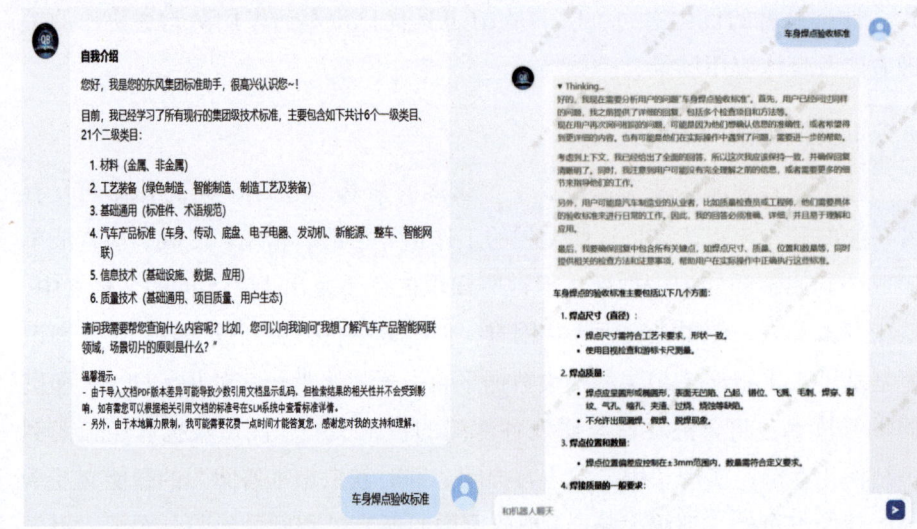

图2-2-11　AI智能知识库

（2）设计冲突预警：提前避免"工作打架"　设计冲突预警系统是基于AI的实时协同设计平台，通过机器学习分析各专业团队的CAD模型、工程参数和工艺要求，自动识别设计矛盾（如空间干涉、性能冲突等），并推荐优化方案，避免后期返工。传统方式与AI设计冲突预警核心特点对比见表2-2-8。

表2-2-8　传统方式与AI设计冲突预警核心特点对比

特点	传统方式	AI设计冲突预警	应用场景案例
实时性	每周人工组织设计评审会	修改模型后几分钟内自动推送冲突警告	电气工程师调整线束路径时，即时提示与悬架运动包络干涉
多维度检测	仅检查车辆几何空间干涉	同步分析装配公差/热变形/振动频率等	电池包固定支架设计需同时满足碰撞安全与NVH要求
方案建议	依赖专家经验提出修改意见	提供多种可行方案（含成本/工时对比）	解决仪表板与安全气囊冲突时，AI建议：①修改仪表造型；②调整气囊展开轨迹；③更换缓冲材料
知识沉淀	同类问题重复发生	自动生成"冲突-解决"案例库供后续学习	车门密封条与窗框的典型干涉模式已形成解决方案知识图谱

应用案例：某SUV车型数字样车阶段，几何空间干涉。AI预警：后门铰链加强板与倒车雷达线束间距仅2mm（小于装配要求5mm）、高亮显示冲突区域（三维可视化）。推荐方案：方案A：铰链加强板开槽（减重150g，增加模具成本8000元）；方案B：线束改道（延长线长0.5m，影响防水性能）。

2.智能流程与决策加速

（1）会议效率提升：讨论"迅速变为"行动　智能会议效率系统是基于语音识别、自然语言处理和机器学习技术的AI工具，可自动完成会议记录、

想一想

当AI给出多个解决方案时，如何综合考虑成本、周期、性能等因素做出决策？

_____
_____
_____

提取关键决策点、生成待办事项并分配责任人，将传统会议的"说－记－做"分离流程转变为"边说边执行"的实时闭环。传统会议与AI增强会议核心特点对比见表2-2-9。

想一想

当AI错误识别了责任人或截止时间时，应该建立怎样的复核机制？

表2-2-9 传统会议与AI增强会议核心特点对比

特点	传统会议	AI增强会议	应用场景案例
自动纪要	人工记录遗漏30%以上内容	语音转文字准确率>95%，自动区分发言人	记录碰撞安全评审会中结构/电气团队的争议焦点
行动项提取	会后人工整理耗时2~4h	实时识别"动词+责任主体+截止时间"	将"王工周三前提供电池热失控测试数据"自动生成项目管理任务
决策追溯	依赖会议纪要查找历史结论	自动关联相似议题的历史决策（如2024年同类型悬架问题处理方案）	避免重复讨论电子控制单元布置方案
多模态记录	仅文字记录	同步保存屏幕共享/白板草图/3D模型标注	底盘调校参数修改建议直接关联计算机辅助三维交互式应用模型版本

当AI建议暂停某资深工程师的任务去支援其他项目时，可能会引发哪些团队管理问题？如何解决？

应用案例：工程变更评审会中，实时转录"建议将制动卡钳材质从铸铁改为铝合金"，AI可自动执行，创建变更请求单（关联材料成本对比表）、联系供应商质量工程师评估工艺可行性、在产品全生命周期管理系统中预定验证资源等工作，使效率提升，缩短20%审批周期。

（2）资源动态调整：资源"主动匹配"任务 资源动态调整系统是基于预测性AI算法的智能调度平台，通过实时监控研发任务进展、资源占用情况和外部约束条件，自动将人力、设备、供应商等资源精准匹配到最需要任务节点，实现"资源找任务"的逆向调度模式。传统资源管理与AI动态调整系统核心特点对比见表2-2-10。

表2-2-10 传统资源管理与AI动态调整系统核心特点对比

特点	传统资源管理	AI动态调整系统	应用场景案例
预测性	问题出现后被动响应	提前3~7天预测资源缺口	预判噪声、振动与声振粗糙度（NVH）仿真算力将在周四达到峰值，提前调度闲置图形处理单元集群
多目标优化	单一考虑时间或成本	平衡时间/成本/质量三维度	在样车试制延期时，自动评估：①加班赶工（成本↑）；②外包部分工序（质量风险↑）；③调整后续节点（周期↑）
跨系统协同	依赖人工协调不同部门	自动对接ERP/MES/PLM系统	当CAE团队释放算力时，立即分配给等待中的造型风洞仿真
自主学习	固定调度规则	持续优化资源分配策略	根据历史数据发现：供应商A的模具交付在雨季平均延迟2天，自动调整排期

想一想

当某术语在企业所用标准（如SAE）与国标（GB）中存在技术差异时，AI系统应优先遵循哪个标准？为什么？

当AI建议弱化某文化群体典型表达特征（如让德国人减少直接性）时，是否存在文化同质化风险？

应用案例：试验设备冲突化解，底盘耐久试验台（唯一设备）被占用于制动测试，悬架团队急需验证改型方案。AI动态调整：识别制动测试可分段进行，重新排程：上午8：00—12：00进行悬架极限工况测试（需满载状态），下午13：00—18：00进行制动热衰退测试（可空载运行），自动通知两个团队更新测试计划。

3. 跨语言智能协作

（1）实时术语对齐：沟通"无障同频" AI工具（如DeepL或Zoom翻译插件）支持多语言即时通信，并自动将术语转换为工程标准用语，避免歧义。实时术语对齐系统是基于自然语言处理（NLP）和知识图谱的AI翻译平台，在跨语言、跨部门的研发沟通中，自动识别专业术语的不同表述（如"扭矩"或"转矩"），并统一转换为企业标准用语，同时保持技术参数的精确传递，实现"说不同话却表达同一技术含义"的无障碍协作。传统沟通方式与AI术语对齐系统核心特点对比见表2-2-11。

表2-2-11 传统沟通方式与AI术语对齐系统核心特点对比

特点	传统沟通方式	AI术语对齐系统	应用场景案例
多语言即时通信	依赖人工，翻译延迟	中/英/德等多种语言实时互译	"轴套预紧力低于最小值""自动转换为德语""Buchsen-Vorspannung unter Mindestwert"
术语标准化	部门间同参数不同叫法	强制转换为PLM系统注册术语	"EPS"统一显示为"电动助力转向系统（型号_Rev2.3）"
参数保真	单位制转换易出错	自动处理N·m↔kgf·m等单位换算	日文报告中的"35kgf·m"在英文界面显示为"343.2N·m"
语境适配	机械翻译歧义多	结合工程场景消除歧义	根据上下文将"bearing"正确译为"轴承"而非"方位"

应用案例：中德供应链对接，中方邮件："轮毂螺栓需要提高防锈等级"，德方系统接收："Radschrauben Korrosionsschutzklasse erhöhen"，参数强化：自动标注当前使用DIN EN ISO 4042 Class 6标准，建议方案：提供可选镀层工艺对比表。

（2）文化智能调解：风格"自适应调优" 文化智能调解系统是基于跨文化数据库和情感计算AI的沟通优化平台，通过分析邮件、会议记录、即时消息中的语言风格、表达习惯和决策倾向，自动识别潜在的文化认知差异（如直接/委婉、数据驱动/关系驱动），并提供实时沟通策略建议，使不同文化背景的团队成员能够"用对方舒适的方式表达专业内容"。传统跨文化沟通与AI文化智能调解核心特点对比见表2-2-12。

表 2-2-12　传统跨文化沟通与 AI 文化智能调解核心特点对比

特点	传统跨文化沟通	AI 文化智能调解	应用场景案例
风格诊断	依赖个人经验判断	量化分析沟通风格维度（如文化六维度）	自动标注：德国工程师邮件直接指数85%
实时建议	事后文化培训	输入时弹出优化提示	中国工程师写"可能有点小问题"时，AI建议对美国团队改为"发现3处与SAE J1123的偏差"
冲突预警	矛盾爆发后才处理	基于历史数据预测文化冲突概率	当日方多次未对德方方案直接反对时，预警"潜在沉默性分歧"
双模存档	单一版本记录	保留原始内容与适配后版本	意大利造型师的激情表述在给韩国供应商时自动简化为技术参数

应用案例：德日设计评审，文化冲突：德方，"这个结构强度不够"（直接指出问题）；日方，"也许可以考虑进一步强化"（委婉表达）。AI处理：对德方显示，建议补充"根据DIN 18800-1标准第5.2条"作为依据；对日方显示，可明确表述为"当前设计安全系数1.8，建议提升至2.3"。

练习题

一、选择题

1.（　　）不是数据驱动研发的核心特征。
A. 数据闭环　　　　　　　　B. 算法主导
C. 实时响应　　　　　　　　D. 数据收集

2. 传统汽车研发测试采用分阶段验证的线性模式，以硬件性能和安全合规为核心，其流程通常不包括（　　）阶段。
A. 台架测试　　　　　　　　B. 试制车验证
C. 虚拟仿真测试　　　　　　D. 量产前耐久测试

二、填空题

1. 传统的汽车研发流程通常包括_____、_____、_____、_____、_____、_____和量产准备八个阶段。

2. 智能知识库是基于人工智能（AI）的中央数据平台，通过_____和_____，将分散在汽车研发各部门的技术文档、测试数据、经验案例等结构化存储，实现"用自然语言提问，即时获取精准答案"的智能交互系统。

三、简答题

请简述数据驱动研发的六个关键步骤。

2.3 AI在汽车制造中的应用

汽车制造，这一曾经高度依赖人力与机械的传统工业领域，正掀起一场智能化的革命巨浪。从零部件的精密加工，到整车的高效装配，再到工厂设备的稳定运行，AI技术如神奇的画笔，为汽车制造的每个环节都描绘出全新的智能化画卷。你是否好奇：

1）汽车零部件能通过"智能目光"自动完成精准质检吗？

2）汽车生产线上的机器人能否借助AI"大脑"，实现更灵活、高效的自动化装配与物流运输？

3）工厂里的庞大设备是否会拥有"先知"般的能力，在故障发生前就精准预测并预防？

本节内容将带你深入汽车制造的前沿阵地，看看AI是如何在这里大显身手，突破传统制造的瓶颈，开启一个高效、精准、智能的汽车制造新时代。

2.3.1 智能质量检测：机器视觉的应用

案例导入

传统人工质检困境与智能蜕变

汽车门板外观质量直接影响消费者对整车品质的直观感受，而其形状不规则、表面材质多样，传统人工目检速度慢，且工人长时间工作后容易疲劳，导致难以精准发现门板上微小的凹陷等缺陷。某汽车制造企业的汽车门板生产线上曾面临质检困境，该企业引入机器视觉系统后，如图2-3-1所示，情况焕然一新。高速摄像机全方位捕捉门板表面，将图像迅速传输至智能分析系统，系统依据预设精密算法，能快速识别出仅0.5mm的微小凹陷等瑕疵，检测效率较人工提升了10倍，且准确率稳定在99.9%以上，为汽车门板的高质量生产提供了有力保障。

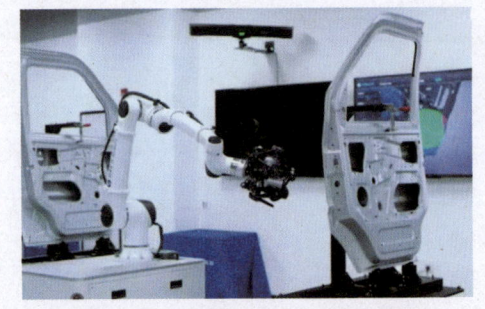

图2-3-1 门板凹陷智能质量检测

图2-3-2 汽车制造产线智能质量检测

在汽车制造过程中，质量检测是确保产品符合标准的关键环节。传统的质量检测方法主要依赖人工目检，这种方法不仅效率低下，而且容易受到主观因素的影响，导致检测结果不一致。随着机器视觉技术的不断发展，智能质量检测逐渐成为汽车制造领域的重要应用之一，如图2-3-2所示。

1. 机器视觉检测零部件概述

机器视觉检测技术是基于计算机视觉技术实现自动检测与分析的一种高效技术手段，其核心原理是利用光学设备（如工业摄像头、线阵相机等）精准获取物体的图像信息，并借助先进的图像处理算法对采集到的图像进行深度分析与精细处理,进而实现对物体的精确识别、精准测量以及可靠检测,见表2-3-1。在汽车制造领域,机器视觉技术凭借其独特的优势,被广泛且深入地应用于零部件检测、外观质量检测以及装配质量检测等多个关键环节,为汽车制造行业的质量控制与生产效率提升提供了强有力的技术支撑。

> **想一想**
>
> 在汽车制造中,机器视觉技术如何影响产品质量?如果机器视觉系统出现误判,可能会带来哪些后果?如何通过技术手段减少误判?

表2-3-1 机器视觉技术对比表

技术类型	优点	缺点	适用场景
基于规则的视觉识别	简单易实现	对复杂场景适应性差	尺寸测量、简单缺陷检测
深度学习视觉识别	高精度,适应性强	训练成本高,需要大量数据	复杂缺陷检测,外观质量检测
多模态视觉识别	结合多种数据源,鲁棒性强	数据处理复杂	综合质量检测

2. 机器视觉技术在汽车零部件检测中的应用

汽车零部件的质量是整车安全性和可靠性的重要"基石"。机器视觉技术靠高精度图像采集设备和先进的图像处理算法,对零部件的尺寸、形状、表面缺陷等进行快速、准确的检测,如图2-3-3所示。例如,发动机缸体这么精密的零部件,机器视觉系统能轻松检测它的尺寸精度,看它是不是完美符合设计要求。而且,对于零部件表面那些微小的划痕、裂纹等缺陷,也能被它瞬间"揪出来",及时剔除不合格产品,让每一个零部件都达到"优等生"的标准。

图2-3-3 汽车产线焊接及检测

零部件智能检测流程如图2-3-4所示。

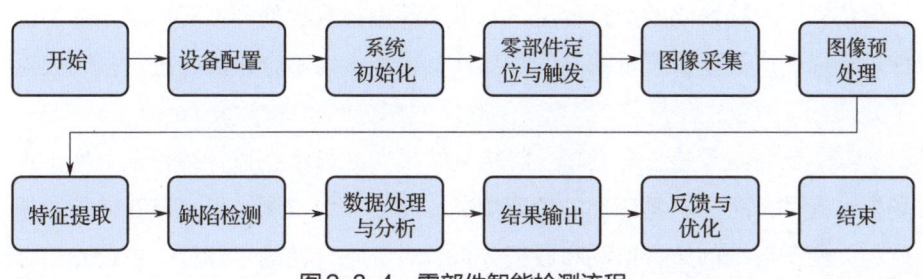

图2-3-4 零部件智能检测流程

（1）检测前准备　在汽车零部件生产线的检测工位，安装高分辨率工业摄像头，确保其视场覆盖零部件的关键检测区域。对摄像头进行精确校准，使其与生产线的坐标系统对齐，以确保图像采集的准确性和可靠性。根据零部件的材质和表面特性，选择合适的光源类型（如环形光、平行光等），并精细调整光源的强度和角度，以增强零部件特征与背景的对比度，突出潜在的缺陷。

启动机器视觉系统，加载预设的检测算法和参数配置文件，确保系统按照既定的检测标准运行。执行系统自检程序，检查摄像头、光源、图像采集卡等硬件设备的工作状态，确保所有设备均处于正常运行状态，以保障检测过程的稳定性。从数据库中读取当前生产批次的零部件标准模板图像，作为后续检测过程中的参考基准，用于对比和识别零部件的缺陷。

（2）图像采集　当零部件到达检测工位时，传感器（如光电传感器或接近开关）检测到零部件的到来，触发摄像头进行图像采集。系统根据传感器反馈的位置信息，动态调整摄像头的拍摄参数（如焦距、曝光时间等），以确保采集到的图像清晰、准确，能够满足后续分析和处理的要求。

摄像头按照预设参数拍摄零部件图像，并将图像数据高速传输至图像处理系统。图像处理系统接收图像数据后，立即启动图像预处理程序，包括去除噪声、调整对比度等操作，以提高图像质量，为后续的特征提取和缺陷检测提供高质量的图像基础。

（3）图像处理与分析　系统依据预设的图像处理算法，对预处理后的图像进行特征提取。提取的特征包括零部件的轮廓、尺寸、形状、表面纹理等关键信息。例如，通过边缘检测算法精确提取零部件的轮廓信息；利用形状匹配算法准确识别零部件的形状是否符合标准设计；通过灰度分析或纹理分析算法检测零部件表面的瑕疵（如划痕、凹陷等）。

将提取到的特征与预设的标准模板图像进行精确比对，计算两者之间的差异值。根据预设的阈值，准确判断零部件是否存在缺陷。若差异值超过阈值，则判定零部件存在缺陷，并详细记录缺陷的位置、类型和严重程度。对于结构复杂的零部件，采用多步检测算法。例如，先进行轮廓检测以确定零部件的大致位置和形状，再进行详细的尺寸测量和表面瑕疵检测，确保检测结果的全面性和准确性。

对检测到的缺陷数据进行系统化的统计和分析，生成详细的缺陷报告。报告内容包括零部件的编号、检测时间、缺陷类型、缺陷位置、缺陷数量等关键信息。根据缺陷的严重程度，对零部件进行分类处理。轻微缺陷的零部件进行标记或修复；严重缺陷的零部件直接判定为不合格品，进行报废或返工处理。

（4）检测结果输出与反馈　将检测结果实时显示在监控屏幕上，便于现场操作人员及时了解零部件的检测情况。同时，将检测结果完整存储到数据库中，便于后续的质量追溯和数据分析。对于不合格的零部件，系统发出警

> **想一想**
>
> 当面对形状复杂的零部件时，识别和处理方式尤为关键。配备多角度摄像头是否能够进一步提升检测精度？

报信号,及时通知生产线上的工作人员采取相应的措施。

根据检测结果,对生产过程进行反馈。若某一类型的缺陷频繁出现,深入分析其产生的原因(如原材料质量问题、生产工艺参数不合理等),并及时调整生产过程,以减少缺陷的产生。定期对机器视觉系统进行维护和优化。根据实际检测情况,对检测算法和参数进行调整和改进,以提高系统的检测精度和可靠性,确保检测系统能够长期稳定地运行。

3. 机器视觉在外观质量检测中的应用

汽车的外观质量对于消费者而言具有重要意义。机器视觉技术在这一领域发挥着关键作用,能够对汽车车身外观进行全面、细致的检测,检测内容涵盖车身表面的平整度、漆面质量以及涂装缺陷等。借助多角度图像采集与分析,该技术可以迅速识别车身表面诸如橘皮、流挂、颗粒等瑕疵,显著提升检测的效率与准确性。

4. 机器视觉在装配质量检测中的应用

在汽车装配过程中,装配质量的检测同样至关重要。机器视觉技术可以通过对装配过程中的零部件位置、安装状态等进行实时监测,确保装配的准确性和一致性。例如,在车门装配过程中,机器视觉系统可以检测车门的安装位置是否准确,密封条是否安装到位等,从而避免装配问题导致的质量隐患。

2.3.2 具身工业机器人:自动化装配与物流

案例导入

汽车装配线上传统装配的效率与质量困境

在一个繁忙的汽车制造工厂,生产线上的传统装配方式正面临着巨大的挑战,如图2-3-5所示。工人们长时间重复着高强度的装配任务,不仅劳动强度大,而且随着生产需求的增加,人工装配的速度和精度逐渐跟不上生产的节奏。零部件的装配精度参差不齐,导致生产线上返工率居高不下,严重影响了汽车的整体生产效率。这一困境不仅增加了生产成本,还可能影响产品的质量。

图2-3-5 汽车装配线

在汽车制造的大舞台上，自动化装配和物流就像是左右手，左右着生产的节奏与效率。而如今，人工智能的加入，为这双手戴上了"智能手套"，让它们动作更敏捷、协作更默契。智能机器人，这个汽车制造领域的新星，正用它的机械臂和"智慧大脑"，重新书写着生产规则，如图2-3-6所示。

图2-3-6　工业机器人装配

1. 工业机器人在自动化装配中的应用

汽车装配是一个复杂且繁琐的"大工程"，涉及成千上万个零部件与各种复杂的工艺流程，稍有不慎便容易出现错误。然而，当智能机器人投入使用后，情况发生了显著变化。

以汽车座椅装配线为例，这是汽车内饰制造的关键环节之一。传统的手工装配方式效率低下且容易出错，而如今智能机器人凭借先进的视觉识别技术与高精度的运动控制系统，可以根据零部件的形状与位置自动调整装配姿态，精准完成座椅骨架、坐垫、头枕等零部件的装配任务，如图2-3-7所示。某汽车工厂在引入多台智能机器人后，座椅装配效率显著提升了35%，装配精度更是高达99.8%，因装配问题引发的质量隐患大幅减少。

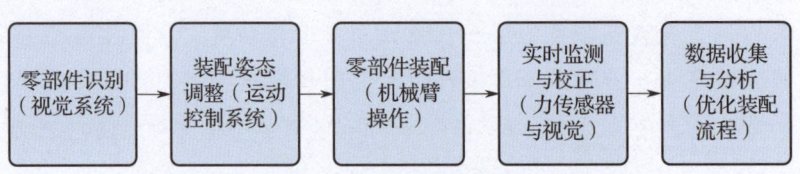

图2-3-7　机器人在汽车座椅装配线中工作流程图

2. 机器人（AGV、AMR）在物流配送中的应用

在汽车制造企业中，物流配送环节以往是一项劳动强度大且耗费大量人力的工作。然而，随着智能机器人的引入，这一状况得到了显著改善。自动导引车（AGV）能够按照预设路径在仓库内自由行驶，将货物运输到指定的存储位置，或者从存储位置取出货物送至分拣区。例如在汽车零部件仓储与配送中，塔斯克机器人为某汽车生产商提供内部物流自动化解决方案，项目共部署了几十台潜伏顶升式AGV，将生产过程和仓储物流信息智能连接，实现车间生产和物流过程的智能化、信息化。这背后，是智能机器人强大的自主导航能力和灵活适应性在"撑腰"。AGV物流机器人能够根据生产计划

和指令，自动化地完成原材料的运输、半成品的转运和成品的入库等操作，提高生产效率，减少人力搬运的需要，降低生产成本。

自主移动机器人（AMR）集成了多模态传感器、同步定位与地图构建（SLAM）、AI路径规划等技术，能够实现货物搬运、分拣等操作，降低人工成本。例如，京东物流部署的AMR可24小时运行，效率提升30%。

人工智能驱动的机器人可以实时监控库存水平，自动识别和记录货物信息。通过对库存数据的分析，优化库存布局和补货策略，提高仓库空间利用率。具身工业机器人可以根据订单信息，快速准确地从货架上分拣出所需货物。在一些大型电商仓库中，机器人可以实现高效的订单履行，缩短发货时间，工作场景如图2-3-8所示。

图2-3-8　物流配送机器人工作场景

2.3.3　工厂预测性维护：让设备永不停机

案例导入

汽车制造工厂的设备维护"救火队"

在一家汽车制造工厂，设备维护工作可让车间师傅们操碎了心。冲压设备、焊接机器人动不动就"耍脾气"，频繁故障，生产进度被拖得"苦不堪言"。一次次紧急抢修，就像在设备维修的"战场"上"救火"，工厂的效率和产品质量都跟着"遭殃"。但AI赋能的预测性维护设备一登场，一切就有了转机。通过在设备上安装各种传感器，实时监测设备运行的"健康状况"，再用机器学习算法分析数据，提前预测故障，工厂的设备维护从"救火"变成了"预防保健"，设备故障停机时间明显减少，生产效率大大提升，如图2-3-9所示。

图2-3-9　设备维护预测

1. 预测性维护的概念与原理

预测性维护，就像给设备请了个24小时在线的"私人医生"。它的核心在于时刻监测设备的振动、温度、压力这些"健康指标"，就像医生时刻关注病人的体温、心跳一样,通过分析这些指标,给设备的运行状态和健康状况做个"全面体检",提前吹响故障的"预警哨",让预测性维护快快跟上,见表2-3-2。

表2-3-2 预测性维护数据采集与处理流程表

步骤	描述	关键技术
数据采集	通过传感器实时采集设备运行数据	振动传感器、温度传感器、压力传感器
数据预处理	去除噪声、填补缺失值	数据清洗、归一化
数据分析	利用机器学习算法分析数据	特征提取、模型训练
故障预警	根据分析结果发出故障预警	预测模型、实时反馈
维护计划	优化维护计划,减少停机时间	自适应控制、维护策略

2.预测性维护在汽车制造中的应用场景

汽车制造是一个复杂而精密的生产过程,涵盖了冲压、焊接、涂装、总装等多个环节。每个环节的设备都必须始终保持高效、稳定的运行状态,否则一旦出现故障,整个生产流程都将被迫中断,造成巨大的经济损失。预测性维护就像一位"超级管家",在这些车间里时刻守护着设备的健康。

以冲压车间为例,冲压设备以其强大的力量和高速的运行速度而著称,是汽车制造过程中不可或缺的关键设备。然而,冲压设备一旦出现故障,生产就不得不"急刹车",这将严重影响生产进度和交付时间。某汽车制造企业率先在冲压设备上引入了预测性维护系统,安装了大量高精度的传感器,这些传感器能够实时采集设备的振动、温度、压力等关键运行数据。随后,这些数据被传输到企业的大数据分析平台,在那里,先进的机器学习算法对海量数据进行深度分析。通过建立复杂的故障预测模型,算法能够精准地提前预测设备可能出现的故障,并据此优化维护计划。自从引入了这一系统,冲压设备的停机时间减少了30%,设备可靠性提高了20%,生产效率得到了显著提升。

3.预测性维护的关键技术

预测性维护并非单一技术的简单应用,而是多项关键技术协同作用的结果。这些技术相互配合,共同构建了一个高效、智能的设备维护体系,如图2-3-10所示。

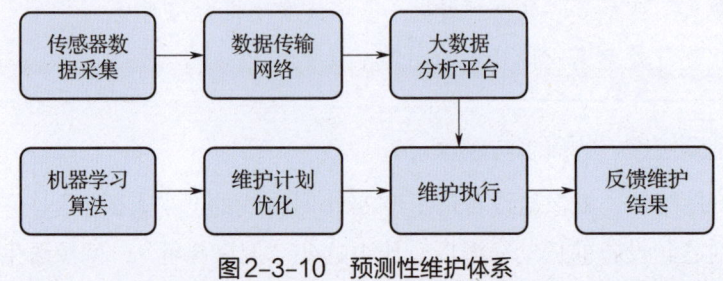

图2-3-10 预测性维护体系

设备状态监测技术是预测性维护的基础，通过在设备的关键部位安装各种类型的传感器，如振动传感器、温度传感器、压力传感器、电流传感器、电压传感器等，实时采集设备的运行数据。这些传感器能够高频率、高精度地捕捉设备的细微变化，为后续的数据分析提供丰富的原始数据。例如，在冲压设备上安装的振动传感器，可以实时监测设备在运行过程中的振动频率和振幅。当设备出现故障时，振动模式通常会发生异常变化，通过监测这些变化，技术人员可以及时发现潜在的故障隐患。

大数据分析技术是预测性维护的核心，它能够从海量的数据中挖掘出有价值的信息。汽车制造过程中产生的数据量巨大，包括设备的运行数据、生产过程数据、质量检测数据等。这些数据不仅数量庞大，而且类型复杂，包括结构化数据和非结构化数据。大数据分析技术通过数据清洗、数据挖掘、数据可视化等手段，对这些数据进行处理和分析。例如，通过数据挖掘算法，可以从设备的振动数据中发现隐藏的故障模式；通过数据可视化技术，将复杂的设备状态数据以直观的图表形式展示出来，方便技术人员快速了解设备的运行状况。

机器学习算法是预测性维护的"大脑"，它可以从大量的历史数据中学习设备的正常运行模式和故障特征，从而建立准确的故障预测模型。例如，监督学习算法可以通过对已标注的正常和故障数据进行训练，学习设备在不同状态下的特征差异；无监督学习算法则可以在没有标注数据的情况下，自动发现数据中的异常模式。这些算法能够根据实时采集的设备运行数据，预测设备在未来一段时间内可能出现的故障，并提前发出警报。例如，通过对冲压设备的振动数据和温度数据进行分析，机器学习算法可以预测设备的轴承是否会出现过热故障，提前安排维护保养，避免设备突发停机。

物联网技术是预测性维护的"神经系统"，它将设备、传感器和分析系统连接成一个"大家庭"，让数据能够实时传输和共享。在汽车制造企业中，大量的设备和传感器分布在不同的车间和生产线上，物联网技术通过无线通信、工业以太网等技术手段，将这些设备和传感器连接起来，形成一个庞大的物联网网络。设备的运行数据通过传感器采集后，能够实时传输到大数据分析平台和机器学习系统，实现数据的快速处理和分析。同时，物联网技术还支持远程监控和控制，技术人员可以通过移动终端或监控系统，随时随地了解设备的运行状态，并对设备进行远程操作和维护。例如，技术人员可以通过物联网平台远程查看冲压设备的实时运行数据，当发现异常时，及时发出维护指令，实现对设备的精准维护。

练习题

一、选择题

1. 机器视觉系统的核心组件不包括（　　）。
   A. 图像采集设备　　　　　　B. 光源系统
   C. 图像处理软件　　　　　　D. 扬声器

2. 深度学习视觉识别的优点是（　　）。
   A. 适应性强，高精度　　　　B. 操作复杂
   C. 成本低廉　　　　　　　　D. 无需数据

3. 下列不是工业机器人在装配线上的优势的是（　　）。
   A. 提高装配精度　　　　　　B. 提升生产效率
   C. 增加故障率　　　　　　　D. 降低劳动强度

4. 具身工业机器人通过（　　）实现与人类工人的高效协作。
   A. 人工智能算法　　　　　　B. 普通机械结构
   C. 手动控制　　　　　　　　D. 声音指令

5. 在汽车制造中，机器视觉系统出现误判可能导致（　　）。
   A. 产品质量下降　　　　　　B. 生产效率提升
   C. 设备自动维护　　　　　　D. 机器人加速工作

6. 下列属于预测性维护关键技术的是（　　）。
   A. 大数据分析技术　　　　　B. 普通数据存储
   C. 手工记录　　　　　　　　D. 纸质报告生成

二、填空题

1. 在汽车制造中，机器视觉技术可应用于零部件检测、_____质量检测以及装配质量检测等环节。
2. 具身工业机器人在装配过程中可根据零部件的形状和位置自动调整_____。
3. 机器视觉系统的核心原理是利用光学设备获取图像信息，并借助_____进行分析处理。
4. 机器视觉技术在汽车零部件检测中能精准检测零部件的_____、形状、表面缺陷等。

三、简答题

1. 机器视觉技术在汽车制造中的应用有哪些优势？
2. 简述机器人在汽车制造物流配送中的应用方式。

实践任务：体验图片生成工具

【任务目标】

掌握豆包工具通过文本指令生成图像的基本逻辑；熟练完成注册登录、指令输入、参数调整等全流程操作；运用关键词组合精准控制生成效果；在合规框架下通过"主题构思→指令优化→成果迭代"流程掌握AI图片生成技术，深化对汽车设计流程的理解，提升创意设计能力。

【任务要求】

1.进入豆包官网（https://doubao.com）或APP，注册账号并登录，进入"图片生成"模块。

2.熟悉界面功能区，包括"文本输入框""风格选择""尺寸调节"等，查看历史生成记录。

3.确定主题"复古蒸汽朋克汽车"，细化描述："一辆19世纪蒸汽朋克风格的汽车，车身覆盖铜制铆钉与齿轮装饰，车顶安装蒸汽管道与压力表，车轮为木质辐条结构，背景为烟雾缭绕的工厂废墟，整体色调偏棕黄色，带有金属锈迹质感。"

4.拆解关键词：核心元素（蒸汽管道、齿轮、铜制车身、木质车轮）、场景氛围（工厂废墟、烟雾、锈迹）、风格色调（棕黄色、金属质感）。

5.设置基础参数：风格选择"蒸汽朋克"或"复古机械"，尺寸设置"横版（16：9）"或"竖版（4：3）"。

6.可选高级调节：添加"细节丰富""复古滤镜"等指令后缀，单击"生成"按钮，生成4张候选图。

7.从4张生成图中初步筛选最符合预期的作品，单击"二次生成"添加新元素（如"增加飞行机械翼""背景加入飞艇"），对比生成结果直至满意。

8.单击图片右上角"下载"按钮，保存为JPG或PNG格式。

9.分析生成图片的优缺点。

【成果形式】

1.生成的复古蒸汽朋克汽车图片及优化后的图片。

2.填写完整的优缺点对比表格。

3.图文分析报告，阐述关键词对画面的影响。

【实践指导】

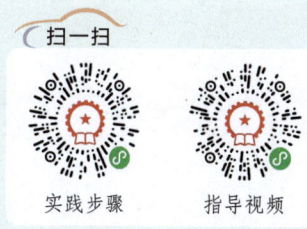

扫一扫　实践步骤　指导视频

参考文献

[1]闵海涛，王建华.汽车设计[M].6版.北京：机械工业出版社，2024.

[2]宋明亮，李宝军，陈雨.汽车造型设计[M].北京：中国电力出版社，2024.

[3]郑锦汤，蔡兴旺.汽车概论[M].5版.北京：机械工业出版社，2025.

[4]陈峰.工业机器人技术在汽车智能制造中的应用[J].内燃机与配件，2022（12）：94-96.

[5]黄爱维，钱辉，牛华.基于机器视觉技术的新能源汽车零部件表面缺陷检测[J].激光杂志，2024，45（6）：253-258.

[6]王志强.基于大数据和人工智能的汽车故障预测性维修技术研究[J].专用汽车，2025（2）：96-98.

[7]袁懿弘.工业物联网技术在汽车智能制造中的应用[J].汽车测试报告，2023（24）：25-27.

[8]张晗，吕朋辉，王芳，等.汽车涂装车间智能运维平台的研究与应用[J].现代涂料与涂装，2024，27（5）：52-54.

第 3 章
智能座舱：
会思考的移动空间

在科技飞速发展的今天，汽车已不再仅仅是传统的交通工具，而是逐渐演变成一个集多种功能于一体的智能移动空间。智能座舱作为这一变革的核心载体，正引领着汽车行业进入一个全新的时代。它就像一个拥有"大脑"的贴心伙伴，能够理解我们的需求，与我们进行自然而流畅的互动，为我们的出行带来前所未有的便捷与舒适。了解智能座舱这一前沿领域，不仅有助于拓宽科技视野，更能激发对未来智能交通发展的思考与探索。接下来，就让我们一同深入智能座舱的奇妙世界，揭开它神秘的面纱。

学习内容

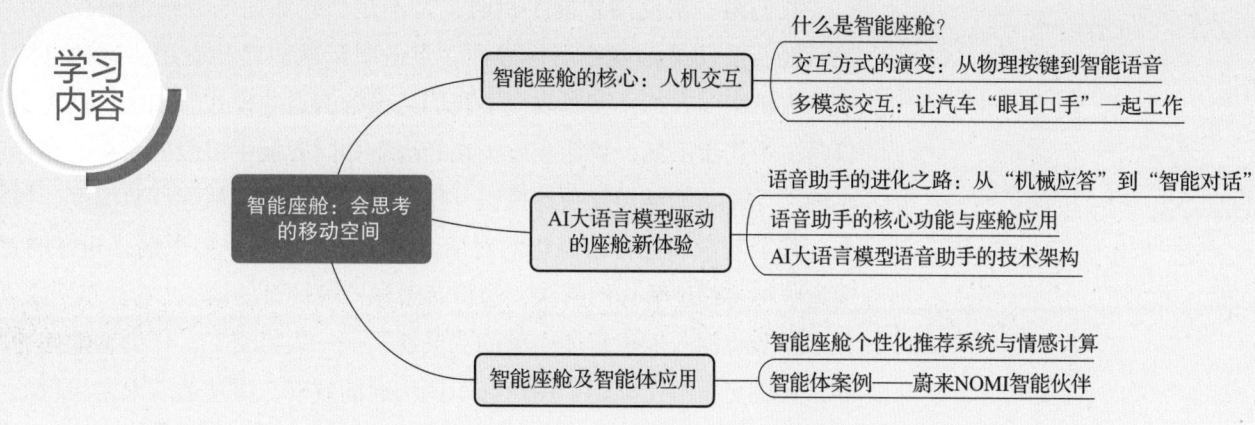

学习目标

1. 能准确阐述智能座舱的定义、核心组成及功能特点，并通过案例对比其与传统汽车座舱的差异。
2. 系统梳理人机交互方式的四次跃迁，列举各阶段关键技术及代表设备。
3. 能解释多模态交互的三大技术逻辑，并结合实际场景分析交互的协同机制。
4. 能归纳 AI 大语言模型应用的技术实现路径，包括数据采集、模型训练与反馈优化。
5. 能描述情感计算的基本概念，分析其在座舱中实现情感化交互的典型场景。
6. 能阐述智能座舱技术架构的协同工作原理及性能指标。
7. 能解析个性化推荐系统的核心技术与数据安全保护机制。
8. 能说明驾驶员状态监测系统的多模态感知技术及分级干预策略。
9. 能够结合具体车型案例，分析不同交互方式（语音、触控、手势）在操作效率与安全性上的优劣，并提出优化建议。
10. 运用 AI 大语言模型设计个性化服务原型，如基于用户历史数据生成动态推荐方案，并验证其准确性。
11. 基于情感计算原理，设计情感化交互方案，如通过面部识别＋语音语调分析判断情绪状态，自动触发对应服务。
12. 树立以人为本的设计思维，在技术方案中优先考虑用户需求，平衡功能性与安全性。
13. 增强跨学科视野，理解人机交互需融合计算机科学、心理学、工业设计等多领域知识。
14. 培养持续学习习惯，跟踪前沿技术（如大模型轻量化、多模态融合算法）对智能座舱发展的推动作用。

3.1 智能座舱的核心：人机交互

我们第一次使用智能手机时，是不是被它那简洁流畅的触控交互所惊艳？轻轻滑动屏幕就能切换界面，点击图标就能启动应用，这种自然且高效的人机交互方式，彻底改变了我们与设备沟通的模式。如今，汽车不再仅仅是一个代步工具，智能座舱正在经历着如同智能手机般的变革。当你走进车内，无需动手操作复杂的按钮，仅仅通过语音指令就能调节温度、播放音乐，甚至与车辆进行情感化的对话；当车辆能通过手势识别感知你的意图，通过眼神追踪理解你的需求，这将是怎样一种神奇的体验？

本节将深入探索智能座舱的"灵魂"——人机交互。作为智能座舱的核心，人机交互不仅决定了用户与车辆沟通的效率，更塑造着未来出行的全新体验。

3.1.1 什么是智能座舱？

> **案例导入**
>
> ### 从"功能盒子"到"智能客厅"
>
> 传统汽车座舱像一台老式收音机，密密麻麻的按钮像"密码锁"，调空调要低头找旋钮，换歌要盲按按键，开车时手忙脚乱，如图3-1-1a所示。
>
> 智能座舱像一部会说话的智能手机，对它说一句"我有点热"，空调自动调温；看一眼导航屏幕，路线自动放大；挥手就能切换音乐，甚至方向盘会根据你的身高自动调整位置，如图3-1-1b所示。
>
>
>
> a）传统座舱　　　　　　　　b）智能座舱
>
> 图3-1-1　汽车座舱

1. 智能座舱的本质：重构人与车的交互范式

智能座舱（Intelligent Cockpit）是以用户体验为核心，融合人工智能、物联网、多模态交互等技术，构建的具备环境感知、主动决策与自然交互能力的车载智能空间。其技术本质是通过"数据采集—算法处理—硬件执行—服务迭代"的闭环，将传统汽车的机械操作界面升级为"可感知需求、会思考判断、能自然沟通"的移动智能终端。

从系统工程视角看，智能座舱是人因工程、计算机科学、工业设计的交叉领域。

1）人因工程：研究驾驶员与乘客的生理/心理特征（如视觉认知负荷、语音交互习惯），优化交互逻辑。

2）计算机科学：依托AI算法（语音识别、计算机视觉）、云计算（数据存储与分析）实现智能化。

3）工业设计：通过硬件形态（曲面屏、隐形按键）与软件UI/UX设计，平衡功能性与美学体验。

想一想

你了解的智能座舱都有哪些功能？

2.智能座舱的技术架构：硬件、软件与数据的协同

智能座舱的技术架构由硬件、软件、数据、通信及安全等模块有机组成，各部分协同运作，共同支撑起智能座舱的多样化功能，如图3-1-2所示。

（1）硬件层：感知与执行的物理载体　智能座舱硬件以域控制器（Domain Controller）为核心，通过标准化接口集成多类设备，形成"感知—处理—反馈"链路，让电子后视镜、抬头显示等设备默契配合，带来智能便捷的驾驶体验。

1）交互终端设备。

①显示系统：全液晶仪表盘（LCD/LED）替代传统机械指针，支持导航地图、车辆状态等信息可视化；抬头显示（HUD）将车速、路况等关键数据投影至前风窗玻璃，减少驾驶员视线转移；电子后视镜（CMS）通过摄像头与显示屏替代物理镜面，解决雨雪天气视野模糊问题。

②输入设备：电容触控屏支持多点触控，响应速度快，误触率低；语音拾音器采用阵列传声器技术，强抗噪性，精准采集语音并有效抑制车内噪声，满足复杂驾驶环境下的语音交互需求；手势摄像头具备高分辨率与帧率，可快速精准捕捉动作，广角覆盖座舱，适应复杂光照，抗干扰性强，体积小易集成，实现自然直观的非接触交互。

2）传感器。

①视觉感知：RGB摄像头能看清驾驶员表情，红外摄像头在暗处追踪眼球，判断是否疲劳驾驶。

②生物传感：监测生理数据，识别身体状态，保障行车安全，提供定制服务，提升驾乘体验。

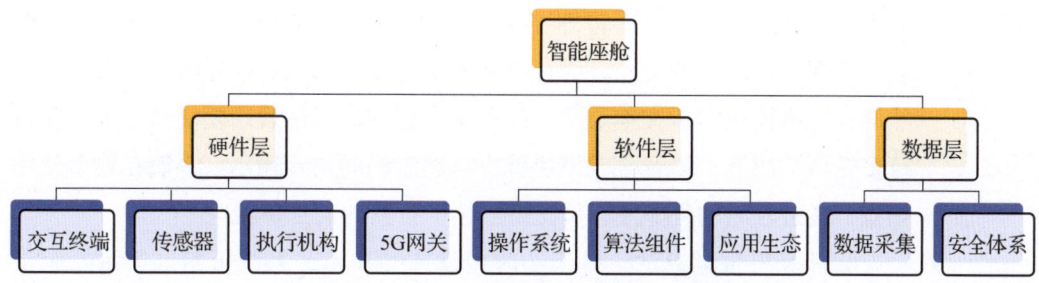

图3-1-2　智能座舱的技术架构示意图

> **想一想**
>
> 用户对座舱舒适性的需求差异较大，比如有人喜欢强烈的座椅按摩力度，有人觉得音响降噪效果过强会头晕。如何设计一套个性化的执行机构调节方案，满足多样化的用户需求？
>
> ....
> ....
> ....

③环境感知：温湿度传感器、光照强度传感器，用于自动调节空调与氛围灯参数。

3）执行机构。

①座椅电机：实现座椅多向灵活调节与安全联动，满足个性化坐姿需求，提升驾乘安全性。

②触觉反馈模块：以振动等物理刺激传递信息，增强交互体验与行车安全辅助。

③音响系统：提供高品质音频娱乐与安全提示音，兼具降噪功能，营造舒适声学环境。

4）5G网关。5G网关是智能座舱硬件层的核心通信枢纽，通过高速、低延迟的5G网络实现车内外数据实时交互，支持高清地图、OTA升级、V2X协同及云端服务接入；同时作为多硬件接口的中台，协同座舱域控制器、显示屏等设备，并保障数据传输安全。此外，它为AR/VR、多屏互联等扩展功能提供网络基础，是智能座舱网联化与未来升级的关键支撑。

（2）软件层：智能化的灵魂 软件层就像"隐形大管家"，其中车载操作系统（IVI OS）是核心"总负责人"，它带领"系统软件—工具软件—应用软件"三层架构协同工作。

1）操作系统。车载操作系统是智能座舱软件层的关键部分。它就像"指挥官"，管理着座舱里的各种功能。

①实时性要求：车载操作系统要达到ISO 26262安全标准，保证功能安全。它处理任务的速度很快，任务调度延迟不超过10ms。根据安全需求，它能应用在不同安全等级场景，比如从一般安全要求（ASIL-B）到最高安全要求（ASIL-D）的场景。

②主流平台：QNX，占全球车载操作系统市场40%以上份额，特斯拉、宝马等高端车型首选，它采用微内核架构，安全性高；Android Automotive，由谷歌定制，支持手机应用直接在车机上使用，比亚迪、沃尔沃等品牌采用；华为鸿蒙座舱（HarmonyOS），通过分布式技术，实现车机、手机和智能家居互联，比如提前用手机设置车内空调，上车就能享受，代表车型问界M5。

2）核心算法组件。

①语音交互引擎。该引擎采用模块化设计，由语音识别（ASR）、自然语言理解（NLU）、对话管理（DM）和语音合成（TTS）四个核心模块组成，实现全链路语音交互。语音识别模块将输入的语音信号转化为文本；自然语言理解模块解析文本语义，提取用户意图；对话管理模块基于上下文进行多轮对话决策；语音合成模块生成自然流畅的语音输出。系统在典型使用场景下具备较高的鲁棒性，可支持连续、自然的交互体验。

②计算机视觉算法。基于实时视觉感知技术，系统可精准监测驾驶员状态（如疲劳、分心等）及乘客行为。驾驶员监测模块通过眼部状态、头

部姿态等特征进行综合分析；乘客监测模块可识别乘员分布及姿态，并针对特定场景（如儿童遗留检测）提供主动预警功能，增强行车安全性与智能化水平。

③个性化推荐系统。该系统采用协同过滤算法，结合用户历史行为数据（如导航偏好、媒体选择等），构建个性化推荐模型，实现精准内容匹配。系统能够自适应学习用户习惯，动态优化推荐策略，提升服务契合度与用户体验。

3）应用生态。

①车载娱乐：集成视频应用，支持大屏观影；可接手柄玩游戏。

②办公服务：大屏投影手机会议界面，蓝牙键盘输入，方便移动办公。

③场景化服务：通过V2X技术实现"绿灯预测"，减少路口等待时间。

> **想一想**
>
> 如果你是设计师，会给智能座舱增加什么"器官"？比如能闻气味的传感器？

（3）数据层：智能化的燃料　数据层工作就像一条有序的生产线，按"采集—存储—分析—应用"的流程运转，同时严格管理数据安全。

1）数据采集。

①用户数据：包含生物特征数据（人脸、虹膜）、行为数据（驾驶习惯、交互日志）、偏好数据（温度设定、音乐类型）。

②车辆数据：实时车况记录车速、油耗和故障码；传感器原始数据则来自摄像头画面、传声器声音。

③环境数据：通过V2X获取交通信号，从云端接入天气信息，标记充电桩等兴趣点（POI）位置。

2）数据安全体系。数据安全严格遵循《通用数据保护条例》（GDPR）和《个人信息保护法》。生物特征数据用联邦学习（Federated Learning）技术，在车内完成训练，不向外传输。

3.1.2　交互方式的演变：从物理按键到智能语音

> **案例导入**
>
> **奔驰S级的"按键瘦身记"**
>
> 1951年：奔驰220S的收音机旋钮是物理按键的代表，驾驶员要旋转旋钮找频道。
>
> 1998年：奔驰S级推出COMAND系统，用"中央旋钮+按键"组合操作，虽然减少了按键数量，但还是要低头看按钮。
>
> 2013年：触控板登场，像笔记本电脑的触摸板，手指滑动就能切换界面，但开车时容易误触。
>
> 2021年：MBUX语音助手上线，说一句"你好，奔驰，我想听周杰伦的歌"，系统立刻播放，双手不用离开方向盘。

1. 交互演进的底层逻辑：技术驱动与人性需求的博弈

车载交互从按钮到语音，越变越智能，是技术进步和我们的需求一起推动的，还藏着设计、心理、工程等多学科的智慧。

车载交互升级有三个阶段：能用就行，早期用机械按钮实现基础功能；

操作要快,触屏、语音让操作更高效;用得暖心,现在汽车能感知情绪,主动服务。

升级原因:技术变强,传感器更灵敏、芯片更快、算法更智能,语音识别准确率提高;安全第一,低头操作1s,事故风险涨3倍,所以免手动交互越来越多;体验更好,大家希望汽车像朋友,能自动调节氛围,缓解焦虑。

2.技术演进历程:从机械化到智能化的四次跃迁

汽车座舱的交互技术从最初简单的机械按钮,一步步进化到如今能主动理解我们需求的智能系统。接下来介绍它从机械化到智能化的四次重大飞跃,如图3-1-3所示。

(1)机械化交互(1980年以前)——物理世界的功能镜像

1)技术特征:以机械结构实现"按键–功能"硬连接,交互依赖物理触点,无软件可编程性。

2)核心部件:机械旋钮、金属按键、机械仪表盘,比如老式收音机旋钮靠黄铜齿轮转动,空调按键弹簧耐用。

3)设计要点:危险警告灯按钮"涂红、放手边",不同功能按键形状不同,方便盲操作。

4)案例:1972款福特Mustang中控27个按键,调空调时视线离开路面超安全时间。

5)缺点:加功能要换面板,成本高;按键功能固定,不灵活;操作时易分心,导致交通事故。

(2)电子化交互(1980—2010年)——屏幕与芯片的数字启蒙

1)技术特征:微控制器(MCU)与液晶显示屏(LCD)介入,交互从"纯机械"转向"机电协同",支持逻辑编程与图形化显示。

2)关键技术突破:

硬件升级:1986年摩托罗拉芯片实现收音机自动搜台;1994年TFT-LCD屏幕实现中文菜单显示。

交互改进:宝马用旋钮控制菜单,省空间但操作复杂;丰田手写板能识别中文,需用电子笔且不能盲操作。

3)代表车型:2005款奥迪A6。该车配备7in屏幕和控制旋钮,可显示导航。触屏操作比纯按键更省时间,但旋钮易误碰。

4)机械化/电子化数据对比见表3-1-1。

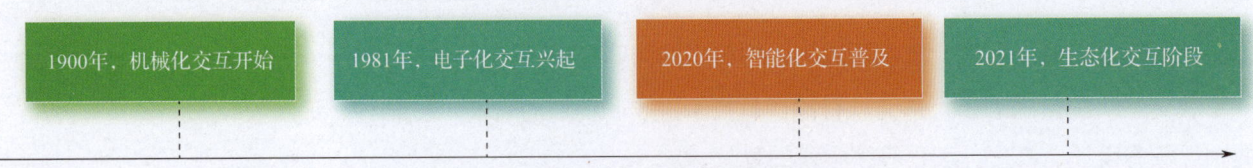

图3-1-3 汽车座舱的交互技术进化时间轴

表3-1-1 机械化/电子化数据对比

方面	机械化	电子化
软件功能占比	0%	20%~40%
信息显示量	少	多5倍以上
硬件成本	90%	70%

> **想一想**
> 机械旋钮和触控屏幕在操作、反馈上有什么不同？对驾驶体验影响如何？
> ……………………………
> ……………………………
> ……………………………

5）行业影响：屏幕变大、变清晰，按键变少，但复杂菜单让新手操作困难，约25%用户需看说明书。

（3）智能化交互（2010—2020年）——触控与语音的双轮驱动

智能手机技术进入汽车，电容触控屏和语音助手成了汽车的"标配"。汽车交互不再只是控制设备，而是开始提供更智能的场景服务，AI技术也发挥了重要作用。

1）触控交互的发展。

技术进步：电容屏能同时识别10个手指操作，反应速度极快（延迟不到50ms），还采用耐磨的玻璃，不容易刮花。

设计变化：特斯拉的屏幕界面很简洁，但容易让驾驶员分心；有些车加入振动反馈，让触屏手感更像按实体按键，减少误触。

实用方案：宝马保留音量旋钮等实体按键，别克把触屏和实体按键结合，常用功能操作更快。

2）语音交互的飞跃。

核心技术：双传声器配合降噪技术，在嘈杂的车内也能听清指令；语音识别升级后，粤语等方言也能准确识别；系统还能同时理解多个指令，比如"我冷且想听摇滚"。

使用体验：不用喊"你好，××"就能直接说指令，反应更快；能区分驾驶员和乘客的声音，乘客说的话只控制自己这边的空调。

3）行业数据。2010年只有15%的车有触控屏，到2020年这个比例涨到82%。语音助手市场规模从2015年的12亿美元增长到48亿美元，95%的中高端车型配备了语音助手。

（4）生态化交互（2021年—至今）——AI驱动的多模态协同

近几年，汽车交互进入新阶段，大语言模型、视觉识别和情感分析技术结合，让汽车从"被动听话"变成"主动帮忙"。

1）智能交互的核心技术。

多数据融合：同时处理声音、画面和心跳数据等，反应速度很快。

大模型助力：先进的语言模型能听懂复杂需求，比如"规划北京到上海的路线，中途去苏州吃午饭，要能给车充电的地方"。情感分析通过识别表情，发现你焦虑时，会自动把车内灯光调成蓝色，让你更放松。

2）实用案例。

理想L9：有五个屏幕，能用手势"空中写字"设置目的地，小孩误操作的情况很少。如果检测到司机眨眼太频繁，可能疲劳了，就会语音提醒、座椅震动，还会变色灯光。

问界M5智驾版：用华为的智能模型，跟它说"找上海外滩附近带停车场的酒店，评分要4.5以上，再发到我手机"，全程不用动手。

3）智能化/生态化数据对比见表3-1-2。

表3-1-2 智能化/生态化数据对比

维度	智能化	生态化
交互模态数量	2~3种	4~6种
主动服务比例	<20%	>50%
多轮对话深度	≤3轮	≥10轮

3.交互方式演变对比与总结

从物理按键到多模态交互，汽车人机交互方式的演变始终围绕着提升用户体验、保障驾驶安全这一核心目标。每一次技术的革新，都让我们与汽车的"交流"更加便捷、自然、智能。随着科技的不断发展，未来还会有更多新奇、有趣的交互方式出现，智能座舱的人机交互体验也将迈向更高的台阶。交互方式对比见表3-1-3。

表3-1-3 交互方式对比

交互方式	操作方式	优势	局限性	典型应用场景
物理按键	按压实体按钮	操作直观易懂，可靠性高	占用空间大，驾驶时操作危险，功能扩展困难	早期汽车的基础功能控制，如车灯、刮水器开关
触控交互	手指触摸屏幕操作	界面简洁美观，功能集成度高，操作方式多样	驾驶时易误触，需低头看屏幕，存在安全隐患	设置导航、调节多媒体音量、控制空调温度
语音交互	说出语音指令	解放双手，操作便捷，适合驾驶场景，支持复杂指令	嘈杂环境识别率受影响，对发音标准有要求	驾驶过程中调整车辆设置、查询信息、控制娱乐系统
多模态交互	语音、触控、手势、视觉等多种方式结合	交互自然高效，适应性强，准确性高	技术复杂度高，成本较高	复杂场景下的综合操作，如多任务处理、个性化需求满足

想一想

未来汽车上会淘汰所有的屏幕和按键吗？为什么？

3.1.3 多模态交互：让汽车"眼耳口手"一起工作

> **案例导入**
>
> **智感随行：多模态守护驾驶每一刻**
>
> 驾驶员说"我有点累"（语音），车载摄像头立即检测到其眨眼频率升高（视觉），座椅随即开始按摩（触觉），同时系统自动播放提神音乐（听觉），并在HUD上显示最近的服务区（视觉）。这一系列操作并非独立功能的堆砌，而是汽车通过"眼（视觉）、耳（听觉）、口（语音）、手（触控/手势）"等多模态交互实现的协同响应。

1. 多模态交互：定义与核心技术逻辑

多模态交互指融合语音、触控、手势、视觉（眼动/屏幕）、生物识别等两种以上交互方式，通过感知互补、任务协同、动态仲裁实现自然高效的人机沟通。其技术本质是模拟人类大脑处理多源信息的机制，让汽车具备类似人类的"跨感官协作"能力。

（1）生物启发：人类交互的天然协同　人类沟通时天然使用多模态：说"看这里"时手指指向目标（语音+手势+眼神）；焦虑时提高音量并挥手（语音+语调+肢体动作）。

神经科学研究表明，多模态信息融合可使大脑决策效率提升40%，记忆留存率提高55%。

（2）技术框架：构建汽车的"协同大脑"　多模态交互需解决三大技术挑战：

1）时空对齐。语音指令与手势动作的时间误差需小于200ms，例如驾驶员说"导航去机场"（$t=0ms$）的同时手指圈选地图（$t=80ms$），系统需在200ms内关联语音文本与手势坐标。

技术实现：通过100Hz同步时钟与时间戳校准，理想L9将多模态延迟控制在150ms以内。

2）语义融合。不同交互方式需映射至统一语义，如"放大地图"可对应语音"放大"、双指缩放手势、旋钮旋转操作。

技术实现：基于Transformer模型，将语音文本、手势骨骼坐标、眼动注视点编码为统一语义向量。

3）冲突仲裁。制定优先级规则：紧急指令（如语音"刹车"）＞驾驶相关交互（如方向盘触控）＞娱乐功能（如前排乘客屏操作）。

案例：当语音指令与触控操作冲突时，系统通过驾驶员视线焦点判断优先级——若视线在路面，语音优先；若在屏幕，触控优先。

2. 核心交互模态：功能特性与协同逻辑

（1）视觉交互：从"显示工具"到"感知器官"

1）眼动追踪（Eye Tracking）。

技术：近红外摄像头+角膜反射法，精度达0.5°，可识别驾驶员注视某个图标超800ms时自动放大该图标（热区扩展）。

应用：奔驰S级通过眼动追踪实现"凝视确认"，注视中控屏某功能图标2s即可触发，减少手指移动距离30%。

2）屏幕交互。

触控采样率提升至240Hz，支持湿手操作（电容值动态补偿算法）。

比亚迪DiLink系统采用"悬浮菜单"设计，手指接近屏幕10cm时自动唤醒，操作延迟降低30%。

（2）语音交互：从"指令接收"到"情感沟通"

1）远场拾音与抗噪。

四传声器阵列+波束成形技术，在时速120km/h（噪声85dB）下，驾驶员语音识别准确率达92%，乘客语音抑制比>28dB（问界M5智驾版数据）。

免唤醒词交互：直接说"下一首"即可切换歌曲，响应延迟<1.2s（小鹏G9）。

2）情感化交互。

基于ECAPA-TDNN模型，语音情感识别准确率88%，可识别儿童哭声并自动降低屏幕亮度、播放白噪声。

技术参数：提取400维语音特征（梅尔频谱、基频、共振峰等），实现"焦虑""愉悦"等7种情感分类。

（3）触觉交互：从"反馈辅助"到"信息通道"

1）触觉反馈类型。

线性马达（LRA）：0.1~0.5g振感，如50Hz振动提示车道偏离，100Hz振动确认操作（理想L9）。

力反馈方向盘：特斯拉Cybertruck通过电机施加1~5N·m阻力，模拟路面颠簸，提升驾驶沉浸感。

2）盲操作优化。

宝马iDrive旋钮表面采用点阵纹理，不同功能区域纹理密度差异>30%，盲操作识别率达91%。

触觉–语音协同：调节空调温度时，每0.5℃变化伴随一次轻微振动（0.2g），形成"温度–振感"联觉反馈。

（4）手势交互：从"炫酷功能"到"效率工具"

1）骨骼关键点识别。

基于MediaPipe框架，识别挥手、点赞、OK等6类基础手势，延迟<200ms，误识别率<5%（蔚来ES6）。

三指飞屏手势：将导航信息从中控屏投至仪表盘，操作效率提升70%（比亚迪汉）。

2）空间交互扩展。

TOF摄像头实现0.5~2m手势追踪，理想L9"空中写字"功能字符识别

> **想一想**
>
> 如何让汽车的"眼（视觉）、耳（听觉）、口（语言）、手（触控/手势）"像人类一样协调工作，而非各自为战？

准确率85%，平均输入速度15字/min。

手势-视觉协同：手指圈选地图区域时，HUD同步显示该区域3D地形，实现"所见即所得"。多模态交互信息处理流程如图3-1-4所示。

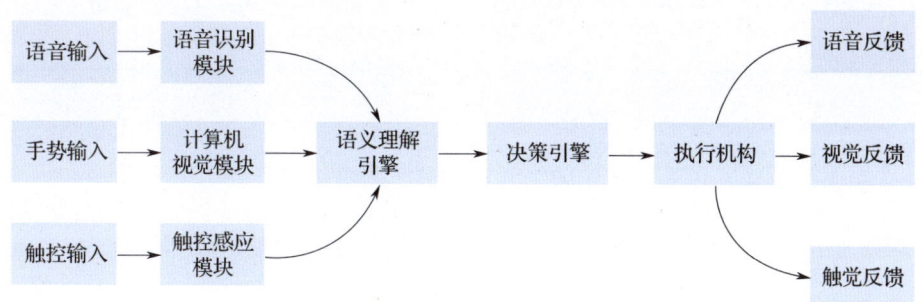

图3-1-4 多模态交互信息处理流程

3. 多模态协同的经典场景设计

（1）场景一：长途驾驶疲劳干预

1）感知层。

摄像头检测眨眼频率>25次/min（疲劳阈值），眼动追踪显示视线聚焦路面时长<50%。

语音助手识别指令语速变慢（<120字/min），语调平缓（基频波动<5Hz）。

2）决策层。

多模态融合模型判定疲劳等级Ⅲ级，触发三级干预：

触觉：座椅按摩（强度3级，频率2Hz）+方向盘振动（50Hz）。

听觉：语音提醒"建议停车休息"。

视觉：氛围灯变红（6500K色温），HUD显示最近服务区距离。

3）执行层。

触控屏弹出休息提醒界面，一键导航至服务区；若10min无响应，自动开启自适应巡航（ACC）系统并降速至90km/h。

（2）场景二：儿童乘车安全关怀

1）感知层。

后排摄像头通过YOLOv5识别儿童独自在后座，生物传感器检测到儿童心率>120次/min（哭闹特征）。

语音拾取儿童哭声（频率>4000Hz，强度>75dB）。

2）决策层。

判定为"儿童焦虑"场景，触发协同响应：

视觉：氛围灯切换粉色（4000K色温），播放卡通动画（音量≤65dB）。

触觉：座椅通风调至低速档（防止闷热），安全带轻微振动（0.1g）模拟安抚拍击。

语音：播放母亲预录安抚语音"宝宝别怕，妈妈在"。

3）执行层。

> **想一想**
>
> 未来智能座舱若进一步融入脑机接口、嗅觉交互等新模态，可能带来哪些体验升级与挑战？
>
> ------------------------------
>
> ------------------------------

触控屏锁定儿童误触区域，仅保留紧急呼叫功能。

通过车载系统向家长手机发送提醒信息。

一、选择题

1. （　　）交互方式在驾驶场景中最能减少视线转移，提升安全性。

   A. 物理按键

   B. 触控

   C. 语音

   D. 手势

2. 在疲劳驾驶干预场景中，（　　）不属于多模态协同的干预方式。

   A. 座椅振动提醒

   B. 语音播报"建议休息"

   C. 自动降低车速

   D. 关闭空调系统

二、填空题

1. 智能座舱的技术架构由_____、_____、_____和通信安全模块组成，其中_____负责环境感知与用户交互，_____实现功能逻辑与算法处理，_____存储用户偏好与车辆数据。

2. 智能座舱的多模态交互需要解决三大技术挑战包括：_____、_____和冲突仲裁。

三、简答题

请简述多模态交互在智能座舱中的优势，并举例说明其如何提升驾驶安全性和用户体验。

3.2　AI 大语言模型驱动的座舱新体验

> **案例导入**
>
> **智"语"随行，语音助手的蜕变**
>
> 当你坐在智能汽车的座舱里，说出"我有点累，想找个地方休息"，车辆不仅能规划出最近的服务区，还会播放提神音乐、启动座椅按摩功能，甚至和你聊聊天缓解疲惫。这背后正是AI大语言模型赋予语音助手的强大能力。语音助手从只能执行简单指令的"小跟班"，蜕变为如今能深度理解、灵活互动的"智能伙伴"。

3.2.1　语音助手的进化之路：从"机械应答"到"智能对话"

在智能语音助手发展的早期阶段，它就像是一个严格执行命令的"小员工"。当时的它能力有限，只能识别固定格式的指令。随着AI大语言模型的崛起，语音助手迎来了脱胎换骨的变化。以GPT（Generative Pretrained Transformer）、文心一言等为代表的大语言模型，给语音助手注入了"超级大脑"。这些模型通过对海量文本数据的学习，掌握了人类语言的规律、语义和逻辑。当语音助手接入大语言模型后，它不再局限于预设指令，而是能理解复杂语义、分析上下文，甚至进行创造性的对话。

从多个维度对传统语音助手和基于AI大语言模型的语音助手进行对比，见表3-2-1。

表3-2-1　传统语音助手和基于AI大语言模型的语音助手对比

对比项目	传统语音助手	基于AI大语言模型的语音助手
语言理解能力	基于预设的关键词和规则匹配，对复杂语义、模糊表达理解困难，容易"答非所问"	能够理解上下文语境，准确分析语义和意图，轻松处理复杂、模糊的表达
交互流畅性	交互生硬，对话缺乏连贯性，常常出现"冷场"	交互自然流畅，能根据用户的连续提问和对话内容进行合理、连贯的回应
功能扩展性	功能较为固定，新增功能需要重新编程开发，周期长	泛化能力强，能够快速适应新的任务和功能需求，无需大量重新开发
学习能力	缺乏自主学习能力，知识更新依赖人工手动添加和修改	可以通过不断学习新的数据进行自我优化和知识更新

> **想一想**
>
> 结合自己使用语音助手的经历，想一想有没有遇到过因为语音识别不精准，或者语义理解错误而产生的有趣故事？

> **想一想**
>
> 智能语音助手除了在智能座舱中发挥作用，还能在哪些场景得到更广泛的应用？以具体一个场景为例，详细说明语音助手可以承担的任务和带来的便利。

3.2.2 语音助手的核心功能与座舱应用

语音助手结合AI大语言模型的工作流程如图3-2-1所示。

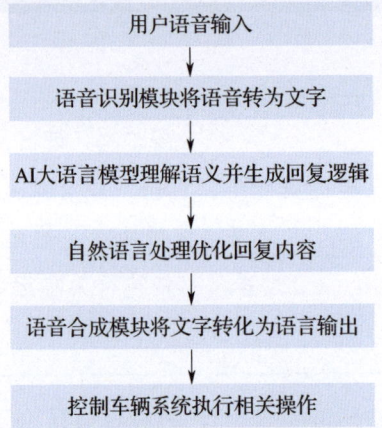

图3-2-1 语音助手结合AI大语言模型的工作流程

1. 精准语音识别

如今的语音助手就像一位听力超群的"小能手"，能适应不同口音、语速和语调。哪怕身处嘈杂的车内环境，比如车辆在高速公路上疾驰，耳边是呼啸的风噪，或者车内乘客们正热烈地聊天，它也能精准地捕捉和识别你的语音指令，不会错过任何关键信息。

2. 自然语言理解

它不再局限于固定指令，而是拥有了强大的理解能力，能理解语义和上下文。例如，当你说"有点闷"，它就会"心领神会"，知道你可能想开窗或调节空调；当你先问"今天天气怎么样"，接着又问"适合穿什么衣服"，它能结合前后文，给出合适的回答，就像和一位善解人意的朋友聊天一样。

3. 多轮对话能力

语音助手还具备多轮对话能力，可以和你进行连续对话。你可以和它讨论路线规划，比如"这条路线会不会堵车？有没有其他更快的路？"；也能聊聊音乐选择，"我想听一些舒缓的歌曲，有推荐的吗？"而且，你还能随时打断或切换话题，整个对话过程十分流畅，仿佛和朋友在愉快地闲聊。

大语言模型在座舱语音助手中的应用场景见表3-2-2。

表3-2-2 大语言模型在座舱语音助手中的应用场景

应用场景	具体功能
便捷操作控制	车辆设置、多媒体娱乐
智能导航与出行服务	规划路线、避开拥堵、加油提醒
信息查询与知识问答	天气、新闻、知识科普、实时信息提供
情感陪伴与交互	聊天互动、情感识别

3.2.3 AI大语言模型语音助手的技术架构

AI大语言模型驱动的智能座舱语音助手能够实现各种智能功能，离不开其背后精密的技术架构。AI大语言模型语音助手的技术架构包含多个模块，如图3-2-2所示。

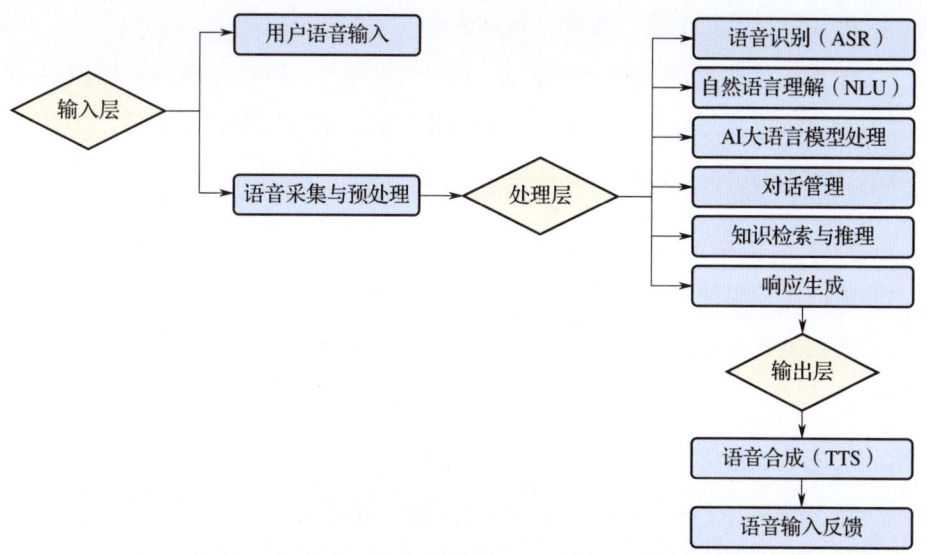

图3-2-2　AI大语言模型语音助手的技术架构

1. 语音采集与预处理：声音"质检员"

语音助手工作时，车内传声器先采集语音信号。因车内环境嘈杂，采集后需预处理。预处理通过降噪去除杂声，利用增益让信号更清晰响亮，提升信号质量，为后续处理打基础。

2. 语音识别（ASR）：声音"翻译官"

预处理后的语音信号，由语音识别（ASR）模块将其转化为文字。ASR借助深度学习模型，学习海量语音数据，掌握语音特点规律，能准确识别不同口音、语速的语音，比如把"我想去最近的超市"变成文字传递给下一模块。

3. 自然语言理解（NLU）：心思"读心师"

语音变文字后，自然语言理解（NLU）模块分析文本语义，识别用户意图，确定任务类型。如用户说"我有点冷"，它能联想到调节空调温度；说"想听周杰伦经典歌曲"，能识别出播放音乐意图及歌手、歌曲类型。

4. AI大语言模型处理：智慧"超级大脑"

信息传递到AI大语言模型处理模块，它如同知识渊博的智者，学习大量文本数据，具备超强理解推理能力。结合上下文语义推理，能关联如"今天天气怎么样"和"适合去户外运动吗"两个问题，根据天气给出建议，解析复杂需求。

想一想

1. 在学习了语音助手的技术架构后,你觉得哪个模块最有趣?为什么?

2. 假设你是一名工程师,你会对语音助手的技术架构做哪些改进,让它变得更智能、更好用呢?

5.对话管理:对话"指挥官"

在多轮对话中,对话管理模块像指挥官。它跟踪对话状态,记住用户之前话语,理解后续问题关联,引导对话,如在讨论旅游计划时。还能决定对话策略,使对话自然流畅。

6.知识检索与推理:答案"搜索大师"

知识检索与推理模块从知识库(类似图书馆)和知识图谱(知识联系网)查找信息。回答"珠穆朗玛峰有多高"时,能查找数据,回答"为什么海水是蓝色的"时,能推理整合信息,为回复提供依据。

7.响应生成:回复"创作家"

响应生成模块根据前面模块结果生成文本回复。考虑问题类型、对话上下文和检索推理信息,用恰当语言组织内容,如推荐附近川菜馆时给出详细信息。

8.语音合成(TTS):文字"配音演员"

语音合成(TTS)模块把文本回复转化为自然语音通过扬声器输出。它能模仿多种声音,根据文本调整语调、语速,让用户感觉像与真人对话。

 **练习题**

一、选择题

1. 与传统语音助手相比,基于AI大语言模型的语音助手最显著的优势是( )。

    A.能支持固定指令   B.能进行单轮对话

    C.能理解复杂语义和上下文   D.能适应不同口音

2. 语音助手的"自然语言理解(NLU)"模块的主要功能是( )。

    A.将语音信号转换为文字   B.分析文本语义,识别用户意图

    C.生成语音输出   D.降噪和增益处理

二、填空题

1. 语音助手的语音识别(ASR)模块通过_____技术,将采集到的语音信号转换为文本信息。

2. 基于AI大语言模型的语音助手具备_____能力,可以结合上下文理解用户的连续提问,使对话更加连贯自然。

3. 在语音助手的架构中,_____模块负责从知识库和知识图谱中检索信息,为回答用户问题提供依据。

三、简答题

简述AI大语言模型如何提升语音助手的交互体验。

3.3 智能座舱及智能体应用

3.3.1 智能座舱个性化推荐系统与情感计算

> **案例导入**
>
> 　　小华正在驾驶智能汽车前往公司。在上班途中，他习惯性地播放流行音乐来缓解紧张的工作情绪。智能座舱的个性化推荐系统察觉到他每次经过某个路段时都会切换到轻松的音乐，于是它记住这个偏好，下次经过相同路段时，系统自动更换成相似风格的音乐播放列表。同时，根据小华的日常驾驶习惯和导航数据，智能座舱还预测到他可能需要提前出发以避免交通拥堵，并贴心地提前发出提醒。

　　个性化推荐系统是智能座舱中的一项关键技术，它通过分析用户的行为、偏好和历史数据，为用户提供更加符合其个性化需求的服务和内容。这种系统的核心在于利用数据挖掘和机器学习算法，识别用户的兴趣点，并根据这些兴趣点提供定制化的推荐。例如，系统可以根据用户的音乐播放历史，推荐类似的音乐；或者根据用户的驾驶习惯，调整座舱的环境设置。

　　情感计算应用则是另一种提升用户体验的技术，它通过识别和理解用户的情感状态，来提供相应的情感化服务或调整系统行为。情感计算的核心在于情感识别技术，这包括基于生理特征（如心率、脑电波等）、行为表现特征（如面部表情、语音语调等）以及情绪之间的映射关系，对情绪进行监测和分析。多模态情绪识别基于多种信号融合，能为决策提供更多信息，从而具有更高的准确度。

　　在智能座舱中，个性化推荐系统和情感计算应用可以协同工作，是智能座舱中提升用户体验的重要技术。

　　个性化推荐系统与情感计算应用的核心技术包括情感识别技术、个性化推荐算法、多模态交互技术、数据处理与分析技术等，如图3-3-1所示。

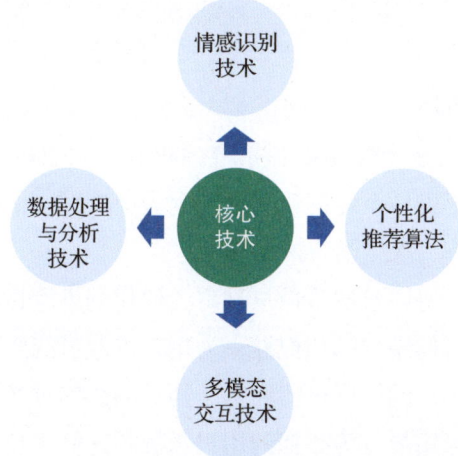

图3-3-1　个性化推荐系统与情感计算应用的核心技术

1.情感识别技术

情感识别技术是情感计算应用的基础,它通过多种方式捕捉和分析用户的情感状态。主要包括基于生理特征的情感识别、基于行为表现特征的情感识别、多模态情感识别等。

(1)基于生理特征的情感识别　基于生理特征的情感识别通过监测用户的身体信号,如心率、皮肤电反应、脑电波等,来推断用户的情绪状态。例如,心率加快可能表示用户处于紧张或兴奋状态,而脑电波的特定模式可能与放松或疲劳相关。研究显示,心率变异性(HRV)是评估压力和情绪状态的重要指标,HRV 的降低通常与焦虑和压力相关。

(2)基于行为表现特征的情感识别　基于行为表现特征的情感识别通过分析用户的行为表现,如面部表情、语音语调、肢体动作等,来识别用户的情绪。面部表情识别是其中最常用的技术之一,通过摄像头捕捉用户的面部特征,并使用深度学习算法进行分析。语音情感识别则通过分析用户的语音特征,如语调、语速、音量等,来判断用户的情绪状态。例如,语调的升高可能表示愤怒或兴奋,而语速的减慢可能表示悲伤或疲惫。

(3)多模态情感识别　多模态情感识别结合了多种情感识别技术,通过融合不同的数据源来提高情感识别的准确度。如同时监测用户的面部表情和心率变化,可以更全面地了解用户的情绪状态。研究表明,多模态情感识别的准确率比单一模态高出 15%~20%。

情感识别技术三种不同方法对比见表 3-3-1。

表 3-3-1　情感识别方法对比

方法	识别方式	优势	局限性
基于生理特征	监测心率、皮肤电反应、脑电波等	客观、准确	需要专业设备,成本高
基于行为表现特征	分析面部表情、语音语调、肢体动作等	无需专业设备,成本低	受环境因素影响,主观性强
多模态情感识别	融合多种数据源	准确率高,鲁棒性强	数据处理复杂,计算量大

2.个性化推荐算法

个性化推荐算法是个性化推荐系统的核心,它通过分析用户的历史行为和偏好,为用户提供一个定制化的推荐列表。个性化推荐算法包括协同过滤、基于内容的推荐、深度学习推荐算法。

(1)协同过滤　协同过滤是最早被广泛使用的推荐算法之一,它基于用户的历史行为和与其他用户的相似性,为用户推荐可能感兴趣的内容。协同过滤可以分为基于用户的协同过滤和基于物品的协同过滤。基于用户的协同过滤通过寻找与目标用户行为相似的用户,推荐这些用户喜欢的物品。基于物品的协同过滤则通过分析用户对不同物品的偏好,推荐与用户历史偏好相似的物品。例如，购物网站的推荐系统广泛使用了协同过滤算法，通过分析用户的购买历史和浏览行为，推荐相关的商品。

（2）基于内容的推荐　基于内容的推荐通过分析物品的特征和用户的兴趣，为用户推荐与用户兴趣匹配的物品。例如，对于音乐推荐，系统可以分析音乐的风格、节奏、歌词等特征，并根据用户的听歌历史，推荐相似风格的音乐。

（3）深度学习推荐算法　随着深度学习技术的发展，基于深度学习的推荐算法逐渐成为主流。这些算法可以自动学习用户的偏好模式，并通过神经网络模型进行推荐。例如，使用卷积神经网络（CNN）或循环神经网络（RNN）来分析用户的序列行为数据，从而实现更精准的推荐。视频网站的推荐系统采用深度学习算法，通过分析用户的观看历史和评分，推荐用户可能喜欢的电影和电视剧。

个性化推荐算法三种不同方法对比见表3-3-2。

表3-3-2　个性化推荐算法对比

算法	原理	优缺点	适用场景
协同过滤	基于用户的历史行为和相似性推荐	简单易实现，推荐效果较好	冷启动问题，数据稀疏性问题
基于内容的推荐	分析物品特征和用户兴趣推荐	推荐结果可解释性强，冷启动表现较好	用户兴趣变化难以捕捉，推荐结果可能过于保守
深度学习推荐算法	利用神经网络模型自动学习用户偏好模式进行推荐	能够处理复杂的用户行为模式，推荐效果精准	模型训练和优化需要大量数据和计算资源，模型解释性较差

3.数据处理与分析技术

数据处理与分析技术是个性化推荐系统和情感计算应用的基础，它确保系统能够高效地处理和分析大量的用户数据，主要包括大数据处理技术和数据分析算法。

（1）大数据处理技术　随着用户数据量的不断增长，传统的数据处理技术已经无法满足需求。大数据处理技术，如Hadoop、Spark和Flink，可以高效地处理海量数据，为推荐系统和情感计算提供支持。例如，Hadoop的分布式文件系统（HDFS）可以存储大量数据，而Spark的内存计算能力可以加速数据处理。

（2）数据分析算法　数据分析算法用于挖掘用户数据中的模式和规律。例如，聚类分析可以将用户分为不同的群体，以便为每个群体提供个性化的推荐；关联规则挖掘可以发现用户行为之间的关联，从而优化推荐策略。例如，沃尔玛通过分析用户的购买记录，发现啤酒和尿布之间的关联，从而调整商品摆放位置，提高销售额。

> **想一想**
>
> 当前智能汽车中用户体验还可以如何优化？例如，能否通过反馈机制（如语音提示或屏幕显示）让用户确认系统的理解是否正确？

> **想一想**
>
> 在复杂多变的路况中，NOMI 的多智能体协作如何更精准地预判道路风险，提前规划避险策略？

3.3.2 智能体案例——蔚来 NOMI 智能伙伴

蔚来 NOMI 能够根据车辆的实时状态和用户的习惯，主动为用户提供更贴心的服务。例如，当车辆处于低温环境且检测到用户有出行意图时，NOMI 会自动启动车辆的远程预热功能，并将车内温度调节到用户通常感到舒适的范围。同时，它还会根据用户的日常出行路线和时间，提前规划好导航路径，并在用户上车时及时询问是否按照常规路线出发，大大提高了用户的出行便利性和舒适性。在长途驾驶过程中，NOMI 会根据用户的驾驶时长、速度等数据，智能判断用户是否需要休息，并主动推荐附近的休息区或服务区，同时提供周边的餐饮、住宿等信息，确保用户在长途旅途中的安全和舒适。NOMI 实物如图 3-3-2 所示。

图 3-3-2　蔚来汽车 NOMI

1. 多智能体协作

在复杂的用车场景中，NOMI 与车辆的先进驾驶辅助系统、智能娱乐系统、车外环境感知系统等多个智能体紧密协作。在高速行驶过程中，当先进驾驶辅助系统检测到前方出现交通拥堵时，NOMI 会及时向用户通报路况信息，并根据用户的偏好和车辆的能源状态，提供多种应对方案，如切换到更顺畅的行驶路线、建议合适的停车休息时间等。同时，它还会根据用户的娱乐偏好，推荐适合在拥堵时段播放的轻松音乐或有声读物，缓解用户的焦虑情绪，让整个驾驶过程更加轻松愉悦。此外，在车辆行驶过程中，车外环境感知系统检测到前方有交通事故或道路施工时，会实时将信息传递给 NOMI，NOMI 除了通过语音提醒用户注意避让外，还会自动调整车辆的行驶速度，并辅助驾驶员进行避障操作，确保行车安全。

2. 多模态交互体验拓展 NOMI

在识别车内声音来源时，采用了先进的声源定位技术。车内布置了多个高精度传声器，这些传声器能够捕捉不同位置传来的细微声音变化。当驾驶员在驾驶座发出指令时，靠近驾驶座的传声器会优先捕捉到声音信号，并迅速将信息传递给 NOMI 系统。NOMI 通过分析声音的强度、频率以及到达不同传声器的时间差等参数，精准判断声音来源方向，其定位误差可控制在极小范围内。在转动头部朝向音源方向时，NOMI 的电机驱动颈部机构平稳转动，头部的显示屏也会随之切换到聆听表情，眼神聚焦在指令发出者身上，模拟出人类专注聆听的姿态，给用户带来极具亲和力的交互感受。不同场景下的 NOMI 服务如图 3-3-3 所示。

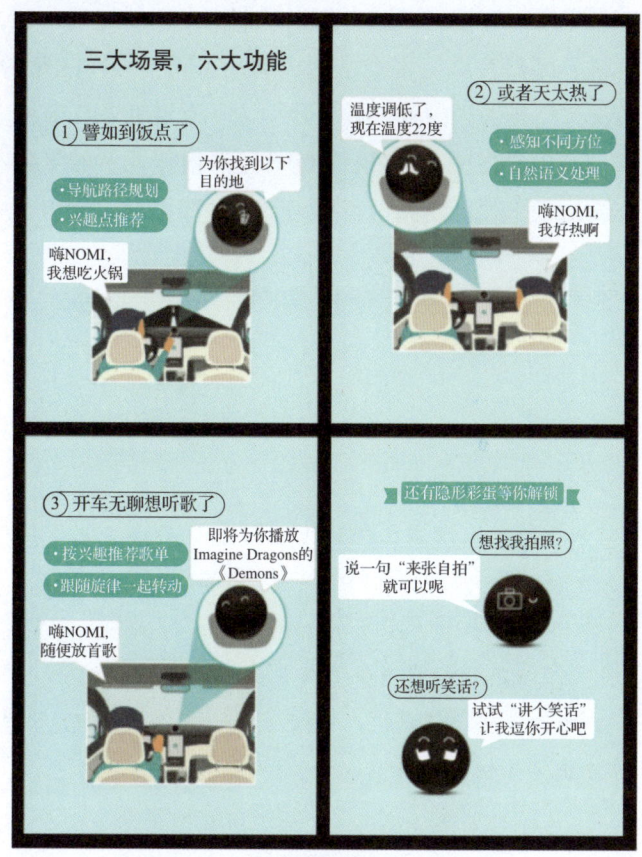

图 3-3-3　不同场景下的 NOMI 服务

3.强大功能集成细节

在操控媒体方面，NOMI 不仅能切换播放列表和调节音量，还能根据歌曲风格自动匹配合适的音效模式。比如切换到摇滚乐时，它会自动增强低音效果，让车内瞬间充满震撼的节奏感；播放古典音乐时，则会优化高音部分，使旋律更加清澈悠扬。对于电台功能，NOMI 能精准搜索全国范围内的各类电台节目，按照新闻、音乐、故事等分类推荐给用户。在娱乐功能上，氛围灯控制可细分为多种场景模式，如"浪漫约会模式"会将车内灯光调为柔和的暖色调，营造温馨氛围；"动感驾驶模式"则用明亮的冷色调灯光闪烁，配合激烈的驾驶节奏。蔚来汽车智能驾驶座舱如图 3-3-4 所示。

在驾驶模式切换时，NOMI 会同步调整车辆的悬架系统、动力输出等参数。例如从舒适模式切换到运动模式，车辆的悬架会瞬间变硬，动力响应更加迅猛，同时，NOMI 会在屏幕上显示模式切换的提示动画，并用简洁明了的语言告知用户当前车辆状态的变化。自动泊车功能启动后，NOMI 会利用车辆周围的摄像头和传感器，360°无死角扫描车位环境，精确计算停车轨迹。在停车过程中，它会实时向用户反馈倒车进度和周围障碍物距离，确保泊车过程安全顺利。

图 3-3-4　蔚来汽车智能驾驶座舱

4. 场景化服务适配深化

针对儿童场景，NOMI的儿童智能场景对话模式内容不断丰富和更新。其故事库与专业儿童内容创作团队合作，定期推出新的故事系列，涵盖奇幻冒险、科普百科、品德教育等多个主题，满足不同年龄段儿童的成长需求。儿歌方面，不仅有经典的国内外儿歌，还引入了互动儿歌，鼓励儿童跟随节奏拍手、跺脚，增强参与感。此外，NOMI还能根据儿童的年龄和喜好，为家长推荐适合的儿童车载玩具和学习用品，进一步提升家庭出行的便利性和舒适性。

练习题

一、选择题

1. 智能座舱中个性化推荐系统的核心技术不包括（　　）。
   A. 协同过滤　　　　　　　　　　　B. 基于内容的推荐
   C. 深度学习推荐算法　　　　　　　D. 扬声器

2. 情感识别技术中，基于生理特征的情感识别不涉及（　　）。
   A. 心率监测　　B. 皮肤电反应监测　　C. 面部表情分析　　D. 脑电波监测

3. （　　）不是个性化推荐算法的常见方法。
   A. 协同过滤　　　　　　　　　　　B. 基于内容的推荐
   C. 深度学习推荐算法　　　　　　　D. 手动筛选

4. （　　）不是情感识别技术的优势。
   A. 客观准确　　B. 高成本　　C. 鲁棒性强　　D. 信息丰富

5. （　　）不是大数据处理技术的常用工具。
   A. Hadoop　　B. Spark　　C. Word　　D. Flink

二、填空题

1. 智能座舱的个性化推荐系统通过分析用户的_____、_____和_____，为其提供定制化的服务。
2. 情感识别技术主要包括基于_____的情感识别、基于_____的情感识别和多模态情感识别。
3. 深度学习推荐算法能够自动学习用户的_____模式，并通过_____模型进行推荐。

三、简答题

1. 简述个性化推荐系统和情感计算在智能座舱中的协同工作方式。
2. 说明NOMI智能伙伴在儿童场景下的服务特点和优势。

实践任务：智能座舱语音助手智能体设计

【任务目标】

开发一个智能座舱语音助手智能体，并实现语音识别、智能导航、播放音乐、天气查询等功能。

【任务要求】

1.在Coze平台上设计并发布一个功能完善的智能座舱语音助手智能体。

2.具体要求如下：

1）语音交互：支持中文语音输入/输出，提供3种以上可选音色；优化嘈杂环境下的识别准确率；支持上下文理解。

2）导航与出行：实现实时导航、地点搜索（如"导航到最近的充电桩"）；支持路况查询和路线优化（如"避开拥堵"）。

3）娱乐与信息服务：通过音乐插件播放指定歌曲/歌单；通过天气插件，提供实时天气、空气质量、穿衣建议等。

【成果形式】

1.设计一个智能座舱语音助手智能体的实现方案（ppt形式）。

2.基于Coze开发平台设计一个可测试的智能座舱语音助手智能体。

3.基于Coze商店发布一个智能座舱语音助手智能体。

【实践指导】

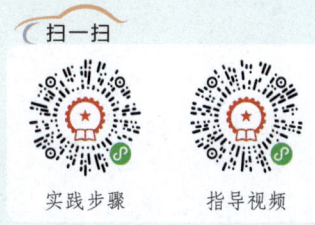

实践步骤　　指导视频

参考文献

［1］王立新，张明远，李思远. 智能座舱多模态交互技术研究进展［J］. 汽车工程，2023，45（3）：321-330.

［2］李明哲，陈思远. 基于大语言模型的智能语音交互系统设计与实现［J］. 人工智能学报，2023，44（5）：102-115.

［3］张伟，刘芳，陈志强. 车载语音识别技术研究现状与发展趋势［J］. 自动化学报，2022，48（6）：1345-1358.

［4］理想汽车研究院. 理想L9智能语音交互系统测试报告［R］. 北京：理想汽车，2023.

［5］祁洋. 云计算技术在新能源汽车智能制造中的应用［J］. 汽车周刊，2024（10）：13-15.

［6］张双烨，董占勋，李亚鸿，等. 面向智能座舱的情感计算框架及其交互设计研究［J］. 包装工程，2024，45（12）：49-55.

［7］邓建明，龚循飞，于勤，等. 基于AI大模型的新能源汽车智能座舱多模态交互技术研究综述［J］. 汽车文摘，2025（1）：8-13.

［8］方玉杰. 智能网联汽车智能座舱交互系统设计与实现［D］. 杭州：杭州电子科技大学，2023.

［9］徐刚. 智能座舱多模态交互技术分析与研究［J］. 汽车零部件，2024（12）：43-45.

第 4 章
智能驾驶：
迈向自动化的未来

　　智能驾驶技术正以前所未有的速度重塑汽车产业格局，其核心是通过 AI 赋能的"感知－决策－执行"闭环系统实现车辆升级。当前技术路线呈现渐进式发展：从 ADAS 逐步向高度自动驾驶演进。深度学习、强化学习等 AI 算法大幅提升了系统对复杂场景的处理能力，而 5G、车路协同等技术的引入正突破单车智能的局限性。AI 正从算法层、系统层到产业层重构智能驾驶技术体系，加速实现从 L2 辅助驾驶到 L4 自动驾驶进化的技术跃迁。

04

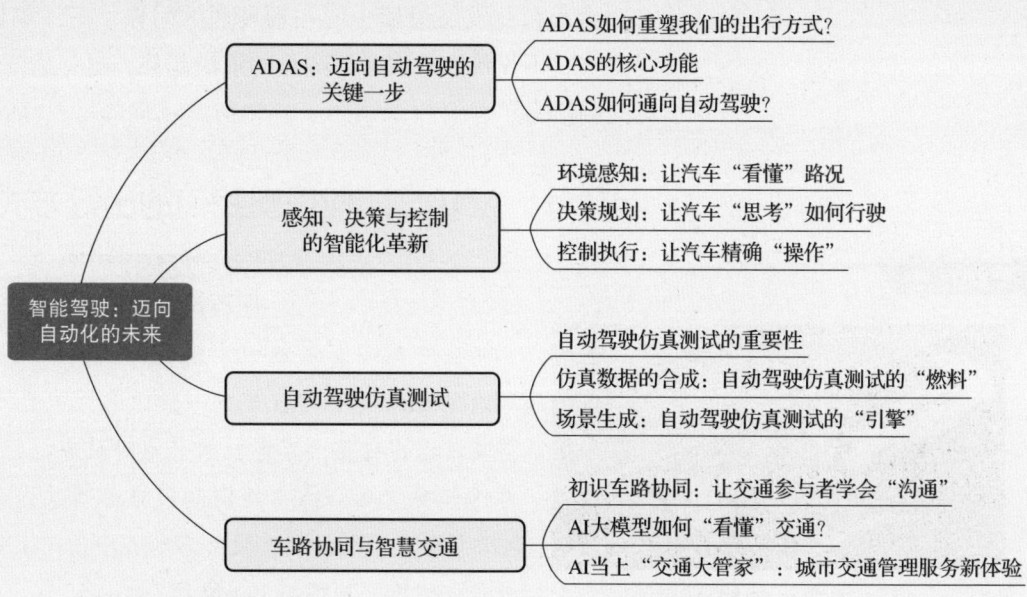

1. 理解 ADAS 的基本概念、分类标准及在不同驾驶场景中的应用实例。
2. 理解 ADAS 的关键技术原理，包括传感器融合、预警机制和控制逻辑。
3. 熟悉自动驾驶系统的分层架构（感知层、决策层、执行层）及其技术实现路径。
4. 理解 AI 在智能驾驶中的核心技术架构，包括算法选择、模型训练和系统集成。
5. 理解 AI 在感知层、决策层与控制层的具体应用及其优化方法。
6. 熟悉自动驾驶仿真测试的核心价值、技术流程及其在开发中的重要性。
7. 熟悉车路协同的基本概念、核心技术及其在智慧交通中的应用场景。
8. 能够熟练开启和配置 ADAS 功能，并进行基础参数调整。
9. 能够对比分析不同品牌 ADAS 的性能差异及适用场景。
10. 树立智能驾驶系统的安全意识。
11. 树立严谨的工程理念，坚持"仿真即实车"的测试标准。

4.1 ADAS：迈向自动驾驶的关键一步

先进驾驶辅助系统（Advanced Driver Assistance System，ADAS）是当今汽车科技发展浪潮中的一颗璀璨的明珠，正深刻地改变着我们的出行方式。它不仅代表着汽车智能化的前沿趋势，更是为驾驶安全与便捷性注入了全新活力。

4.1.1 ADAS如何重塑我们的出行方式？

案例导入

保驾护航，有惊无险

在一条多车道的城市快速路上，一辆搭载ADAS的车辆在车速60km/h行驶时，前方一辆低速行驶的故障车突然切入车道。驾驶员因视线被邻车遮挡未能及时反应，此时ADAS通过毫米波雷达与视觉融合感知检测到前方障碍物距离快速缩短，系统在0.2s内触发多级预警，最终车辆在距前车1.5m处平稳停住，全程未发生碰撞，如图4-1-1所示。

图4-1-1 ADAS起作用现场

1. ADAS"超能力"从何而来？

智能网联汽车先进驾驶辅助系统（ADAS）是利用环境感知技术采集汽车、驾驶员和周围环境的动态数据并进行分析处理，通过提醒驾驶员或执行器介入汽车操作，以实现驾驶安全性和舒适性的一系列技术的总称。借助深度学习、机器学习等人工智能算法，系统能精准识别道路标识、判断车距、预测潜在危险，可显著降低交通事故风险，大幅提升行车安全性与舒适性。

2. ADAS的"技能树"有多丰富？

ADAS按照环境感知传感器类型可分为摄像头主导型、雷达主导型、多传感器融合型等。摄像头主导型系统，以单目、双目或多目摄像头为核心，通过图像识别技术捕捉车道线、交通标志、行人车辆等视觉信息，优势在于能精准识别物体细节，连行人衣服颜色都能看清，在光线良好环境下表现优异，但受恶劣天气影响大。雷达主导型系统，以毫米波雷达、激光雷达为主。毫米波雷达凭借高测量精度和全天候性能，可风雨无阻地实时监测目标动态；激光雷达则能构建高精度三维环境模型，是高精度的"3D扫描仪"，连树叶都能建模；超声波传感器适用于近距离测距，是泊车专用的"触须"，专治各种盲区。雷达主导型ADAS在恶劣天气照样工作，测距精度可达厘米级，但在物体类别识别上存在短板，如较难分辨行人和电线杆。多传感器融合型系统，整合摄像头与各类雷达，取长补短，摄像头负责"看细节"，雷达负责"测距离"，通过数据融合算法提升感知的全面性与准确性，使效果更优，成为当前主流方案。

ADAS按照功能可以分为自主预警类、自主控制类和视野改善类等。自主预警类，包括前方碰撞预警、车道偏离预警、盲点监测等功能，当系统检测到潜在危险时，通过声音、视觉或触觉警报提醒驾驶员。自主控制类，包括自动紧急制动、自适应巡航、车道保持辅助等，能在必要时主动干预车辆行驶，实现减速、转向等操作，降低事故风险。视野改善类，包括倒车影像、环视系统、夜视辅助等功能，拓展驾驶员视野范围，提升驾驶安全性与便利性。

未来，搭建起"人-车-路-云"一体化的智能出行生态系统，借助5G通信技术与路侧设施，实现车辆与道路基础设施、其他车辆间的信息交互，突破车载传感器的物理限制，获取更广泛的环境信息，尤其在交通信号协同、道路危险预警等场景中展现出独特优势，是实现高阶自动驾驶的关键发展方向。

4.1.2　ADAS的核心功能

当前主流ADAS已从基础的预警功能发展到主动干预控制，AI技术的应用更是使ADAS从"功能叠加"向"场景重构"转型，使汽车逐步向高阶自动驾驶演进。这些系统依托多传感器融合、人工智能算法及车辆控制技术，在复杂交通场景中实现环境精准感知与智能决策。常见的ADAS功能见表4-1-1。

表4-1-1　常见的ADAS功能

功能	技术原理	搭载的传感器	AI赋能	图示
前方碰撞预警	通过环境感知传感器实时监测前方目标，通过算法分析相对速度与距离，动态计算碰撞时间。当风险阈值触发时，系统以声光警报或触觉反馈分级预警驾驶员，辅助规避追尾事故	毫米波雷达 激光雷达 视觉传感器	通过深度学习与多传感器融合，实时分析路况，提升精度与响应速度	
盲区监测	通过车侧环境感知传感器实时探测侧后方盲区车辆，当检测到潜在碰撞风险时，通过后视镜警示灯、声光提示或方向盘振动预警，辅助驾驶员安全变道	毫米波雷达 超声波传感器	通过多传感器融合与深度学习算法，实时识别盲区动态目标，提升监测精度并降低误报率	
自动紧急制动	通过摄像头、毫米波雷达等传感器实时监测车辆前方的障碍物，若驾驶员未及时做出反应，系统会迅速介入制动	毫米波雷达 激光雷达 视觉传感器 超声波传感器	多模感知预判风险，自主学习精准制动，守护行车安全	
集成式巡航	通过多传感器融合与智能算法，实时协调自适应巡航、车道保持及自动跟车功能，实现全速域智能驾驶辅助，保障行车安全与舒适性	毫米波雷达 激光雷达 视觉传感器 超声波传感器	结合AI算法优化目标追踪与决策	

(续)

功能	技术原理	搭载的传感器	AI赋能	图示
转向灯控制变道	通过传感器实时监测周边车况，当开启转向灯后，系统判断安全时自动控制方向盘、动力及制动，完成变道操作	视觉传感器 毫米波雷达 超声波传感器	AI通过深度学习分析路况，智能决策优化变道操作	
自动导航辅助驾驶	通过多源传感器融合、高精地图定位及深度学习算法，实时规划路径并动态调整车速/转向，实现车道保持、自主变道及匝道通行等全场景智能驾驶	视觉传感器 毫米波雷达 激光雷达 卫星导航 超声波传感器	多模态感知驱动实时决策，优化路径规划与动态环境适应	
自动泊车	通过多目摄像头与超声波雷达数据融合，实时构建3D泊车环境模型，结合SLAM算法规划最优路径，联动转向/制动系统实现厘米级精准泊入	超声波传感器 视觉传感器 毫米波雷达 激光雷达	AI融合多源感知与深度学习算法，实现厘米级定位与动态决策	

4.1.3 ADAS如何通向自动驾驶？

> **案例导入**
>
> **智驾，智阶**
>
> 随着智能网联汽车技术的飞速发展，汽车的智能化水平将从简单的驾驶辅助功能逐步进化到高度自动驾驶甚至完全自动驾驶的阶段。为了更好地衡量和描述这种技术进步，汽车行业引入了"智驾智阶"这一概念，将智能网联汽车按照其智能化程度分为不同的等级。这种分级体系不仅能帮助消费者更好地理解车辆的智能化功能，也为汽车制造商的研发和市场推广提供了清晰的指导。

《汽车驾驶自动化分级》（GB/T 40429—2021）中基于驾驶自动化系统在执行动态驾驶任务中的角色分配、有无设计运行条件限制，将自动驾驶汽车划分为0~5共6个等级：应急辅助、部分驾驶辅助、组合驾驶辅助、有条件自动驾驶、高度自动驾驶、完全自动驾驶。驾驶自动化等级与划分要素关系见表4-1-2。

0级为应急辅助，主要是一些简单的安全提醒功能。驾驶自动化系统不能持续执行车辆横向或纵向运动控制，但具备部分目标和事件探测与响应的能力。例如，车道偏离预警、前车碰撞预警、自动紧急制动等应急辅助功能。

1级为部分驾驶辅助，车辆能够在纵向或横向一个方向上提供驾驶辅助。系统在其设计运行条件内执行车辆横向或纵向运动控制，并与目标和事件探测与响应相适应。驾驶员和系统共同执行动态驾驶任务。

2级为组合驾驶辅助，可同时在纵向和横向两个方向上提供驾驶辅助。系统在其设计运行条件内执行车辆横向和纵向运动控制，并与目标和事件探测与响应相适应。驾驶员和系统共同执行动态驾驶任务。

3级为有条件自动驾驶，在特定条件下车辆可自主完成驾驶任务，但驾驶员需在必要时接管车辆。

4级为高度自动驾驶，车辆在限定条件下能高度自动化驾驶，无需驾驶员接管。

5级为完全自动驾驶，车辆在所有可行驶条件下都能完全自主驾驶。

智能驾驶包括自动驾驶以及其他辅助驾驶技术，它们能够在某一环节为驾驶员提供辅助甚至能够代替驾驶员，优化驾车体验。

表4-1-2 驾驶自动化等级与划分要素关系

分级	名称	持续的车辆横向和纵向运动控制	目标和事件探测与响应	动态驾驶任务后援	设计运行范围
0级	应急辅助	驾驶员	驾驶员及系统	驾驶员	有限制
1级	部分驾驶辅助	驾驶员和系统	驾驶员及系统	驾驶员	有限制
2级	组合驾驶辅助	系统	驾驶员及系统	驾驶员	有限制
3级	有条件自动驾驶	系统	系统	动态驾驶任务后援用户（执行接管后成为驾驶员）	有限制
4级	高度自动驾驶	系统	系统	系统	有限制
5级	完全自动驾驶	系统	系统	系统	有限制

练习题

一、选择题

1.（　　）不属于ADAS的典型功能。
  A. 自适应巡航控制（ACC） B. 自动泊车（APA）
  C. 发动机故障诊断（OBD） D. 盲点监测（BSD）

2. 自动紧急制动（AEB）系统的主要作用是（　　）。
  A. 提升燃油经济性 B. 检测驾驶员疲劳状态
  C. 在碰撞风险时自动制动 D. 优化车载娱乐系统

二、填空题

1. _____是利用环境感知技术采集汽车、驾驶员和周围环境的动态数据并进行分析处理，通过提醒驾驶员或执行器介入汽车操作，以实现驾驶安全性和舒适性的一系列技术的总称。

2. 车道偏离预警（LDW）系统通过_____传感器识别车道线，当车辆无意识偏离时发出警报。

三、简答题

写出五种常见的ADAS功能。

4.2 感知、决策与控制的智能化革新

自动驾驶是人工智能与交通技术深度融合的产物,它通过传感器、算法与控制系统的协同,使车辆在无需人类干预的情况下实现自主导航。其核心流程可拆解为三大环节:感知、决策与控制。

在感知层,AI通过激光雷达、摄像头与毫米波雷达的多源数据融合,构建车辆周边的三维环境模型。决策层中,通过系列算法模拟人类驾驶逻辑,在复杂场景中做出变道、超车或紧急避障的决策。控制层则通过系列算法优化制动、转向与加速的响应曲线,确保车辆在不同环境保持稳定性。AI的持续进化,正推动智能驾驶从辅助功能向全场景自动化跃迁。

4.2.1 环境感知:让汽车"看懂"路况

案例导入

AI赋能的"慧眼"如何化解十字路口危机

暴雨中,一辆搭载感知系统的智能汽车驶入无信号灯十字路口,如图4-2-1所示。摄像头因水渍模糊视野,毫米波雷达受雨滴噪声干扰,传统算法难以精准识别对向闯红灯的电动车与横穿马路的儿童。但通过多模态融合感知,AI算法融合激光雷达点云(三维轮廓)与摄像头图像(色彩纹理),结合Transformer模型实时生成可视化场景,系统0.3s内触发预警并主动制动,避免碰撞。

图4-2-1 暴雨中车辆视野受限

1.什么是环境感知技术?

汽车环境感知是指车辆通过融合激光雷达、毫米波雷达、摄像头、超声波传感器等多传感器数据,结合V2X(车路协同)通信技术,实时获取道路、交通参与者(车辆/行人/障碍物)、交通标识及环境状态(天气/光照)等信息,并利用算法处理形成动态环境模型,为自动驾驶决策与控制提供依据的技术体系。

2.环境感知环节核心技术

(1)视觉感知算法 视觉感知算法通过摄像头捕捉图像,让车"看懂"道路环境,就像人类开车时边看边思考,其核心流程可拆解为三个方面。

1)特征提取("找重点")。算法可以从图像中精准识别车道线、信号灯、行人轮廓等关键信息,过滤掉树木、广告牌等干扰项。例如,通过卷积神经网络(CNN)逐层扫描图像,像拼图一样提取出边缘、颜色、纹理等细节,最终锁定目标物体。

2）语义理解("猜意图")。算法不仅能"看到"物体，还能"猜测"它的行为。例如，识别前方车辆是正常行驶、突然变道，还是行人正在过马路，甚至预判潜在风险（如逆行电动车）。这依赖目标检测（如YOLO算法）与行为预测（时序建模）的协同工作，类似人类通过观察动作预判下一步。

3）三维建模("画地图")。算法将二维图像转化为三维空间信息，计算物体距离、大小、运动轨迹。例如，通过双目视觉或激光雷达辅助，算法能生成车道线曲率、障碍物三维轮廓，甚至预判前方弯道半径，为车辆规划安全路径。

（2）语义分割技术　语义分割（Semantic Segmentation）是计算机视觉中的一项关键技术，其核心目标是将图像中的每个像素分配到预定义的类别中，从而实现对图像中不同语义区域的精确划分。与图像分类（仅识别整幅图像的内容）和目标检测（识别并定位图像中的物体）不同，语义分割提供了像素级别的理解，能够更细致地解析图像内容。主要的语义分割算法包括FCN、U-Net、SegNet等，实例如图4-2-2所示。

图4-2-2　语义分割实例

（3）激光雷达点云处理

1）云特征提取。点云数据是通过三维扫描设备（如激光雷达、深度相机等）获取的一组三维点的集合，每个点通常包含其在三维空间中的坐标（X, Y, Z）以及可能的其他属性（如颜色、反射强度等），主要方法包含体素化方法、Pointbased方法、融合网络方法等，其中点云体素化如图4-2-3所示。

2）三维目标检测。三维目标检测是使用RGB图像、RGB-D深度图像和激光点云等数据，输出物体类别及在三维空间中的长宽高、旋转角等信息的检测技术。与二维目标检测不同，三维目标检测能够提供更全面、准确的空间信息，有助于智能网联汽车更好地理解周围环境，主要方法包括Anchor-based、Anchor-free等。激光雷达点云三维成像如图4-2-4所示。

> **想一想**
>
> 面对传感器噪声干扰、实时计算瓶颈与长尾异常场景（如路面塌陷、异形障碍物）的泛化挑战，如何设计多模态融合+动态冗余校验的AI架构，兼顾鲁棒性与轻量化？

图4-2-3 点云体素化

图4-2-4 激光雷达点云三维成像

（4）多模态数据融合　多模态数据融合（Multimodal Data Fusion）是指将来自不同模态（如图像、文本、语音、传感器数据等）的信息进行整合，以获得更全面、准确的理解和决策能力。其核心目标是通过融合不同模态的数据，弥补单一模态信息的不足，提升系统的性能和鲁棒性。

4.2.2 决策规划：让汽车"思考"如何行驶

> **案例导入**
>
> **高速匝道汇入的AI博弈**
>
> 智能汽车欲从匝道汇入高速公路主干道，后方货车正加速逼近，主干道车流速度差大、车距小。决策规划环节的AI算法需实时分析传感器数据，预判货车轨迹、主干道车流空窗期，并权衡加速抢道或让行的风险收益。0.1s内，计算芯片完成超万亿次计算，规划出最优汇入策略，让汽车如"老司机"般精准决策，避免碰撞与拥堵，如图4-2-5所示。

图4-2-5 汽车从匝道汇入主干道示意图

1.什么是决策规划？

汽车的决策规划环节主要负责处理来自感知模块的环境信息，包括道路状况、交通标志、行人、其他车辆等，并根据这些信息做出驾驶决策，如加速、减速、转向、避障等。决策规划环节需要综合考虑多种因素，如安全性、舒适性、经济性等，以确保汽车在各种复杂环境下都能做出最优的驾驶决策。

2.决策规划系统的技术架构

决策规划系统的技术架构如图4-2-6所示。

数据层是决策系统的基础，负责数据的采集、存储和预处理；分析层是决策系统的核心，负责对数据进行深入分析和挖掘，提取有价值的信息和知识；决策层是决策系统的输出端，负责根据分析结果和模型预测，生成具体的决策建议或执行指令。交互层是决策系统与用户或业务系统之间的接口，负责接收用户输入、展示决策结果和收集反馈。支撑层为决策系统提供必要的技术支持和运行环境。

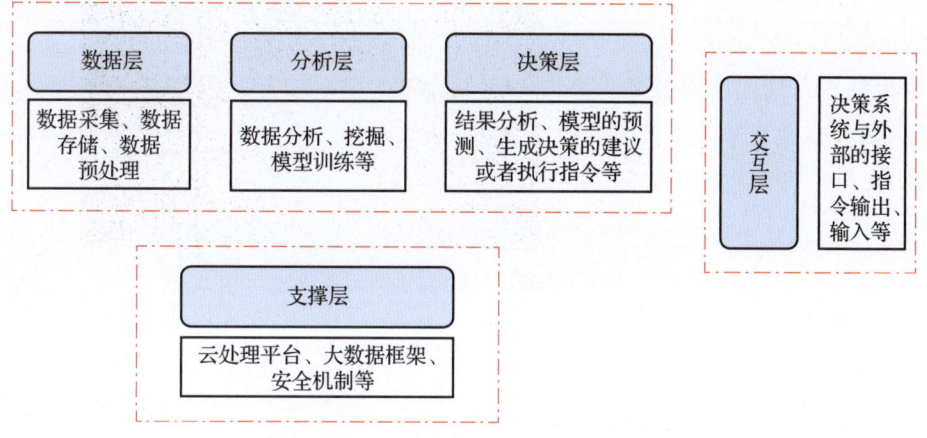

图4-2-6 决策规划系统的技术架构图

3.决策规划环节核心技术

决策规划承接环境感知，并下启车辆控制。其规划出来的轨迹是带速度信息的路径。广义上，规划（Planning）可分为路由寻径（Routing）、行为决策（Behavioral Decision）、运动规划或动作规划（Motion Planning），如图4-2-7所示。

路由寻径：全局路径规划，可简单地理解为传统地图导航+高精地图（包含车道信息和交通规则等）。

行为决策：决策车辆是否跟车、在遇到交通灯和行人时的等待避让，以及路口和其他车辆的交互通过，包含驾驶行为预测、协同决策等。

运动规划或动作规划：局部路径规划，是自动驾驶汽车在未来一段时间内的期望行驶路径，需满足汽车运动学、动力学、舒适性和无碰撞等要求。

> **想一想**
>
> 当智能网联汽车预测前方车辆意图时，若对方驾驶员行为存在"矛盾信号"（如频繁亮制动灯却未减速），如何设计决策框架，在动态调整跟车距离的同时，平衡"激进跟随"与"过度保守"的双重风险？

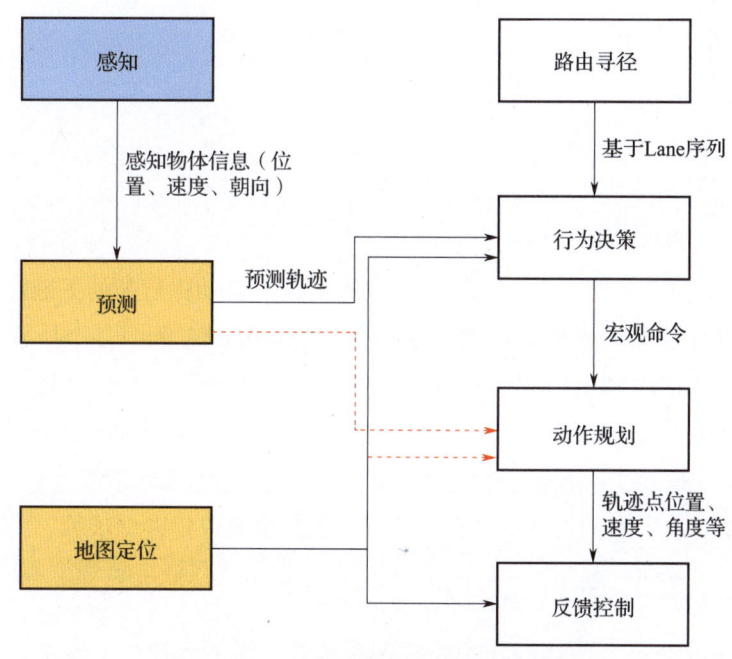

图4-2-7 汽车自动驾驶决策规划流程

> **知识拓展**
>
> 　　协同决策是依托车路云一体化架构，通过多源信息融合与AI算法优化，实现车辆、道路基础设施、云端平台及行人之间的动态协同，提升复杂交通场景下的决策安全性与效率。
> 　　协同决策核心算法类型如下。
>
> **1. 多智能体强化学习（MARL）**
> 算法框架：集中训练分布式执行（CTDE）、独立Q学习（IQL）。
> 应用案例：交叉路口无信号灯协同通行、高速公路车队编队。
>
> **2. 博弈论模型**
> 纳什均衡：多车博弈的最优策略求解。
> Stackelberg博弈：车路主动决策。
> 应用案例：匝道汇流冲突消解、优先权动态分配。
>
> **3. 联邦学习**
> 技术特点：数据不出车、模型共享更新。
> 实现方式：车载ECU本地训练、云端聚合全局模型。

4.2.3　控制执行：让汽车精确"操作"

> **案例导入**
>
> **暴雨场景下的自适应转向与动态转矩分配**
>
> 　　在台风登陆期间，某智能网联汽车测试车队在沪杭高速遭遇暴雨。当车辆以110km/h通过积水路段时，水膜导致路面摩擦系数骤降，测试车出现后轴侧滑，如图4-2-8所示，方向盘转向角度与实际轨迹偏差达12°，系统进入"危险工况触发"状态。此时，基于AI的控制执行模块在200ms内完成多层级干预，成功避免车辆失控。

图4-2-8　测试车后轴侧滑

1. 什么是控制执行？

　　智能网联汽车控制环节是车辆实现智能化、自动化行驶的关键部分，该环节负责接收决策系统下达的行驶指令，精确控制车辆的各个执行机构工作，实现加速与减速控制、转向控制等，使车辆能够安全、高效、舒适地行驶。智能网联汽车关键执行系统包括车辆底盘线控系统和车身电子电器系统，其中车辆底盘线控系统包括线控转向系统、线控驱动系统、线控制动系统等，车身电子电器系统包括车门控制、车灯控制、仪表显示等。

2. 控制执行环节核心AI技术

　　AI在控制环节的核心作用是实现更精确、平顺、智能、安全、高效的车辆控制。

线控驱动：AI可以通过学习和预测，更智能地分配转矩（比如在不同路面条件下），实现更平稳的加速和更低的能耗。

线控制动：AI可以预测驾驶员的制动意图，提前做好准备；或者根据路面情况自动调整制动力度（类似更智能的ABS），实现更短的制动距离和更高的能量回收效率（对于电动汽车而言）。

线控转向：AI可以根据车速和驾驶员操作，提供更合适的转向助力，甚至在紧急情况下辅助纠正方向，提高行驶稳定性。

具体技术要点与应用见表4-2-1。

表4-2-1 线控系统AI应用

系统名称	技术原理	AI应用	优势
线控驱动系统	利用电控信号替代传统燃油车中的拉索或推杆结构，实现加速踏板位置与节气门开度之间的精准控制。在电动汽车中，通过整车控制器（VCU）接收行驶信息，计算所需转矩并发送指令给电机控制系统，调整输出转矩	支持自适应巡航、智能能量回收等功能。AI算法可根据路况、驾驶风格和电池状态，动态优化转矩分配，提升动力响应速度与续航能力	提升动力响应精度，支持L2级辅助驾驶功能，降低机械磨损与维护成本
线控转向系统	线控转向系统通过电子信号替代传统机械连接实现转向控制。其核心由方向盘模块、主控制器、转向执行模块和传感器组成：方向盘模块检测驾驶员的转向意图，将转角和力矩转化为电信号；主控制器结合车速、车身姿态等数据计算目标转向角，并输出指令；转向执行模块驱动电机调整车轮转角，同时通过车轮转角传感器形成闭环控制。系统通过冗余设计保障可靠性，并模拟路感反馈至方向盘，既支持手动驾驶的精准操控，又为自动驾驶提供灵活转向策略，显著提升车辆安全性与操控灵活性	系统基于多传感器数据实时分析路况与车速，动态调节转向比，并通过冗余架构保障安全。AI算法优化转向响应速度与稳定性，为自动驾驶提供底层控制支撑	精准响应，AI实时分析路况与指令，毫秒级调节转向力与角度；智能适应，动态优化转向比，复杂路况下操控更稳；冗余安全，故障时AI介入补偿，保障行车可靠性
线控制动系统	通过传感器采集驾驶员制动意图或自动驾驶系统制动请求，将信号传输至电子控制单元（ECU）。ECU综合分析车辆状态（如车速、轮速、加速度等），计算各车轮所需制动力，并向执行机构发送指令。执行机构通过电信号控制制动器产生制动力，如电子液压制动（EHB）系统用电机驱动液压泵，电子机械制动（EMB）系统则直接用电机驱动制动垫块。系统还通过闭环控制实时监测制动效果，动态调整制动力，确保制动安全高效	线控制动系统通过深度学习算法优化制动策略，结合传感器数据实现路面附着系数估计与自适应控制，并利用AI进行故障诊断与冗余决策，提升系统安全性与响应精度	响应更快，能实时分析路况精准分配制动力；智能预判，提前介入保障安全；兼容性强，适配自动驾驶；可优化升级，通过算法迭代提升性能，为汽车智能化发展提供关键支持

想一想

在智能汽车转向、制动、动力分配等执行环节,若过度依赖数据预测,如何保障极端场景(如传感器失灵/强电磁干扰)下机械冗余系统的可靠介入?

知识拓展

在智能网联汽车中,AI技术正深度赋能线控制动(Brake-by-Wire)系统,实现从"机械响应"到"智能预判"的跨越。通过融合多传感器数据(轮速、胎压、路面附着系数等),AI算法可构建车辆动态的数字化孪生模型,实时预测制动需求。例如,当毫米波雷达检测到前车紧急制动时,深度学习模型能在驾驶员踩下制动踏板前50ms即预加压制动液,使制动距离缩短15%。针对冰雪路面等低附着工况,强化学习算法可动态优化制动力分配策略:基于历史数据训练,系统能自动识别路面类型,将四轮制动力分配误差控制在±3%以内(传统ESP系统为±8%)。此外,通过在线健康监测神经网络,系统可预测制动片磨损状态(精度达95%),提前2000km触发维护提醒。当前技术挑战在于满足ASIL-D功能安全等级的同时,需将AI决策延迟控制在10ms级,这对边缘计算芯片提出了更高要求。

练习题

一、选择题

1.(　　)的核心目标是将图像中的每个像素分配到预定义的类别中,从而实现对图像中不同语义区域的精确划分。

A.视觉感知算法　　　　B.语义分割技术

C.点云处理技术　　　　D.多模态数据融合

2.在(　　)环节,AI通过激光雷达、摄像头与毫米波雷达的多源数据融合,构建车辆周边的三维环境模型。

A.感知　　　　　　　　B.决策

C.控制　　　　　　　　D.融合

二、填空题

1._____算法通过摄像头捕捉图像,让车"看懂"道路环境,就像人类开车时边看边思考。

2.广义上,规划(Planning)可分为_____、_____、_____。

3.AI在控制环节的核心作用是实现更精确、_____、_____、_____的车辆控制。

三、简答题

简述环境感知技术的概念。

4.3 自动驾驶仿真测试

随着AI大模型应用场景和领域的不断探索与深入，AI大模型已经在结构化场景的生成与泛化、提升仿真测试端人机交互效率、生成数据合成等方面发挥重要作用。在场景库构建方面，从传感器数据中利用AI进行自动化、大规模三维重建，构建现实世界对象和背景的几何形状、外观和材料属性；使用大量路采数据训练，使之模仿道路场景中的主体，赋予虚拟场景强交互性；利用已有场景库与生成式AI，自动生成无需标注的各种交通场景数据。在车辆仿真测试过程中，使用AI识别自动驾驶系统的弱点，并自动创建对抗性场景，同时自动驾驶系统使用AI算法自动从错误中学习，自动迭代更新，无需密集手动调整算法，适应更快节奏、更大规模的训练。

4.3.1 自动驾驶仿真测试的重要性

> **案例导入**
>
> **从实验室到测试场地：AI赋能自动驾驶虚拟仿真测试**
>
> 北京东南角亦庄有一个"硬核"自动驾驶实战基地，这里每天有300辆没有方向盘的出租车在真实车流中穿行，已经累计跑了3300万千米，相当于从地球到月球往返40多趟。这些无人测试车累计应对过200万次行人"鬼探头"、50万次加塞变道，事故率比人类驾驶员低90%，这是妥妥的咱们比不了的"老司机"！
>
> 这些车辆是如何从实验室走进测试场地的？这是借助AI赋能下的自动驾驶虚拟仿真测试技术来实现，通过虚拟仿真，自动驾驶研发效率提升约80%，但最终仍需与封闭场地、开放道路测试形成"三支柱"验证体系，确保技术落地安全可靠。测试场地、虚拟仿真测试界面如图4-3-1所示。
>
>
>
> 图4-3-1 测试场地、虚拟仿真测试界面

1.什么是自动驾驶仿真测试？

自动驾驶仿真测试是指通过虚拟数字环境模拟真实交通场景，对自动驾驶系统的感知、决策、控制等全链路能力进行验证和优化的技术体系，自动驾驶仿真场景如图4-3-2所示。其核心内涵体现在三个层面。

1）场景复现维度。通过高精度三维建模（道路/建筑/天气）、物理引

图4-3-2 自动驾驶仿真场景

擎（光照/摩擦/动力学）和智能体行为模型（车辆/行人NPC），构建逼近现实的测试环境。既包含标准法规场景，更注重长尾极端案例的生成，如特斯拉通过对抗网络模拟暴雨中的逆行电动车。

2）技术验证闭环。形成"传感器输入–算法处理–车辆控制–环境反馈"的数字化闭环。例如Waymo的Carcraft系统能同步运行2.5万辆虚拟车测试，单日积累千年级人类驾驶经验。

3）开发范式革新。仿真测试重构了自动驾驶研发流程：早期验证阶段可完成90%算法迭代，实车路测仅聚焦最后10%的场景校验。例如奔驰Drive Pilot的L3系统开发中，95%的测试里程通过仿真完成，使认证周期缩短60%。

2.仿真测试与传统实车测试的"较量"

在汽车及自动驾驶技术飞速发展的当下，测试环节是保障产品安全与性能的关键。仿真测试与传统实车测试作为两种重要测试手段，在多个方面存在显著差异，表4-3-1从单次测试成本、测试效率、场景覆盖度、长尾案例发现率、迭代速度、法规认证数据量等方面进行了详细对比。

表4-3-1 实车测试与仿真测试核心维度对比

维度	实车测试	仿真测试	对比优势
单次测试成本	50~100美元/km（含车辆/人力）	0.1~0.5美元/km（算力成本）	成本降低99%
测试效率	1辆车日均测试200~300km	单服务器日均模拟100万千米	效率提升3000倍
场景覆盖度	受限于地理/天气/交通条件	可100%覆盖暴雨、事故等极端场景	覆盖度提升10倍以上
长尾案例发现率	约1次/10万千米（依赖随机性）	主动生成，密度达100次/10万千米	发现效率提升100倍
迭代速度	问题修复验证需1~2周	即时修改并重启测试（分钟级）	开发周期缩短90%
法规认证数据量	需积累1亿千米以上真实里程	接受等效仿真里程（如Waymo）	认证时间减少50%

3. 自动驾驶仿真测试核心技术

自动驾驶仿真测试通过模型在环（MIL）、软件在环（SIL）、硬件在环（HIL）、驾驶员在环（DIL）和车辆在环（VIL）五个技术环节，形成从算法验证到整车集成的完整测试链条，各环节技术要点及协同关系如下。

（1）模型在环（MIL）测试

技术要点：基于数学模型构建算法逻辑框架，通过Simulink等工具搭建控制策略模型，在虚拟环境中验证算法可行性。重点测试路径规划、决策控制等核心算法的逻辑正确性，无需依赖实车硬件。

典型应用：在燃油经济性优化项目中，通过MIL验证SOC平衡算法与动力总成模型的交互逻辑，确保算法在多工况下的经济性表现。

（2）软件在环（SIL）测试

技术要点：将算法模型转化为代码后嵌入虚拟仿真平台，通过CarSim、PreScan等工具，模拟传感器输入与车辆响应。重点测试代码与算法模型的一致性，以及软件在复杂场景下的稳定性。

典型应用：在激光雷达感知算法测试中，SIL通过虚拟点云数据验证目标检测与障碍物规避逻辑，确保代码实现与算法设计完全匹配。

（3）硬件在环（HIL）测试

技术要点：将真实控制器（如ECU）接入仿真系统，通过实时操作系统（RTOS）与虚拟车辆模型交互。重点测试硬件在极端工况下的响应速度与故障处理能力，验证控制器与传感器、执行器的协同性。

典型应用：在ADAS测试中，HIL通过模拟毫米波雷达信号验证控制器对突发障碍物的响应时间，确保硬件在动态环境下的可靠性。

（4）驾驶员在环（DIL）测试

技术要点：通过驾驶模拟器将真实驾驶员接入仿真回路，结合视觉、体感反馈模拟驾驶环境。重点测试人机交互系统的响应性、驾驶员接管策略的有效性，以及系统在主观评价中的舒适性。

典型应用：在自动驾驶接管功能测试中，DIL通过模拟突发故障场景，评估驾驶员从自动驾驶模式切换到手动模式的响应速度与操作准确性，如图4-3-3所示。

图4-3-3 驾驶员在环测试

> **想一想**
>
> 如何通过MIL、SIL、HIL、DIL、VIL五个环节协同，构建覆盖算法到整车的自动驾驶仿真测试体系？

（5）车辆在环（VIL）测试

技术要点：将真实车辆接入虚拟仿真场景，通过高精度惯导系统实现实车与虚拟车辆的定位同步。重点测试整车在复杂场景下的功能集成性、系统兼容性，以及多传感器融合的实时性。

典型应用：在山区道路测试中，VIL通过虚拟场景模拟频繁坡度变化，验证车辆在复杂地形下的动力分配与能量管理策略，确保整车控制系统的稳定性，其示意图如图4-3-4所示。

图4-3-4　整车在环测试

（6）技术协同与演进趋势

全链条测试：从MIL到VIL的测试流程形成闭环，MIL验证算法逻辑，SIL测试代码实现，HIL验证硬件可靠性，DIL评估人机交互，VIL完成整车集成测试。各环节数据互通，确保测试结果的一致性与可追溯性，如图4-3-5所示。

技术融合：未来将结合"数字孪生"与"云仿真"技术，实现多环节并行测试与数据共享。例如，通过云平台实现MIL与SIL的联合仿真，加速算法迭代；利用数字孪生技术将VIL测试数据反哺至MIL模型优化，形成技术闭环。

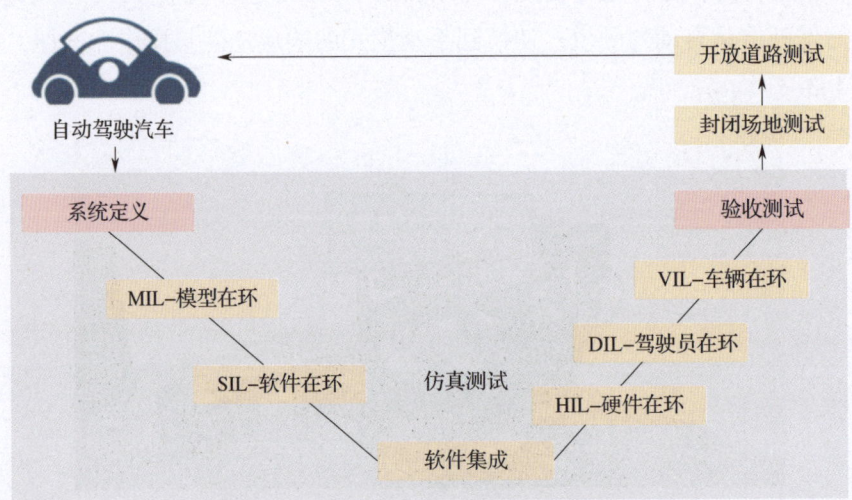

图4-3-5　自动驾驶系统开发V字流程

> **知识拓展**
>
> **Waymo Carcraft：自动驾驶仿真测试的标杆案例**
>
> Waymo的Carcraft仿真平台是其自动驾驶技术快速迭代的核心工具。该系统通过构建虚拟城市模型，将现实世界中的复杂场景数字化复现，包括奥斯汀、山景城、凤凰城等地的全尺寸道路网络。Carcraft每日运行2.5万辆虚拟自动驾驶汽车，模拟总里程达数千万千米，2016年已累计完成40亿km虚拟测试，远超实体车辆480万km的实测数据，其仿真测试场景如图4-3-6所示。
>
>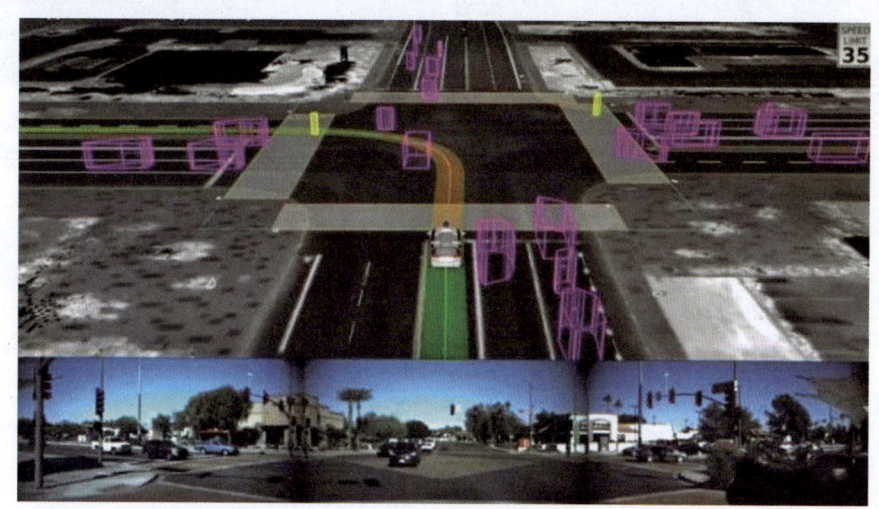
>
> 图4-3-6　Waymo Carcraft仿真测试场景
>
> 该平台的核心优势在于场景衍生能力。以德州环岛加塞事件为例，Carcraft通过调整车辆切入角度、速度等参数，生成上千种变体场景，测试自动驾驶系统在突发状况下的决策逻辑。其基于机器学习的传感器融合模型可模拟激光雷达、摄像头、毫米波雷达的多源数据交互，并针对"行人躺在货车顶举STOP牌"等极端情况，通过地图匹配与行为预测算法过滤无效干扰。
>
> Carcraft与Waymo的"城堡"实体测试基地形成闭环。工程师在凤凰城发现车辆对多车道环岛处理不足后，立即在"城堡"复刻该场景，通过道具、假人、移动目标物进行结构化测试，随后将数据反哺至Carcraft生成更多变体。这种虚实结合的测试体系使Waymo车辆平均行驶8953km才需人工干预，事故率较人类驾驶降低85%。

4.3.2　仿真数据的合成：自动驾驶仿真测试的"燃料"

> **案例导入**
>
> 某自动驾驶科技公司正为新车型的L3级城市导航辅助驾驶功能冲刺落地，却陷入数据"死局"。
>
> 实测车队在苏州老城区采集数据时，遇到难题：窄巷里三轮车逆行穿插、店铺前突然冲出孩童、古树垂枝遮挡交通标识等场景，每月仅能捕捉到寥寥几次。若依赖实测完善算法，研发周期将延长数年，成本也会飙升至数亿元。
>
> 团队转而投入仿真数据合成。他们将实测中采集的有限"碎片"数据——如古建筑3D轮廓、特殊车型雷达反射特征、行人动态轨迹——输入合成系统，结合交通流模型与物理引擎，快速"复制"出成千上万种变体：不同时段、不同天气下的窄巷会车，孩童追逐着足球冲入车道，树枝在暴雨中大幅摆动干扰摄像头等。这些合成数据成为算法的"特训场"，让系统在虚拟世界中反复试错，最终使算法对复杂城

市场景的响应速度提升60%，研发周期压缩至原计划的1/3，其合成场景如图4-3-7所示。

图4-3-7 特殊场景合成

1.什么是自动驾驶仿真数据合成？

自动驾驶仿真数据合成是指利用计算机技术，基于真实采集数据或算法模型，生成大量与真实场景高度相似但具有差异化的虚拟数据，用于自动驾驶系统的算法训练、测试与验证。这些数据涵盖传感器感知信息（如摄像头图像、激光雷达点云）、车辆状态数据（速度、位置），以及环境动态数据（交通流、天气变化），为自动驾驶系统提供"无限且可控"的测试样本，加速技术迭代。

2.数据合成：打破传统采集局限

传统数据采集依赖实车、实地、实景，通过测试车队装载传感器收集真实路况信息，优势是数据绝对真实可靠，但存在成本高昂、极端场景复现难、样本多样性差、采集周期长等局限。

数据合成基于算法与模型，可低成本、快速生成海量虚拟数据，还能灵活调整参数构建极端、罕见场景，突破现实限制。不过其数据真实性依赖算法精度，可能与实际存在偏差。传统数据为合成提供基准，数据合成则弥补传统采集短板，二者相辅相成，共同推动自动驾驶技术发展。数据合成与传统数据采集对比见表4-3-2。

表4-3-2 数据合成与传统数据采集对比

对比维度	数据合成（仿真数据）	传统数据采集（真实数据）
数据来源	计算机算法生成	实际路测采集
成本效率	单场景成本低于1美元，可无限复制	1km成本5~50美元，受时空限制
场景覆盖	可主动生成暴雨、事故等出现率仅为0.1%的低频场景	依赖随机遇到，极端场景覆盖率不足0.01%

(续)

对比维度	数据合成（仿真数据）	传统数据采集（真实数据）
数据多样性	通过参数化调整可生成百万级变体	受限于采集地域和天气条件
标注质量	自动生成像素级精准标注（误差<0.1像素）	人工标注误差率1%~3%
迭代速度	分钟级生成新场景	需重新组织路测（周/月级）
安全风险	零风险模拟碰撞等危险场景	实车测试存在安全隐患
物理真实性	依赖模型精度（当前最好约95%拟真度）	100%物理真实
典型应用	算法预训练、长尾场景测试	最终系统验证、合规认证
代表案例	Waymo Carcraft生成5亿组虚拟行人交互场景	特斯拉车队累计采集80亿km真实数据

3.数据合成的关键技术

自动驾驶数据合成通过虚拟化手段突破实测局限，其技术体系涵盖场景建模、传感器仿真、数据增强、算法生成四大核心模块，各模块协同构建高真实度、高多样性的数据集，支撑自动驾驶算法训练与验证，如图4-3-8所示。

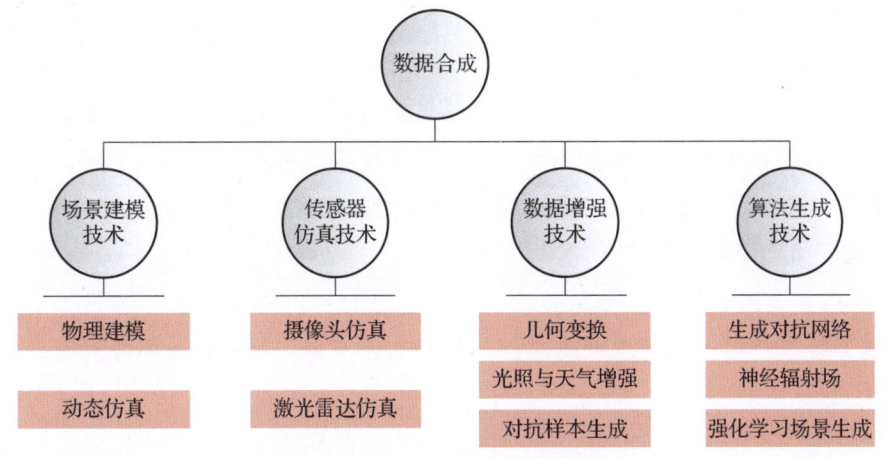

图4-3-8　数据合成的关键技术

（1）场景建模技术

物理建模：基于真实地图与交通规则，通过3D建模工具（如Unity、Unreal）构建城市道路、乡村小径、高速公路等场景，模拟道路坡度、曲率、材质等物理属性。

动态仿真：引入交通流模型（如SUMO）模拟车辆、行人、非机动车的交互行为，通过强化学习生成符合人类驾驶习惯的运动轨迹。

（2）传感器仿真技术

摄像头仿真：基于物理渲染引擎生成不同光照（正午强光、夜间眩光）、天气（暴雨、大雾）下的图像，并模拟镜头畸变、运动模糊等真实效应。

激光雷达仿真：通过点云生成算法模拟不同反射率目标（如金属车辆、

塑料路障）的回波信号，并叠加噪声与多径效应。

（3）数据增强技术

几何变换：对图像数据进行旋转、缩放、平移、裁剪等操作，模拟摄像头安装位置偏差或车辆颠簸时的视角变化。

光照与天气增强：调整虚拟场景的亮度、对比度、色温，叠加雨滴、雪花、雾气等粒子效果，生成极端环境下的数据。

对抗样本生成：通过生成对抗网络（GAN）在图像中添加微小扰动（如修改交通标识的像素），诱导算法误判，提升其安全性。

（4）算法生成技术

生成对抗网络（GAN）：通过生成器与判别器的对抗训练，生成与真实数据分布一致的图像、点云等样本，扩展数据多样性。

神经辐射场（NeRF）：基于多视角图像重建3D场景，支持任意视角的渲染与动态物体插入，生成高真实度的数据合成。

强化学习场景生成：通过智能体与环境交互，自动生成挑战性场景（如多车连环紧急制动、行人突然横穿），加速算法迭代。

> **知识拓展**
>
> **自动驾驶数据合成典型应用**
>
> 1.长尾场景数据扩充（如事故现场）
>
> 现实交通中，事故现场等长尾场景虽发生概率低，却对自动驾驶系统的安全性至关重要。实际收集此类数据成本高、风险大且样本稀缺。通过仿真数据合成技术，可依据真实事故报告、物理模型等，精确复现事故发生时的道路环境、车辆状态、行人动态等细节，生成大量不同类型的事故场景数据。
>
> 2.传感器故障模拟（摄像头遮挡）
>
> 自动驾驶车辆依赖多种传感器感知周围环境，摄像头作为关键传感器之一，易受遮挡、污损等故障影响。利用仿真数据合成，能模拟摄像头被遮挡的各种情况，如被飞溅的泥土、异物遮挡部分或全部视野。
>
> 3.新车型的虚拟标定测试
>
> 新车型研发过程中，传感器布局、参数等可能与现有车型不同，需要进行大量标定测试。传统实车标定测试周期长、成本高。借助仿真数据合成，可在虚拟环境中构建新车型模型，快速设置不同道路场景、交通流量等条件，对新车型的传感器进行标定测试。

4.数据合成全链路体系架构

自动驾驶数据合成体系通过"生成层–管理层–应用层"三级架构，实现数据从"虚拟制造"到"价值释放"的全流程闭环。

生成层是数据合成的底层引擎，负责基于物理模型、算法模型与真实数据基底，批量生产虚拟样本。通过3D场景建模引擎构建道路、建筑、动态交通流等虚拟环境，结合传感器仿真技术（如激光雷达点云生成、摄像头图像渲染）模拟多源感知数据。

管理层是数据合成的资源调度中枢，承担数据存储、标注、质检、版本控制等全生命周期管理。通过分布式存储系统（如Ceph）与关系型数据库（如MySQL）分类存储场景库、模型库、样本库，支持按场景类型（如高速汇入、无保护左转）、数据模态（图像、点云）进行结构化索引。

应用层是数据合成的价值出口，直接服务于自动驾驶算法研发与测试验证。在训练阶段，将生成的不同天气（暴雨/暴雪）、光照（逆光/隧道）、场景复杂度（密集车流/突发障碍物）数据输入感知模型（如YOLOv8、PointPillars），提升算法对边缘案例的识别能力；在测试阶段，通过仿真平台（如CARLA、PreScan）将数据合成与少量实测数据融合，构建"数字孪生"测试环境，验证算法在极端工况（如传感器故障、通信中断）下的安全性。

> **想一想**
>
> 若要为山区雨雾天气的自动驾驶测试合成仿真数据，需重点考虑哪些环境与交通要素？如何借助AI技术让合成数据更贴合真实复杂场景，以提升算法适应性？

4.3.3 场景生成：自动驾驶仿真测试的"引擎"

案例导入

在自动驾驶发展浪潮中，场景生成堪称推动其前行的关键"引擎"，如图4-3-9所示。此前，某自动驾驶公司研发的车辆在山区道路实测时，频繁出现紧急制动、偏移车道等问题。经排查，因山区地形复杂、弯道多且落差大，真实场景采集数据有限，算法难以应对多样路况。而通过场景生成技术，利用AI模型模拟出不同坡度弯道、雨雾天气叠加落石突发状况等海量场景。经仿真测试优化算法后，车辆在山区路况应对能力显著提升，验证了场景生成对自动驾驶技术突破与安全落地的重要价值。

图4-3-9　自动驾驶仿真测试道路仿真场景

1.什么是自动驾驶场景生成？

自动驾驶场景生成是指通过计算机仿真技术，构建虚拟驾驶环境并定义动态交互逻辑的过程。它基于真实交通数据、物理规则或人工智能模型，合成包含道路结构、交通参与者（车辆、行人等）、环境条件（天气、光照）和驾驶行为（变道、避障等）的多样化测试场景，用于验证自动驾驶系统的感知、决策与控制能力。场景生成的核心目标是以高效、低成本的方式覆盖海量常规场景（如跟车、信号灯起停）和极端场景（如紧急制动、恶劣天气），弥补真实路测在安全性、可重复性和覆盖率上的不足。当前主流方法包括规则驱动（如OpenSCENARIO脚本）、数据驱动（如GAN生成对抗网络）和混合生成（如数字孪生+强化学习），其输出结果可直接接入CARLA、Prescan等仿真平台进行闭环测试。随着神经渲染和AI大模型的发展，场景生成正从静态参数化建模向动态智能演化升级。

> **TIPS 小贴士**
>
> 神经渲染是利用深度学习生成高保真虚拟场景的技术，通过AI模型动态合成逼真环境（如光照、天气），提升仿真测试的真实感和效率。

2. 自动驾驶场景生成的关键要素

自动驾驶场景生成通过模拟真实或虚构的交通环境，为自动驾驶算法提供丰富的训练与测试数据。以下将从静态环境、动态物体、环境条件、交互逻辑四个关键要素进行分析。

（1）静态环境

1）道路拓扑结构。道路拓扑结构决定了车辆行驶的基本路径。它包括道路类型，如高速公路、城市道路、乡村小道等，不同类型道路在车道数量、宽度、坡度等方面差异显著。此外，还包括路口类型，如十字路口、T形路口、环形路口等，它们是交通流汇聚与分散的关键节点，影响着车辆的行驶决策。

2）交通基础设施。交通基础设施为车辆和行人提供引导与约束，交通标志和标线清晰明确地传达着道路信息，如限速标志、车道指示箭头、人行横道线等。信号灯则控制着交通流的通行顺序，保障路口交通的有序进行。同时，护栏、隔离带等设施起到分隔车道、防止车辆随意变道的作用，确保行车安全。

（2）动态物体

1）车辆类型与行为。道路上行驶的车辆类型多样，包括轿车、货车、公交车、摩托车等，它们在尺寸、速度、行驶特性上各不相同。车辆的行为模式也丰富多样，正常行驶、变道、超车、停车等动作频繁发生，自动驾驶系统需要准确预测这些行为，以做出合理的决策。

2）行人与非机动车。行人和非机动车是交通场景中不可忽视的部分，其行为具有高度不确定性。行人可能突然横穿马路、在路口徘徊，非机动车如自行车、电动三轮车速度较快且行驶轨迹灵活。自动驾驶系统需要具备对行人和非机动车的实时感知与行为预测能力，以避免发生碰撞事故。

（3）环境条件

1）天气状况。天气状况对自动驾驶系统的感知和决策能力构成巨大挑战。例如晴天时光线充足，传感器性能良好；但雨天时，雨水会模糊摄像头镜头，降低激光雷达的探测精度。

2）光照条件。光照条件的变化也会影响自动驾驶系统的表现。白天强光可能导致摄像头成像过曝，夜晚光线不足则会使图像变得模糊，增加目标检测的难度。日出日落时，阳光直射摄像头可能产生眩光，干扰系统的视觉感知。

（4）交互逻辑

1）交通参与者协同。交通参与者之间的协同是保障交通顺畅与安全的关键。车辆之间需要保持安全车距、合理让行，行人与车辆之间也需遵循交通规则，相互礼让。自动驾驶系统需要理解并适应这种协同关系，与其他交通参与者进行有效的信息交互与行为协调。

2）交通规则遵循。交通规则是场景生成的底层逻辑，自动驾驶系统必须严格遵守。这包括遵守交通信号灯、限速规定、车道行驶规则等。在场景生成中，要确保各种交通规则得到准确体现，以训练自动驾驶系统在复杂交通环境中的合规行驶能力。

3.自动驾驶仿真测试场景生成方法

自动驾驶仿真测试场景生成是验证自动驾驶系统安全性和可靠性的关键技术手段。根据生成原理和技术路线的不同，主要可分为规则驱动生成、数据驱动生成和混合生成三大类方法，如图4-3-10所示。这些方法各具特点，在实际应用中往往需要相互配合，共同构建完整的测试场景库。

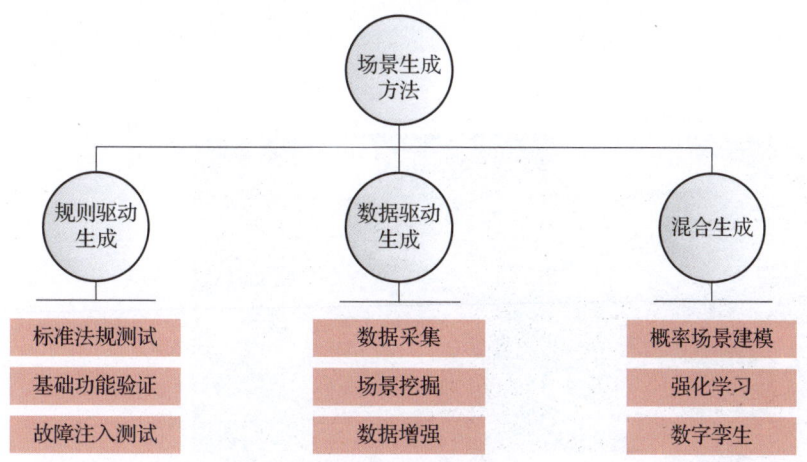

图4-3-10 自动驾驶仿真测试场景生成方法

规则驱动生成（Rule-based Generation）是基于专家知识和交通规则，通过预定义的逻辑和参数来构建测试场景的方法。这种方法具有明确的规范性和可重复性，是功能安全验证的基础。规则驱动的优势在于场景定义清晰、可解释性强，且执行效率高。然而其局限性也很明显：一方面依赖专家经验，难以覆盖所有可能的交互情况；另一方面生成的场景多样性有限，特别是对复杂交通参与者的行为模拟不够真实。

数据驱动生成（Data-driven Generation）利用真实道路采集的数据，通过机器学习等技术来自动提取和生成测试场景。这种方法能够更好地反映真实世界的复杂性，特别适合发现边缘案例。数据驱动方法的优势在于能够发现人工难以预见的危险场景，且生成结果更贴近现实。但同时也面临数据质量依赖性强、仿真保真度受限等挑战。典型的应用包括极端天气场景生成、复杂交互行为建模等。

混合生成（Hybrid Generation）结合了规则驱动和数据驱动的优势，通过智能算法实现更高效、更真实的场景构建。这是当前最前沿的研究方向，也是产业界重点投入的领域。主要技术路线包括：概率场景建模，使用贝叶斯网络等概率图模型来描述交通参与者的行为规律；强化学习，训练智能体在虚拟环境中自主演化出复杂交互场景；数字孪生，将高精地图与实时交通数据结合，构建动态仿真环境。

知识拓展

51Sim边缘场景合成数据项目

预期功能安全（SOTIF）是自动驾驶车辆落地的重要保障，部分边缘场景、复杂交通、恶劣天气状况等发生概率低、危险系数高，数据采集困难，且自动驾驶汽车感知依赖于多传感器联合标注，精准标注难、成本高。

51Sim边缘场景合成数据项目利用先进的仿真技术构建各类低概率、高风险的边缘场景，增加训练样本和多样性，提升感知算法泛化能力。基于场景自动生成技术，依托OpenDRIVE完备的对路网的定义以及标准化的拓展，快速实现城市、乡村或高速公路等静态场景生成，缩短场景构建时间，降低制作成本。动态场景生成基于自动驾驶仿真场景标准OpenSCENARIO，快速创建主机厂所需要的动态场景，并通过定义参数分布类型和取值范围，在仿真过程中生成各种变量，创建多样化的场景，融入行人走动、交通流量和密度的变化等更多动态元素，如图4-3-11所示。

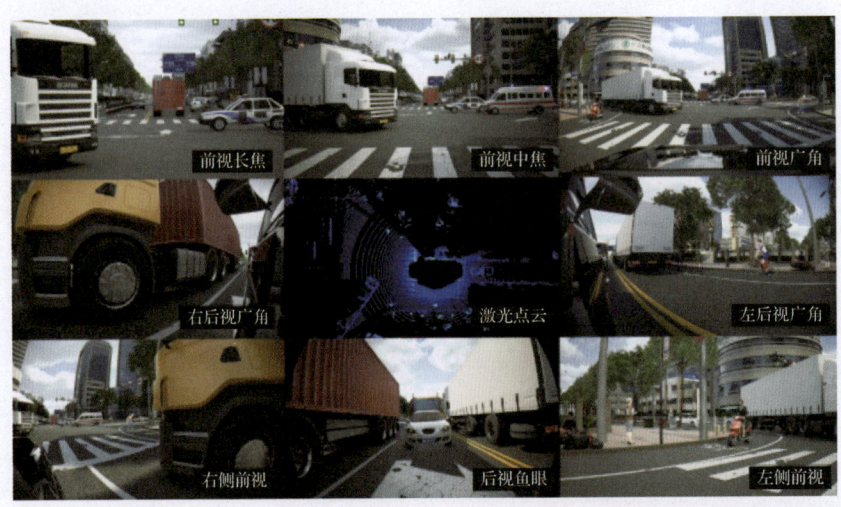

图4-3-11　51Sim利用合成技术生成的摄像头及激光点云数据

练习题

一、选择题

1. 自动驾驶场景生成关键要素不包括（　　）。
   A. 静态环境　　　　　　　　B. 动态物体
   C. 交通安全　　　　　　　　D. 交互逻辑

2. 以下关于自动驾驶仿真测试场景生成方法的说法，正确的是（　　）。
   A. 规则驱动生成不依赖专家知识，能覆盖所有可能的交互情况
   B. 数据驱动生成完全不依赖真实道路采集的数据
   C. 规则驱动生成具有明确的规范性和可重复性，是功能安全验证的基础，但场景多样性有限
   D. 数据驱动生成无法发现人工难以预见的危险场景

二、填空题

1. 自动驾驶数据合成体系通过_____、_____、_____三级架构，实现数据从"虚拟制造"到"价值释放"的全流程闭环。
2. 自动驾驶场景生成从静态环境、动态物体、环境条件、交互逻辑四个要素分析。静态环境包含道路拓扑结构和_____；动态物体有车辆类型与行为、行人与非机动车；环境条件有天气状况和_____；交互逻辑涵盖交通参与者协同和交通规则遵循。

三、简答题

请简述自动驾驶仿真测试的关键技术环节。

4.4 车路协同与智慧交通

传统交通出行长期面临多重发展瓶颈，交通设施安全保障能力相对薄弱、风险防控理念落后，多数地区仍依赖人工巡查和经验判断，缺乏大数据预警系统和智能监测设备，导致事故隐患发现滞后。在智慧交通系统的构建中，车路协同正经历从"单点智能"向"全局智能"的升级。通过AI技术对"车-路-云-网"全要素数据的融合解析，城市交通系统可首次实现毫秒级感知、秒级决策与分钟级动态优化的闭环控制。AI技术结合车路协同，通过智能路侧设备构建感知网络，可以让信号灯学会根据实时车流自我进化，用数据共享打破部门间的"隐形围墙"。

你是否想过：

1）能否通过AI预测提前规避拥堵，提高城市主干道的通行效率？
2）暴雨中的交通事故能否被路侧感知设备自动识别并开启应急车道？
3）公交车与私家车的路权分配，能否由AI根据实时载客量动态优化？

本节将深入探索AI如何赋能车路协同与交通出行，透过这些技术创新，我们将见证城市交通从"被动应急"到"主动免疫"、从"经验调控"到"算法治理"的质变过程。

4.4.1 初识车路协同：让交通参与者学会"沟通"

> **案例导入**
>
> **"聪明的车""智慧的路""强大的云"融合协同发展**
>
> 深圳市坪山区因串联居民区、产业园区和学校，长期面临早晚高峰拥堵（平均车速不足15km/h）、中小学周边事故频发（年均15起）、应急车辆通行效率低（延误率超40%）等问题。
>
> 2023年，政府在全长12km的"智慧交通走廊"试点车路协同系统（图4-4-1），路侧部署毫米波雷达、摄像头和边缘计算单元，实时采集车辆速度、轨迹、行人闯入等数据，通过5G网络传输至云端"交通大脑"，AI算法根据实时车流数据（如左转车道排队长度、路口等待时间）动态调整信号灯周期。针对全域143处节点进行网联化改造，以"组合拳"推进智慧交通工程建设。

1.传统交通管理的痛点

随着城市化进程的加速，交通拥堵、出行效率低下、交通事故频发等交通问题日益凸显。传统交通系统难以满足人民日益增长的出行需求和对高品质生活的追求，主要面临以下现实困境：

（1）人眼巡查的"延时危机" 由交警和摄像头组成的传统监测网，当交通事故、道路积水或车辆抛锚被发现时，拥堵长龙往往已形成。人工巡检难以捕捉瞬息万变的道路状况，更无法预判突发风险。

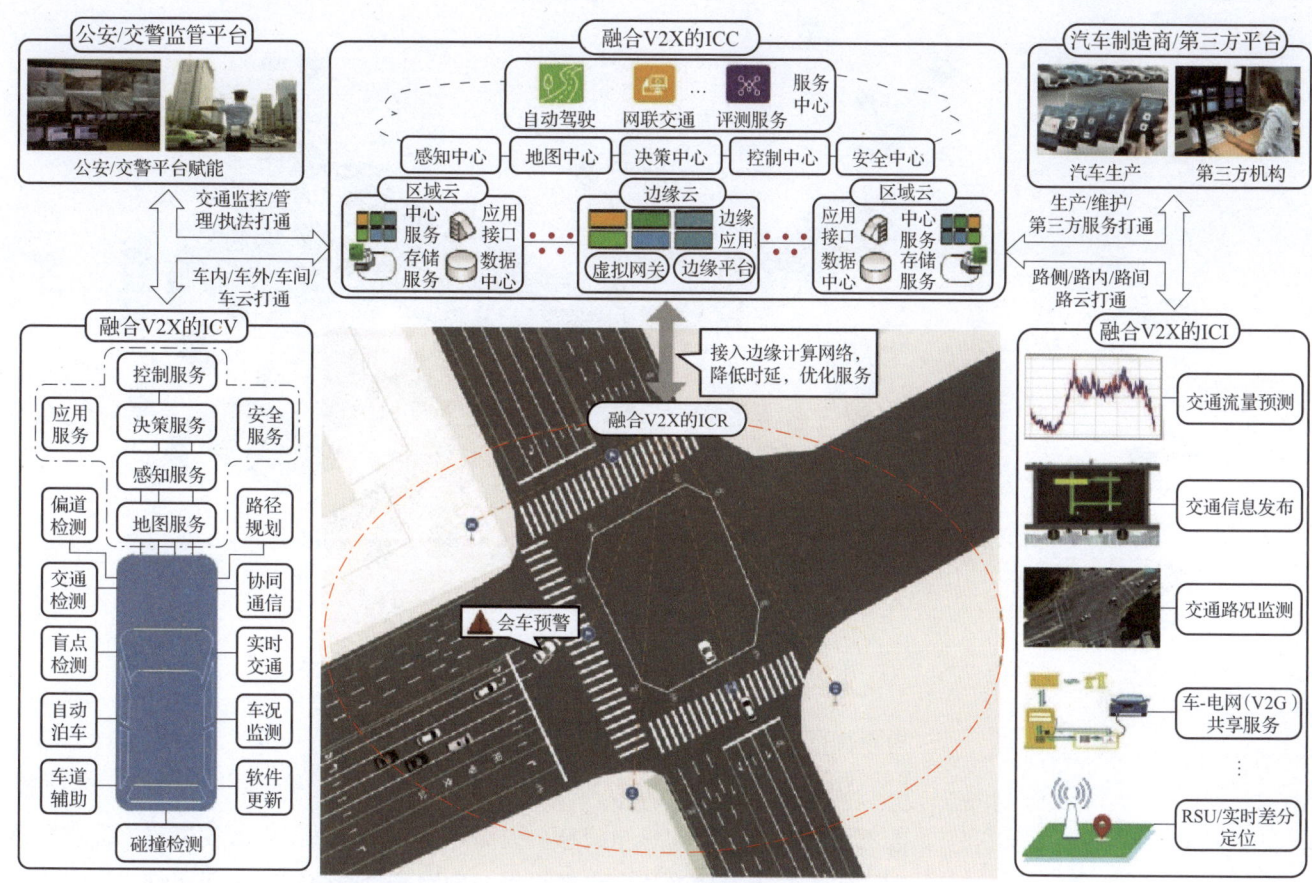

图 4-4-1　车路协同系统

（2）机械配时的"刻舟求剑"　固定周期的信号灯配时策略，加剧了动态车流下的资源错配。例如，早高峰左转车道排起 300 米长队时，它仍按清晨车流量分配 15 秒通行时间。

（3）数据孤岛的"盲人摸象"　道路摄像头、公交调度台、出租车 GPS 各自为政，交警看不到地铁客流暴增对路面的影响，公交公司掌握不了学校放学引发的临时拥堵，救护车调度中心更难实时获取全路网通行状态。

2.车路协同（V2X）

车路协同（Vehicle to Everything，V2X）技术作为智慧交通系统的核心驱动力之一，正引领着汽车行业迈向一个全新的智能互联时代。V2X 技术是指车辆与周围一切可能交互的对象进行信息通信的技术，它涵盖了车辆与车辆（V2V）、车辆与基础设施（V2I）、车辆与行人（V2P）、车辆与网络（V2N）等多种通信场景，为实现车与万物的智能互联提供了可能，如图 4-4-2 所示。车路协同已经成为智慧交通规划中的重要组成部分。

通过 V2X，车辆可以相互发送实时的安全和交通信息，例如车辆的位置、速度、加速度、转向意图等。这些信息可以帮助车辆和驾驶员更好地感知周围环境，并做出相应的决策。同时，V2X 还能够接收来自道路基础设施的信息，如交通信号灯状态、道路条件、施工区域等，为车辆和驾驶员提供

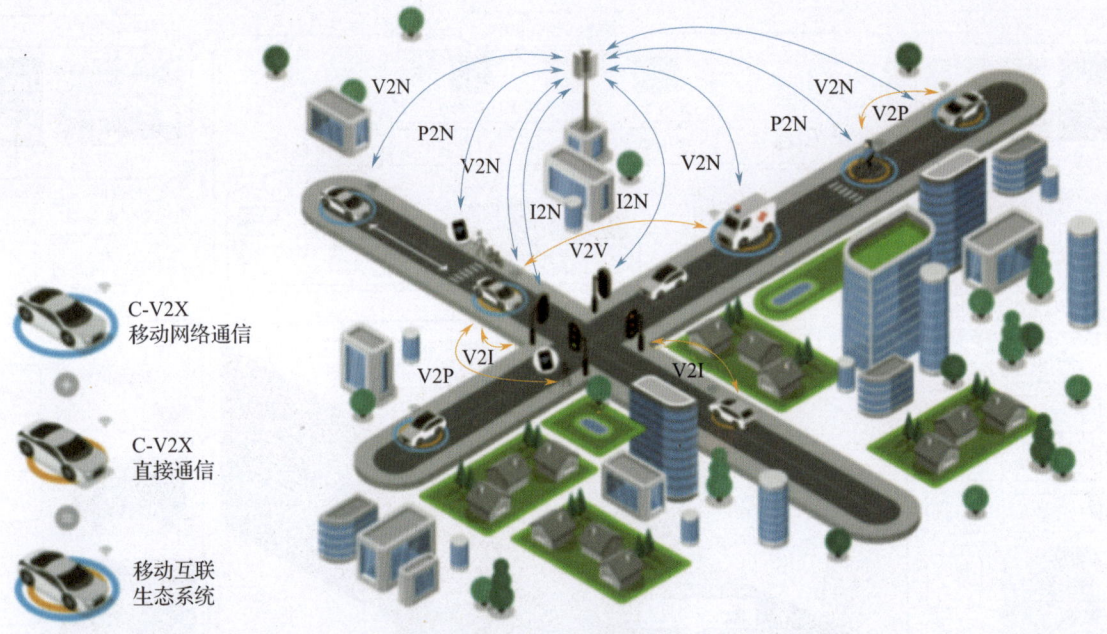

图4-4-2　V2X技术

更全面的交通状况。

V2X将"人、车、路、云"等交通参与要素有机地联系在一起，一方面能够获取更为丰富的感知信息，提高驾驶安全、降低事故发生率，促进智能网联汽车与无人驾驶技术实现；另一方面通过构建智慧交通系统，提升交通效率、改善交通管理、缓解环境污染等。

> **知识拓展**
>
> V2X的四种主要通信模式如图4-4-3所示。

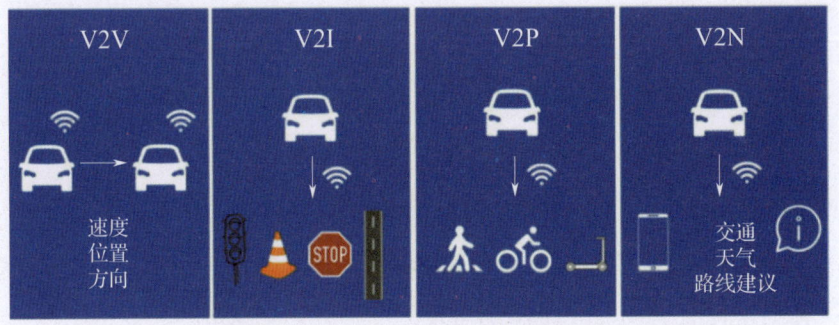

图4-4-3　V2X的四种主要通信模式

V2V指车载终端之间的通信，车载终端可以获取周围车辆的车速、位置、行车情况等信息。

V2I指车载设备与路侧基础设施（信号灯、交通摄像头、路侧单元）等进行通信，路侧基础设施可以获取附近车辆的信息并发布各种实时信息。

V2P指行人、骑行者等使用用户设备，比如手机，与车载设备进行通信。

V2N指车载设备通过接入网络与云平台连接，实现云平台与车辆之间进行数据交换，并对获取的数据进行存储和处理，提供车辆所需的应用服务。

V2X系统的主要设备包含车载终端单元（On-Board Unit，OBU）、路侧单元（Roadside Unit，RSU）、云平台等，如图4-4-4所示。要全面实现车路协同，人工智能技术在其中发挥关键作用。

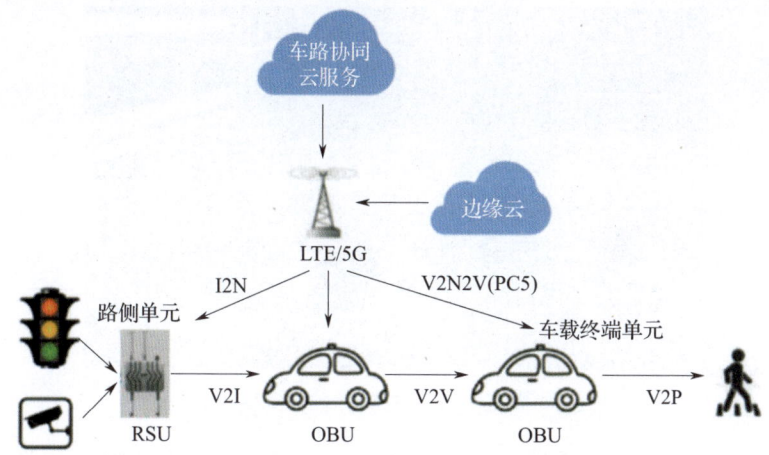

图4-4-4　V2X系统的主要设备

3. AI大模型如何赋能车路协同

AI大模型在解决车路协同领域中的一些关键挑战方面具有独特优势，包括复杂环境下的环境感知、动态交通流量的预测和管理、协调异构交通参与者的行为、实时数据共享和决策制定等。车路协同能够实时收集交通流量、气象条件、道路状况等多维数据，为AI大模型的算法优化提供丰富的训练样本。通过这些实时数据，AI可以进行交通流量预测、拥堵管理以及事故预警，有效提升交通系统的响应速度与智能化水平。

（1）复杂环境下的环境感知　在复杂的城市环境中，例如在拥挤的街道、复杂的交叉口、恶劣的天气条件下，传统的车路协同系统可能难以准确感知和理解环境。通过使用先进的深度学习算法和大规模训练数据，AI大模型能够更准确地识别和理解复杂环境中的各种对象和情境，如行人、自行车、其他车辆、道路标志和临时路障等。

（2）动态交通流量的预测和管理　预测和管理动态变化的交通流量是车路协同面临的一大挑战，尤其是在高峰时段或特殊事件（如道路施工或大型活动）期间。针对这一点，可以利用AI大模型强大的数据处理和分析能力，结合历史和实时交通数据，预测交通流量变化和潜在拥堵点，从而帮助优化交通信号控制和车辆路径规划。

（3）协调异构交通参与者的行为　在车路协同环境中，需要协调不同类型的交通参与者（如不同品牌和型号的车辆、非机动车、行人）的行为，这在传统系统中是一个挑战。AI大模型可以通过高级的模式识别和预测算法，理解和预测不同交通参与者的行为，从而有效地协调它们之间的交互，提高交通安全性和效率。

（4）实时数据共享和决策制定　实时收集、处理和共享大量数据，并据此做出快速决策，是车路协同系统面临的重要挑战。AI大模型借助其强大的计算能力和高效的算法，能够快速处理来自车辆、路侧基础设施和其他传感器的大量数据，并实时做出准确的决策。基于车路协同的环境感知如图4-4-5所示。

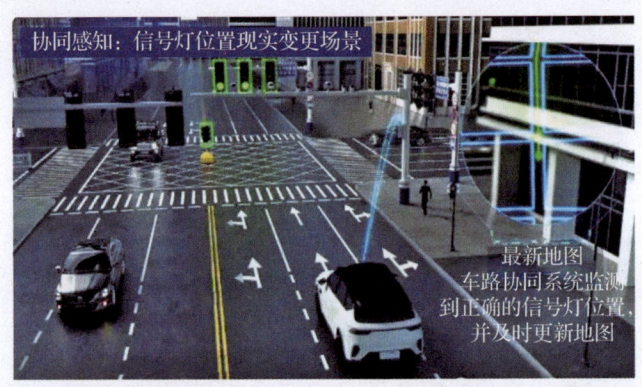

图4-4-5　基于车路协同的环境感知

（5）自适应学习和持续优化　随着城市交通环境和规则的不断变化，车路协同系统需要不断适应和优化。而AI大模型具有自我学习和适应的能力，可以根据新的数据和经验不断优化自己的算法和策略，以应对不断变化的交通环境。

4. AI在智慧交通领域的应用

（1）4D车道线数据标注在智慧交通中的应用　4D车道线数据标注，即对车道线在三维空间中的位置、形状，以及随时间变化的动态信息进行精确标记。与传统2D或3D车道线标注相比，4D标注不仅能捕捉车道线的空间几何特征，还能记录其在不同时间点的状态变化，如车道线的磨损、临时施工变更、潮汐车道切换等。

交通管理部门通过对4D标注数据的分析，能够实时掌握车道使用情况、交通流量变化规律，实现更精准的交通信号控制与疏导。例如，根据潮汐车道的4D数据，动态调整信号灯配时方案，缓解交通拥堵。此外，4D标注数据还可用于道路设施维护管理，通过监测车道线的磨损、损坏情况，及时安排维修，保障道路交通安全。

（2）大数据赋能智慧交通　智慧交通系统采集数据后逐层汇聚，首先是路侧设备的边缘计算机，然后是多层级的云端大型服务器。包括实时的流处理和定时的批处理。处理后的数据将按需逐层下发，其中一部分实时数据用于即时的交通管理决策，而另一部分经过批处理的数据则适用于对时效性要求较低的应用场景，例如交通违规处理系统或市政建设的中长期规划。一个典型的实时处理场景是，在信号灯处检测到过马路人群人数较多，或者检测到行动不便人员（移动速度检测），则适当延长行人绿灯时间。一个典型的长期决策场景是，在同一个信号灯处检测到过马路人群人数较多的次数在一年中的频次超过阈值，影响车流效率，则市政规划在此建设立交桥。

> **想一想**
>
> AI在智慧交通领域还有哪些应用场景？

> **知识拓展**
>
> 华为云的车路协同方案,通过路侧毫米波雷达、激光雷达与云端高精地图的实时融合,将路况感知半径从200m扩展到2km。"路侧的'眼睛'比车更多,云的'大脑'比车更聪明。"车路协同的复杂性远超想象:车端要毫秒级响应,路侧要海量数据处理,云端要全局调度。华为云的解法是"铁三角"——车端MDC计算平台、路侧边缘智能节点、云端智能驾驶云平台,三者通过华为云Stack实现无缝协同。
>
> 1. 车端:重新定义"车载大脑"
>
> 问界M9搭载的MDC 810计算平台,算力达400 TOPS,但算力只是基础。真正的突破在于,华为云将云端训练的高阶智驾模型(如GOD网络)通过增量学习技术"轻量化"部署到车端,让车辆在无网络环境下仍能精准识别异形障碍物。
>
> 2. 路侧:让道路"会思考"
>
> 在深圳坪山,华为云的路侧边缘节点堪称"隐形交警":通过5G+MEC(多接入边缘计算),单个节点可同时处理200辆车的实时数据,并将信号灯优化指令下发时延压缩至20ms内。更关键的是,华为云的"路端感知共享"技术,让低算力车辆也能借助路侧设备实现L4级感知能力。
>
> 3. 云端:全局智能的中枢
>
> 华为智能驾驶云平台Octopus(八爪鱼),日均处理数据量相当于10万部高清电影。与特斯拉Dojo纯靠"暴力"计算不同,Octopus的杀手锏是"仿真与现实的闭环":通过云端数字孪生系统,每天可生成100万千米虚拟路测里程,并自动筛选出0.1%的极端场景反哺车端算法。

4.4.2 AI大模型如何"看懂"交通?

> **案例导入**
>
> ### 破解城市拥堵密码:AI让城市道路更"耳聪目明"
>
> 某市东三环早高峰车流量达8000辆/h,远超道路承载极限(5000辆/h),高峰流量超载引发系统性拥堵,车辆平均车速降至12km/h,违规变道频次增加30%,剐蹭事故率上升25%,如图4-4-6所示。持续拥堵导致应急车辆通行受阻,救援响应延迟超8min,威胁公共安全。
>
> 当前,城市客运系统日均服务约3亿人次出行,要解决拥堵,交通基础设施建设的重点要从规模和数量,向质量和效益转变,这意味着"路"必须变得更"聪明"。
>
>
>
> 图4-4-6 早高峰交通现场

1. 火眼金睛+超级算力：AI大模型+边缘计算怎样融合分析交通信息？

AI大模型在智慧交通感知领域的"看懂"能力，本质上是通过多模态数据融合、空间重构与行为预测等技术创新，将交通场景中的复杂信息转化为可理解的语义化知识，进而实现从"看见"到"认知"的跨越。

1）多源异构数据整合。通过AI驱动的数据中台（Data Middle Platform）整合来自车辆传感器、道路监控设备（如摄像头、雷达）、气象站、用户终端（导航APP）等多源异构数据，统一数据格式和接口标准。通过AI构建交通场景知识图谱，将分散的道路状态、车辆行为、环境数据关联起来，形成全局动态视图。

2）边缘-云端协同计算。在路侧边缘节点部署轻量化AI模型（如交通流量预测、事故检测），实时处理本地数据；云端则进行全局优化（如路径规划、资源调度），减少数据传输延迟。

3）跨系统协同应用。开放标准化API接口，允许第三方开发者调用车路云融合数据（如实时路况、停车位信息），推动生态合作。

2. "未卜先知"？ AI大模型预测交通流量和潜在危险

（1）交通流量预测　AI大模型通过整合视频监控、毫米波雷达、地磁传感器、车载GPS等多类设备数据，形成覆盖道路、车辆、行人及环境的立体感知网络。采用多摄像头矩阵与三维重建技术，消除传统二维监控的盲区，将分散的视角拼接为连续的三维空间模型，实现交通参与者无感定位与轨迹追踪。AI大模型通过时空对齐算法，将视频流、雷达信号等异构数据进行融合，利用滑动窗口机制消除瞬时波动误差，并构建标准化时空矩阵，捕捉交通流量的时空关联性，进行交通流量预测。

（2）高风险行为识别与预警　基于计算机视觉的交通事故识别与预警，主要通过对图像或视频进行复杂的特征提取和模式匹配来实现。首先，通过对象检测算法，可以提取出交通场景中的车辆、行人等目标；然后，通过运动检测算法，可以分析目标的运动行为，如速度、方向等；最后，通过关联分析等技术，可以判断出是否出现交通事故。这一系列的处理步骤可以实时进行，从而及时发现可能出现的交通事故，并及时进行预警和处理。

（3）事故根因分析与预防　除计算机视觉外，机器学习在交通事故识别与预警中也发挥着重要作用。通过对大量的交通事故数据进行深度学习，可以建立起交通事故的分类模型和预警模型。这些模型可以根据交通场景中的不同特征来判断是否有交通事故的发生，从而提前采取相应的措施。通过对海量的历史事故数据，包括事故发生的时间、地点、当时的天气状况以及车辆类型等多维度信息进行深入挖掘与分析，大模型能够发现潜在的事故发生规律。例如，通过数据分析发现某路口在雨天时事故率会显著激增。基于这些分析结果，交通管理部门可以采取针对性的措施，如在该路口增设防滑路面、优化排水系统或者加强雨天交通疏导等，从根源上降低事故发生的概

> **想一想**
>
> 车路协同系统中，AI决策时边缘计算与云计算资源如何动态分配？当AI交通控制系统遭受网络攻击导致错误信号灯指令时，现有的冗余容灾机制能否快速完成系统切换？

率,提高道路交通安全水平。

4.4.3 AI当上"交通大管家":城市交通管理服务新体验

案例导入

十字路口的"信号灯革命"

网约车司机小李拉着乘客由东向西进入某市的核心地带十字路口,如图4-4-7所示,该路口早高峰期间南北向车流密集,而东西向多为支路,非高峰时段车流量极低。传统信号灯采用固定配时(南北向红灯120s,绿灯60s),导致非高峰时段南北向车辆常一直等红灯,而东西向绿灯却因无车通行被浪费,司机抱怨"干等红灯是常态"。

图4-4-7 十字路口的信号灯

1.红绿灯也懂"人情世故":AI动态优化信号配时

传统的信号灯大多是按照固定的时间间隔来切换的,不能根据实时交通流量进行灵活调整。而现在,AI技术给信号灯赋予了"智慧",让它们变得"聪明"起来。

AI信号灯系统就像是一个"智能指挥官",它通过传感器、摄像头等设备,实时收集路口各个方向的交通流量数据。然后,利用先进的算法对这些数据进行分析处理,根据实际交通情况动态调整信号灯的时长。比如,在某个路口,早高峰时段南北方向车流量大,东西方向车流量小,AI信号灯系统就会自动延长南北方向的绿灯时间,缩短东西方向的绿灯时间,让车辆能够更顺畅地通行,减少等待时间。

这种智能化的信号灯控制方式,相比传统信号灯,优势相当明显。它能让道路资源得到更合理的利用,提高路口的通行效率,有效缓解交通拥堵。据相关数据显示,一些城市在采用AI智能信号灯后,路口的通行效率提高了20%~30%,车辆的平均等待时间也大幅缩短。

2.上帝视角看交通:AI如何预测拥堵并"指点迷津"?

以前,交警想要了解交通状况,大多得靠人工巡逻或者简单的监控设备,效率低且很难做到全面覆盖。在此背景下,准确的交通流量预测便成了破解交通拥堵难题的关键一环,对于交通管理和疏导具有举足轻重的意义。

交通监控摄像头视频流是数据收集的重要来源之一,通过先进的视频分析技术,可以从视频流中准确提取车辆的数量、行驶速度、行驶方向等关键数据。基于深度学习算法的AI系统可对城市交通信息进行多维度解析,采用循环神经网络(RNN)、长短期记忆网络(LSTM)或图神经网络(GNN)等先进的深度学习模型,对交通流量独特的时空特征展开深入学习和预测。另外,巧妙结合大数据技术,将实时获取的交通数据与历史数据有机融合,能够进一步显著提高交通流量预测的准确性。通过时空特征提取技术,系统能精准识别交通流时空分布特征、车辆平均延误时长、路网饱和度等核心参数指标。其次,通过构建深度神经网络模型,系统可实现对交通态势的智能推演。基于精准的预测结果,交通部门便能迅速采取一系列针对性的疏导措施,如灵活调整公交线路、适时实施交通管制、及时发布交通诱导信息等,有效缓解交通拥堵,大幅提高城市交通的运行效率。

3.停车不再难,出行更方便:AI赋能停车与公交

(1)智能停车:解决停车难问题 AI技术在智能停车领域的应用正逐步破解城市停车难题,通过精准车位识别与引导、自动化管理与维护等创新模式,显著提升停车资源利用效率与用户体验,如图4-4-8所示。

1)精准车位识别与引导:利用基于大模型的计算机视觉技术,可以更精准地识别车位占用状态(即使在光线不佳、遮挡或恶劣天气下)、车辆类型,甚至检测违规停车(如占用消防通道、停入非指定区域)。系统能实时更新车位信息,并通过场内指示牌或用户APP引导驾驶员快速找到空位,优化场内交通流。

2)动态定价与需求预测:大模型可以分析历史停车数据、结合实时事件(如附近的大型活动、节假日)、天气、交通状况等多维信息,进行精准的需求预测。基于预测结果,停车场可以实施动态定价策略,在高峰期提高价格以调节流量和增加收入,在低谷期降低价格吸引车辆,最大化资源利

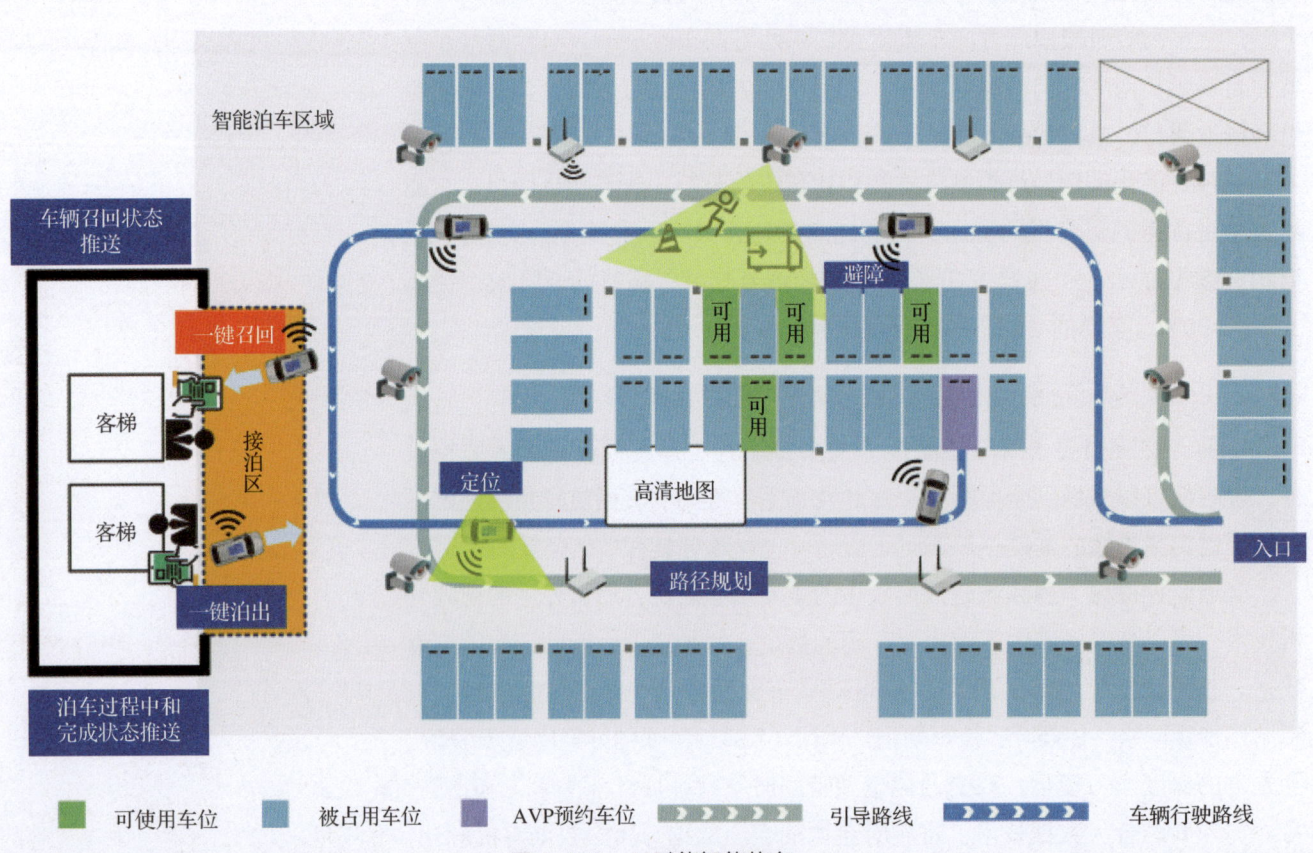

图4-4-8 AI赋能智能停车

用率。

3）自动化管理与维护：AI可以监控停车场设备的运行状态（如道闸、摄像头、支付终端），预测潜在故障并提前安排维护，减少宕机时间。自动化处理异常事件，如识别未成功支付的车辆、处理进出场问题等，减少人工干预。

4）异常事件检测与预警：AI大模型可以通过分析监控视频流，实时检测异常行为，如车辆碰撞、盗窃、人员徘徊、火灾烟雾等，并自动触发报警通知管理人员或相关部门。

（2）智能公交：提升公共交通吸引力　AI模型在智能公交领域的应用，通过技术创新与场景深度融合，显著提升了公共交通的服务效率、安全性和用户体验，从而增强了城市公共交通的吸引力。

1）智能调度与运营优化，提升效率与覆盖率。

AI调度中枢降低等待时间：利用AI模型构建"智能调度中枢"，结合实时天气、客流、车辆状态等数据，动态优化分时段运营计划，减少高峰时段乘客等待时间。智能排班系统的应用形成"数据-模型-业务"闭环，显著提升运营效率和服务质量。

线网优化与客流预测：AI大模型通过分析高精度网格内的客流规律，优化线路重复度与运力分配；通过AI算法预判信号灯变化，动态调整车速，减少因红灯停车造成的延误，提升运行效率。

2）协同城市交通生态。

多模式交通联动：探索公交与地铁、共享单车的接驳优化，通过AI生成线路优化建议，构建智慧出行生态圈；通过AI模型分析大客流走廊，整合可调整站点，提升换乘便利性。

绿色与可持续发展：AI优化车辆调度和能耗管理（如燃料消耗分析），降低空驶率和碳排放，助力绿色城市建设。

> **想一想**
>
> AI算法对车位供需的精准预测与动态调度是如何实现的？

练习题

一、选择题

1. V2X是指（　　）。
   A. 车辆对外界的信息交换　　B. 车辆之间的信息交换
   C. 车辆与行人的信息交换　　D. 车辆安全

2. V2X的主要设备不包括（　　）。
   A. 车载终端单元　　B. 路侧单元
   C. 发动机电子控制单元　　D. 云平台

二、填空题

1. V2N指的是_____，V2V指的是_____，V2I指的是_____。
2. AI大模型在智慧交通感知领域的"看懂"能力，本质上是通过_____、_____等技术创新，将交通场景中的复杂信息转化为可理解的语义化知识。

三、简答题

1. 简述AI模型如何感知交通环境信息。
2. 简述AI模型在智慧交通管理方面的应用。

实践任务1：评判当前的ADAS技术

【任务目标】

ADAS技术路线差异显著，通过搜集不同ADAS工作过程，讨论不同ADAS表现、优点和潜在风险。

【任务要求】

1. 搜集不同品牌ADAS方案。
2. 熟悉ADAS核心功能，分析不同品牌ADAS优缺点及风险。
3. 具体要求如下：

1）搜集的系统性：信息搜集要全面覆盖主要品牌和供应商；功能理解和分析要结构清晰、维度完整。

2）确保准确性：确保品牌名称、系统名称、功能定义、技术参数等信息的准确无误，区分官方宣传与实际表现。

3）确保客观性：优缺点和风险分析应基于事实、评测数据和行业共识，避免主观臆断或品牌偏见。既要看到优势，也要正视不足和风险。

4）确保实效性：ADAS技术发展迅速，务必关注最新的系统版本、评测结果和行业动态。

【成果形式】

成果形式可以是下面两种形式之一：

1. 设计一个不同ADAS对比方案（PPT形式）。
2. 不同品牌ADAS功能分析报告。

【实践指导】

扫一扫

实践步骤

实践任务2：调研你所在城市的V2X智慧交通项目

【任务目标】

通过文献查阅、实地考察和访谈，深入了解所在城市V2X（车路协同）智慧交通项目的建设现状、技术应用及社会效益，分析其创新性与挑战，并提出优化建议。

【任务要求】

1. 结合实地观察，说明某一场景如何体现V2X的价值（例：某路口通过RSU推送实时信号灯信息，减少车辆急刹频率）。

2. 挑战分析当前V2X面临的问题（如设备成本高、数据隐私争议、技术标准不统一）。

3. 拓展思考题（选做）

1）若V2X系统与现有交通信号系统冲突，如何协调优化？

2）如何提升市民对V2X技术的信任度？提出3条具体措施。

3）未来V2X能否与自动驾驶技术深度融合？说明技术难点与突破方向。

【成果形式】

成果形式可以是下面两种形式之一：

1. 调研报告：包含背景、方法、数据分析与建议的完整文档（PDF或Word形式）。

2. 可视化展示：PPT或信息图，突出项目亮点与社会效益。

3. 短视频记录：剪辑实地考察片段与访谈内容，用于公众科普宣传。

【实践指导】

实践步骤

参考文献

[1] 张宇飞，王春波，段佳冬.智能网联汽车先进驾驶辅助系统原理及应用［M］.北京：机械工业出版社，2022.

[2] 马晓雪，赵杨.智慧交通发展中的AI赋能路径研究［R］.北京：国家工业信息安全发展研究中心，2022.

[3] 宋伟，张杨.人工智能技术在智慧交通中的运用分析［J］.数字技术与应用，2019，37（6）：203+205.

[4] 马鑫.李克强院士谈单车智能与"车路云一体化"辩证关系［N］.中国汽车报，2025-04-17.

[5] 华明思."十四五"：我国基本形成"123出行交通圈"［J］.中华建设，2022（2）：16-17.

[6] 汪春华，翟红杰.人工智能技术在无人驾驶汽车中的应用［J］.信息与电脑（理论版），2023（11）：211-213.

[7] 陈金晶.人工智能技术在无人驾驶汽车领域的应用［J］.汽车测试报告，2023（8）：37-39.

[8] 赵福利.人工智能技术在汽车无人驾驶功能中的运用与挑战［J］.中国新通信，2022（13）：59-61.

[9] 张海涛，张敏，张继文，等.人工智能时代下智能网联汽车的发展与应用探索［J］.科技创新与应用，2023（29）：181-184.

[10] 农彩年.浅析人工智能和大数据技术在自动驾驶中的应用［J］.汽车维修技师，2024（10）：12-13.

[11] 王帅，杨林.人工智能技术在汽车自动驾驶系统中的应用［J］.汽车测试报告，2024（6）：28-30.

[12] 张志芳.人工智能技术在汽车安全与辅助驾驶中的应用［J］.电子技术，2023，52（12）：160-161.

[13] 谭时明.人工智能在汽车自动驾驶系统中的应用［J］.汽车测试报告，2023（11）：40-42.

[14] 王润民，朱宇，赵祥模，等．自动驾驶测试场景研究进展［J］.交通运输工程学报，2021，21（2）：21-37.

[15] 邓伟文，李江坤，任秉韬，等．面向自动驾驶的仿真场景自动生成方法综述[J].中国公路学报，2022，35（1）：316-333.

[16] 陈吉清，舒孝雄，兰凤崇，等．典型危险事故特征的自动驾驶测试场景构建［J］.华南理工大学学报（自然科学版），2021，49（5）：1-8.

[17] 朱冰，范天昕，赵健，等．基于危险边界搜索的自动驾驶系统加速测试方法［J］.吉林大学学报（工学版），2023，53（3）：704-712.

[18] 马亚芳，王文杰，顾可，等．智能网联汽车自动驾驶功能测试分析［J］.时代汽车，2021（23）：38-39.

[19] 王潇屹，李俊成，马雪寒．自动驾驶汽车感知系统测试用例构建方法研究［J］.质量与标准化，2022（1）：51-54.

[20] 马依宁，姜为，吴靖宇，等．基于不同风格行驶模型的自动驾驶仿真测试自演绎场景研究［J］.中国公路学报，2023，36（2）：216-228.

[21] 王鑫鹏，陈志军，吴超仲，等.考虑驾驶风格的智能车自主驾驶决策方法［J］.交通信息与安全，2020，38（2）：37-46.

[22] 张宇飞，王春波，段佳冬.智能网联汽车先进驾驶辅助系统原理及应用［M］.北京：机械工业出版社，2022.

[23] 丁飞，张楠，李升波，等.智能网联车路云协同系统架构与关键技术研究综述［J］.自动化学报，2022，48（12）：2863-2885.

第 5 章
服务进化：
AI 引领汽车服务新生态

在人工智能飞速发展的当今，汽车不仅仅是一种交通工具，更是一个与人深度连接的智能体。通过前面几个章节的学习，相信读者已经熟悉，汽车产业相关的设计、研发、生产、制造等各个环节，都有人工智能赋能的影子。实际上，在汽车后市场环节，人工智能也已经在悄无声息地渗透着。

本章将通过几个典型的智能应用场景，介绍人工智能在汽车维修、保险定损、个性化服务和二手车交易等方面的应用，引导读者进一步学习人工智能赋能汽车产业后市场的方方面面。

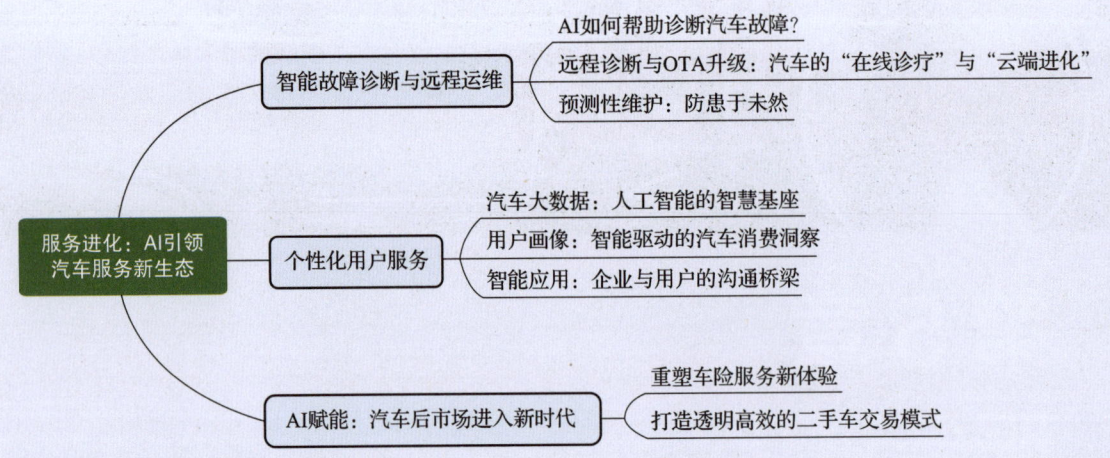

1. 掌握 AI 赋能汽车故障诊断的原理与优势。
2. 了解远程诊断与 OTA 升级的概念、流程和关键技术。
3. 熟悉 AI 预测性维护的作用及核心技术。
4. 理解汽车大数据的概念及其特征。
5. 熟悉汽车大数据的存储分类及其应用场景与技术实现。
6. 掌握用户画像的构建逻辑，包括数据清洗、行为规律分析、动态标签更新及群体特征挖掘。
7. 了解大语言模型在汽车服务中的智能应用，包括语义理解、增强检索及个性化交流技术。
8. 能复述知识库构建的基本流程和讲述智能定损背后的基本原理。
9. 会讲述 AI 赋能汽车理赔的过程。
10. 能设计一种智能体方案，并应用于保险定损，提升工作效率。
11. 能够自行设计文本，使用数字人技术生成车辆展示视频。
12. 具备运用 AI 技术解决汽车故障诊断问题的逻辑思维。
13. 能够将汽车大数据分析、用户画像构建等技能迁移至保险定价等场景，推动数据价值复用。

5.1 智能故障诊断与远程运维

在汽车行业,智能化转型的浪潮正汹涌而来,汽车售后服务领域也随之发生着翻天覆地的变化。AI技术作为这股浪潮中的核心驱动力,正深度赋能汽车维修等关键环节,为整个行业带来了前所未有的效率提升与体验革新。本节将聚焦AI在汽车故障诊断方面的应用,带你深入探寻其背后的奥秘。

一直以来,汽车故障诊断主要依靠人工经验,这种传统模式不仅效率低下,而且准确性难以保证。但如今,AI的介入彻底打破了这一局面。AI凭借强大的数据处理能力和智能算法,能够让汽车拥有类似"自我诊断"的神奇能力。你是否好奇:

1)AI是怎样从汽车运行时产生的海量数据里,精准找出故障线索的?

2)OTA升级是怎样让汽车在"云端"实现功能新增、性能优化和故障修复的?

3)预测性维护是怎样突破传统维护模式的局限,做到精准预测汽车故障的?

接下来,让我们一同揭开AI助力汽车故障诊断的神秘面纱,感受这场由AI引领的汽车故障诊断领域的深刻变革。

5.1.1 AI如何帮助诊断汽车故障?

> **案例导入**
>
> **发动机突发异常,传统诊断陷入困境**
>
> 周末,热爱自驾游的赵先生驾驶爱车前往郊外游玩。返程途中,车辆发动机突然出现剧烈抖动,动力明显下降,还伴随着异常声响。赵先生心里一紧,赶忙将车停靠在安全地带。
>
> 他联系了附近的维修店,维修人员赶到现场后,先是凭借经验趴在发动机旁听了听声音,然后连接诊断仪查看故障码。但故障码显示的信息模棱两可,如图5-1-1所示,维修人员只能一边查阅维修手册,一边皱着眉头思考。由于现场工具和资料有限,维修人员无法确定具体故障原因,告知赵先生需要将车拖回店里进一步检查。赵先生无奈之下,只能等待拖车,原本愉快的周末瞬间变得糟糕透顶。而且他心里十分担心,不知道车辆维修需要花费多少钱,更不清楚维修后是否还会出现其他故障。这一经历凸显出传统汽车故障诊断方式在面对复杂故障时的局限性,那么AI诊断能否带来不一样的解决方案呢?

故障码	含义
P0101	质量或体积空气流量电路范围/性能问题
P0300	检测到随机/多个气缸失火
P0420	催化剂系统效率低于阈值
P0507	怠速控制系统转速过高
P0700	变速器控制系统故障
P1680	发动机控制模块(ECM)通信电路低
P2175	可变气门正时控制系统性能
P3009	制动踏板位置传感器A电路范围/性能
B0011	ABS控制模块内部错误
C1001	ESP控制模块内部错误
DTC C128	自动变速器油温度过高
U0101	驾驶员侧前空气囊信号电路低
F011	空调制冷剂压力过低
G041	车身控制模块通信丢失

图5-1-1 车辆故障码

1.传统汽车故障诊断的基本流程与核心痛点

在AI技术广泛应用于汽车故障诊断之前，传统的汽车故障诊断主要依赖维修人员的经验和一些基础的工具设备，其基本流程如图5-1-2所示。

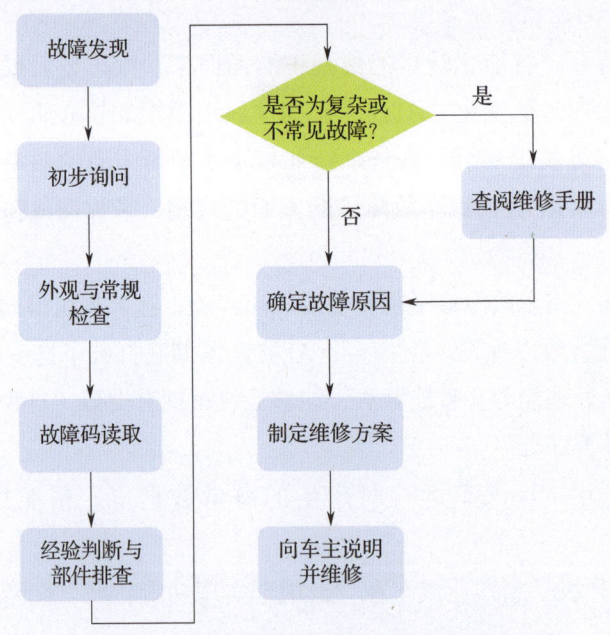

图5-1-2　传统汽车故障诊断的基本流程

虽然传统汽车故障诊断流程也能够解决车辆的故障问题，但随着汽车技术的不断发展，车辆的电子系统和机械结构变得越来越复杂，传统诊断方式的局限性也日益凸显。从实际应用来看，传统汽车故障诊断存在效率低、准确性差、依赖人工经验等显著问题。

效率方面，整个诊断流程繁琐，依赖人工操作，从发现故障到确定维修方案，往往需要较长时间。例如发动机故障诊断，维修师傅要先听声音判断故障大致方向，再连接诊断仪读取故障码，之后查阅维修手册，每个环节都需要耗费不少时间。而且不同车型的故障码含义不同，维修手册内容繁多，查找对应信息耗时费力。当遇到复杂故障，多个故障码同时出现时，确定故障原因更是困难重重，整个诊断过程可能持续数小时甚至数天，严重影响车辆的正常使用。

准确性上，诊断标准主要依赖维修师傅的个人经验，缺乏统一规范。不同师傅的经验水平和判断方式存在差异，对于同一故障的诊断结果可能大相径庭。比如发动机轻微抖动的故障，有的师傅可能认为是火花塞问题，有的则觉得是喷油嘴故障，这就导致维修方向不明确，可能出现误判误修的情况，既浪费时间和金钱，还可能无法真正解决问题。

另外，传统诊断方式极度依赖人工，对维修师傅的专业技能要求极高。经验不足的师傅在面对复杂故障时，往往难以准确判断。而且人工诊断受主观因素影响大，师傅的身体状态、情绪等都可能干扰判断。用户期望能够有一种快速、准确且不受人为因素干扰的诊断方式，减少车辆维修时间和成本，保障出行顺畅。

2. AI赋能：开启智能诊断新纪元

随着人工智能技术的蓬勃发展，汽车故障诊断迎来了全新变革，传统诊断方式正被智能化手段深度重塑。AI凭借在数据处理、模式识别等方面的强大能力，为汽车故障诊断注入新活力，推动行业迈向"智能诊断"新时代。

在传统诊断中，依赖人工经验判断故障，效率低、误差大。引入AI技术后，车载传感器持续采集车辆运行数据，如发动机转速、油温、尾气排放数据等。AI算法对这些数据进行实时分析，能快速精准定位故障。以发动机故障为例，AI系统可在发现数据异常后，通过深度学习模型对比大量正常与故障数据样本，迅速判断是某个零部件损坏还是系统参数异常，诊断时间从以往的数小时缩短至几分钟。

AI诊断不仅高效，还具备高度自动化和准确性。它不受主观因素影响，只要数据准确，就能给出稳定可靠的诊断结果。比如判断发动机某部件故障，AI系统会综合多传感器数据，从不同维度分析，避免人工单一判断的局限。而且，AI系统能自动生成详细维修方案，包括所需更换零部件、维修步骤和预计费用等，为维修人员提供清晰指导。

在实际应用中，某品牌汽车搭载的AI诊断系统，当车辆出现故障时，车主通过手机APP上传故障数据，系统秒级响应，快速诊断并推送维修建议。车主根据建议前往维修店，维修人员依据AI提供的方案迅速维修，大幅缩短维修时间，提升用户体验。汽车故障智能诊断基本流程如图5-1-3所示。

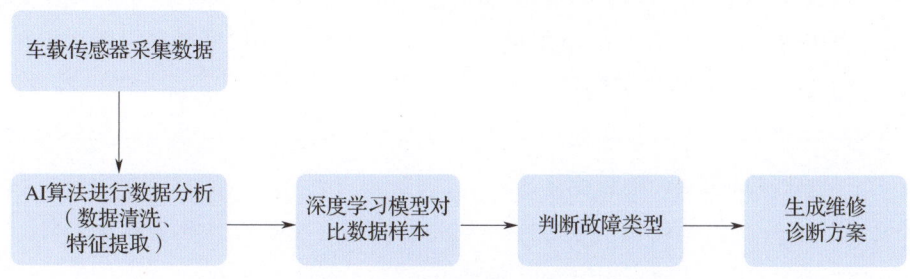

图5-1-3 汽车故障智能诊断的基本流程

整体而言，基于AI的汽车故障诊断呈现诸多优势：

1）自动化程度高：从数据采集分析到诊断结果输出、维修方案生成，多环节自动完成，减少人工干预。

2）响应速度快：能在短时间内处理海量数据，实现快速诊断，及时发现潜在故障隐患。

3）诊断精准度高：基于大数据和深度学习模型，诊断结果更准确，降低误判风险。

4）可扩展性强：随着数据积累和算法优化，诊断能力不断提升，适应更多复杂故障诊断。

TIPS 小贴士

CAN总线是车辆电子设备的通信协议，由博世开发，解决多电子控制单元（ECU）间高效通信问题。特点为多主控制、优先级传输、抗干扰强，能减少线束、降低成本。汽车中发动机、ABS等通过它交换数据，是车载电子"神经网络"，也用于工业等领域。

3.技术原理剖析：AI汽车故障诊断系统的核心机制

（1）数据采集：汽车的"数据感知"　AI汽车故障诊断的基础是数据采集，各类传感器是实现数据采集的关键。传感器实时监测车辆运行状态，采集多方面数据。如发动机管理系统中的传感器采集发动机转速、进气量、燃油喷射量等数据；底盘部分的传感器监测车速、车轮转速、转向角度等；车身传感器则关注车内温度、湿度、灯光状态等。这些数据反映了汽车各部件实时工作状态，可为故障诊断提供依据，如图5-1-4所示。

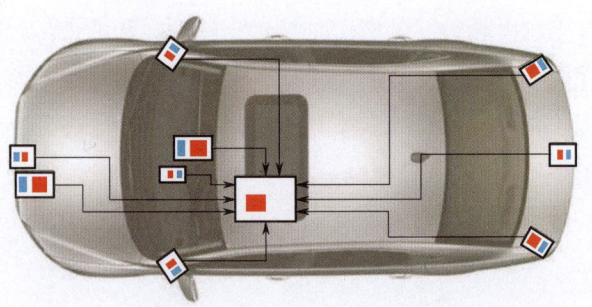

图5-1-4　多传感器数据采集

不同类型传感器采集数据方式和原理各异。温度传感器利用热敏电阻随温度变化电阻值改变的特性测量温度；压力传感器通过压敏元件将压力转换为电信号；速度传感器则基于电磁感应或光电原理测量物体运动速度。采集到的数据通过车载网络（如CAN总线）传输给车载电脑或诊断系统，进行后续处理和分析。

在数据采集过程中，为确保数据质量和可靠性，需进行数据校验和纠错。例如采用冗余设计，安装多个相同或互补传感器，相互验证数据准确性；运用数据校验算法，检查数据完整性和正确性，发现错误及时纠正或标记，为后续精确诊断提供保障。

知识拓展

AI诊断模型训练数据来源

AI诊断模型训练的准确性和可靠性，高度依赖优质的数据样本和先进的训练技术。其数据样本主要来源于以下几个方面：

1）故障车辆运行数据：车辆运行时，各类传感器持续采集如发动机转速、温度、压力、车速等数据。在故障发生期间，这些数据呈现出异常波动，记录这些波动数据，能让模型学习到故障状态下车辆的运行特征，例如发动机故障时转速的异常变化模式。

2）维修记录：详细的维修记录包含了车辆故障现象、维修措施以及更换的零部件等信息。通过分析维修记录，模型可以了解针对不同故障所采取的有效维修方式，进而在诊断时提供更具针对性的维修建议。

3）专家诊断案例：专家凭借深厚的专业知识和丰富经验所做出的诊断，为模型训练提供了精准的参考依据。这些案例能帮助模型学习专家在面对复杂故障时的分析思路和判断方法，提升自身诊断的准确性。

（2）故障特征提取：挖掘数据中的故障线索　采集的数据包含大量信息，但并非都与故障直接相关，需提取故障特征。故障特征是能反映故障存在和类型的关键数据特征。以发动机故障为例，故障特征可能是特定频率段的振动幅值、某些传感器数据的变化趋势、特定工况下的排放成分异常等。

常用故障特征提取方法有信号处理技术和机器学习方法。信号处理技术如傅里叶变换，将时域信号转换为频域信号，分析不同频率成分，找出故障相关频率特征。例如发动机正常运行和故障时，振动信号频率成分不同，通过傅里叶变换可提取故障特征频率。小波变换则能在不同时间和频率尺度上分析信号，捕捉信号局部特征，适用于分析非平稳信号，如发动机起动和加速过程中的故障特征提取。

机器学习方法如主成分分析（PCA），通过线性变换将高维数据降维，提取主要成分，去除噪声和冗余信息，保留关键故障特征。聚类分析则将数据按相似性分类，发现数据中的潜在模式和结构，帮助识别故障类型和特征。这些方法从不同角度提取故障特征，为后续故障诊断模型提供有效输入，如图5-1-5所示。

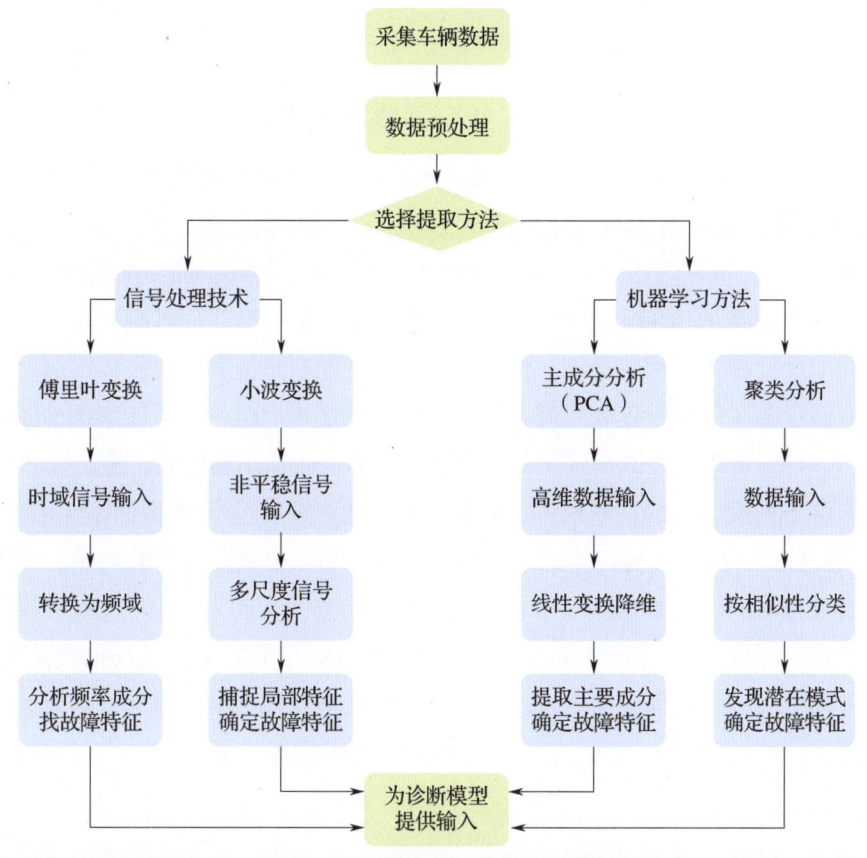

图5-1-5　故障特征提取基本流程

（3）诊断模型构建：让AI学会诊断故障　诊断模型是AI汽车故障诊断的核心，根据不同原理和应用场景可分为多种类型，其基本流程如图5-1-6所示。

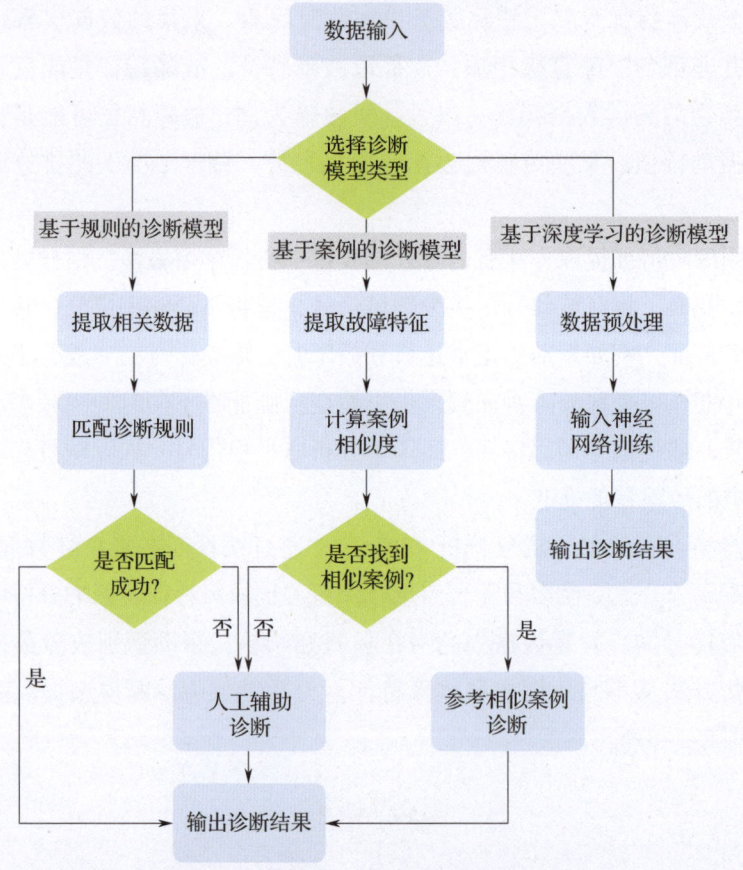

图5-1-6 基于AI汽车故障诊断的基本流程

基于规则的诊断模型依据专家经验和领域知识制定诊断规则。例如发动机冷却液温度持续高于某阈值且冷却液液位正常,诊断为散热系统故障。这种模型简单直观,解释性强,但依赖专家知识,难以应对复杂多变的故障情况。

基于案例的诊断模型存储大量已解决的故障案例,遇到新故障时,通过相似度计算查找相似案例,借鉴解决方案。如某车型发动机故障案例,记录故障现象、诊断过程和维修方法,新故障与之相似时,参考该案例诊断维修。该模型适用于故障模式相似的场景,但案例库需不断更新扩充。

基于深度学习的诊断模型,如前文提到的CNN、循环神经网络(RNN)及其变体LSTM等,通过构建多层神经网络自动学习数据特征和规律。RNN适合处理时间序列数据,如车辆运行过程中的连续传感器数据,LSTM则解决了RNN在处理长序列数据时的梯度消失问题,能更好捕捉长期依赖关系,在发动机故障预测等方面表现出色。这些深度学习模型具有强大的学习和泛化能力,能处理复杂故障诊断任务,但模型结构复杂,训练需要大量数据和计算资源。

(4)模型训练与优化:不断提升诊断能力 AI汽车故障诊断模型的性能依赖大量训练数据和持续优化。训练数据包括正常车辆运行数据和各类故障车辆数据,数据质量和规模影响模型学习效果。高质量数据需准确标注故障类型、严重程度等信息。例如采集大量发动机不同故障状态下的传感器数据,并标注对应的故障原因,为模型训练提供准确样本。

模型训练过程中，选择合适的优化算法调整模型参数，使模型输出更接近真实结果。常用的优化算法有随机梯度下降（SGD）算法及其变种Adagrad、Adadelta、Adam等算法。这些算法通过迭代更新模型参数，最小化损失函数，提高模型性能。例如，Adam算法自适应调整学习率，加快模型收敛速度，提高训练效率。

模型评估是训练过程中的重要环节，通过多种评估指标衡量模型性能。准确率反映模型正确诊断故障的比例；召回率体现模型检测出实际故障的能力；F1值综合考虑准确率和召回率。此外，还可通过混淆矩阵直观展示模型在不同故障类别上的诊断情况，分析模型优势和不足，针对性优化改进。

为防止模型过拟合，可采用数据增强、正则化等技术。数据增强通过对原始数据进行变换，如旋转、缩放、添加噪声等，扩充数据量，增加模型训练样本多样性。正则化方法如L1和L2正则化，在损失函数中添加正则化项，约束模型复杂度，防止模型过度拟合训练数据，提高模型泛化能力。

综上所述，AI汽车故障诊断系统通过数据采集、故障特征提取、诊断模型构建、训练与优化等环节协同工作，实现高效准确的故障诊断。随着技术不断发展，AI汽车故障诊断将更加智能、可靠，为汽车行业发展和用户出行安全提供有力支持。

> **想一想**
>
> AI诊断能否完全取代经验丰富的维修师傅？在极端复杂故障或多种故障并发情况下，AI诊断的准确性如何保障？
>
> ....
> ....
> ....

5.1.2 远程诊断与OTA升级：汽车的"在线诊疗"与"云端进化"

案例导入

深夜，李女士驾驶新能源汽车行驶在高速公路上时，仪表盘上的电池故障警告灯突然亮起，车辆动力输出骤降。她将车停至应急车道后，通过车载系统一键触发了远程诊断服务。云端平台实时接收车辆上传的温度、电压、电流等数据，如图5-1-7所示，结合AI算法分析，迅速锁定故障原因为某电池模组温度异常。系统自动推送临时解决方案：降低行驶功率并导航至最近的服务站。同时，服务站技术人员通过远程访问车辆日志，确认无需拖车即可修复。李女士按照指引安全抵达服务站，仅用30分钟便完成电池模组更换。次日，车辆还通过OTA升级优化了电池管理系统的温控逻辑，消除了隐患。这一案例展现了远程诊断与OTA升级如何高效解决突发故障，重塑用户体验。

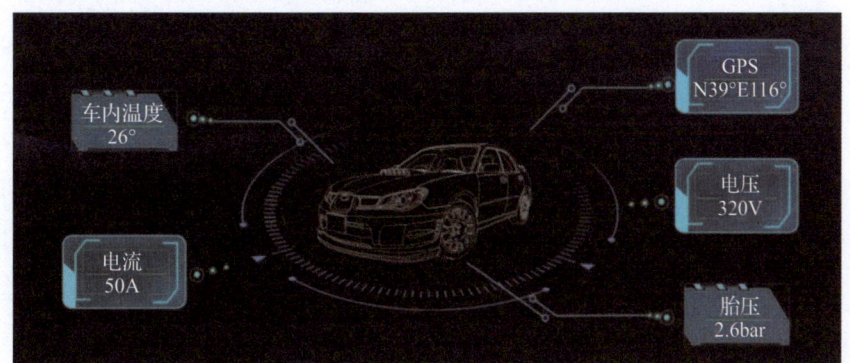

图5-1-7　实时上传的车辆数据

1. 远程诊断与OTA升级的核心概念

远程诊断：通过车载通信模块（如4G/5G、V2X）实时上传车辆运行数据至云端平台，结合AI算法分析故障原因，并提供维修建议或远程修复的技术。其本质是"在线诊疗"，打破地理限制，实现故障的即时响应。

OTA（Over-The-Air）升级：通过无线网络对车辆软件系统（如ECU固件、车载娱乐系统、自动驾驶算法）进行远程更新，实现功能新增、性能优化或漏洞修复。其核心是"云端进化"，赋予汽车持续迭代的能力。

2. 远程诊断与OTA升级的技术流程

以往，远程诊断依赖人工，面对复杂故障时，诊断效率低且准确性差。OTA升级也常因缺乏对车辆软硬件环境的精准把握，出现兼容性问题，导致升级失败。

AI深度融入后，远程诊断迎来革新。车辆传感器全方位收集数据，经加密传至云端。AI迅速处理分析，精准匹配故障模式。比如发动机故障，AI整合多传感器数据，借助深度学习模型，瞬间就能判断故障根源，诊断时间从数小时缩至几分钟。而且，AI诊断不受主观因素影响，结果稳定可靠，还能自动生成详细维修建议，大幅减少维修失误。

OTA升级在AI助力下也更加智能。开发OTA升级包时，AI分析大量数据，精准定位优化点。灰度发布阶段，AI实时监测，及时发现并解决潜在问题，提高全量推送的成功率。安装升级时，AI监控进度和车辆状态，异常时自动处理，保障安全。升级验证环节，AI全面检测车辆功能，确保升级效果。传统维修与远程诊断、OTA升级在响应时间、覆盖范围、维修方式和用户参与度上有着明显的区别，见表5-1-1。

表5-1-1 传统维修和远程诊断与OTA升级对比

维度	传统维修	远程诊断与OTA升级
响应时间	数小时至数天	实时至数分钟
覆盖范围	依赖物理网点	全球覆盖
维修方式	人工拆检、更换硬件	软件修复、远程指导
用户参与度	被动等待	主动接收通知并参与决策

AI赋能的远程诊断与OTA升级优势明显：自动化程度高，各环节自动完成，提升效率和服务质量；响应速度快，瞬间处理海量数据；精准度高，降低误判和升级失败风险；可扩展性强，随着数据和算法优化，能适应更多复杂需求，推动汽车行业持续发展。基于AI的OTA升级呈现诸多优势：

1）智能匹配度高：通过AI分析车辆硬件配置、软件版本及用户使用习惯，精准匹配适配的升级包，大幅降低因兼容性不足导致的升级失败风险。

2）风险预判性强：在灰度发布阶段，AI实时监测升级后车辆数据，利用算法预测潜在问题，提前规避大规模升级事故，保障升级稳定性。

3）动态调整灵活：升级过程中，AI持续监控车辆状态，若遇网络中断、电量不足等异常情况，自动暂停或调整升级策略，确保升级安全进行。

4）迭代优化高效：基于用户反馈和车辆运行数据，AI自动优化升级包内容，持续提升升级功能的实用性和用户体验，实现车辆功能的快速迭代。

（1）远程诊断基本流程　远程诊断基本流程如图5-1-8所示。

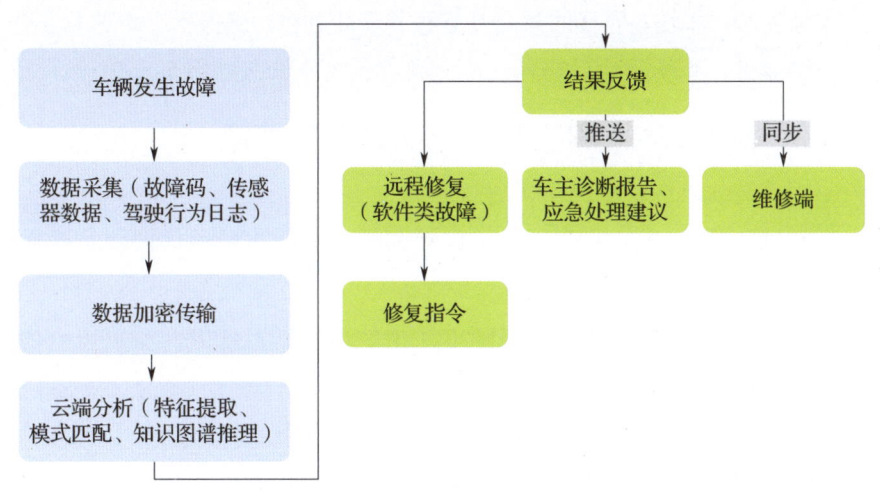

图5-1-8　远程诊断基本流程

数据采集：车载传感器实时监测车辆状态，采集故障相关数据（如故障码、传感器读数、驾驶行为日志）。

数据传输：通过车载T-Box（远程信息处理器）加密上传至云端服务器。

云端分析：AI模型对数据进行特征提取、模式匹配，结合知识图谱推理故障原因。

结果反馈：向车主推送诊断报告、应急处理建议，并同步至维修端。

远程修复：部分软件类故障（如控制程序错误）可通过云端直接下发修复指令。

（2）OTA升级基本流程　远程OTA升级基本流程如图5-1-9所示。

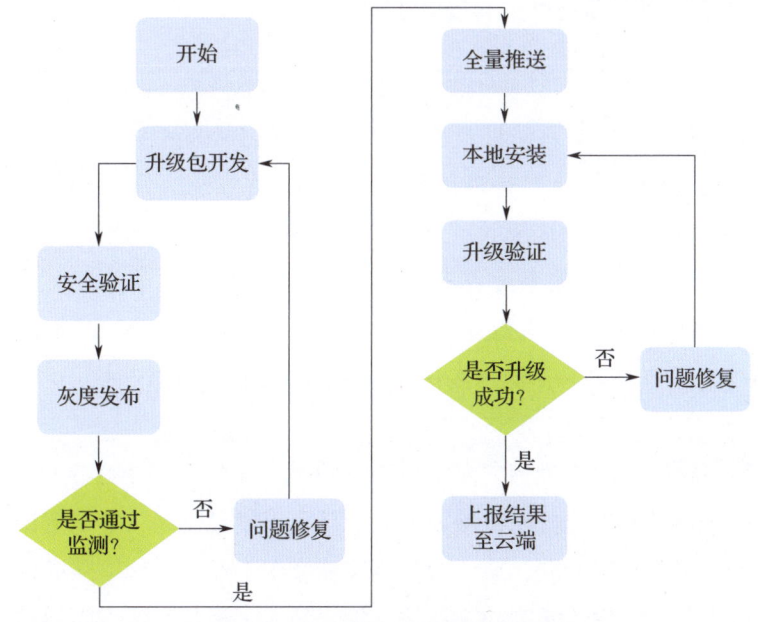

图5-1-9　远程OTA升级基本流程

> **TIPS 小贴士**
>
> 车载T-Box（Telematics Box）是汽车的"智能网联终端"，负责车辆与外界的信息交互。它通过蜂窝网络（如4G/5G）、蓝牙等连接，实现远程控制（解锁、启动）、车况监测（油量、故障码）、定位导航、紧急救援等功能。同时，T-Box能收集车辆数据并上传至云端，支撑车联网服务（如OTA升级、车队管理），是智能汽车实现网联化、智能化的核心部件。

> **想一想**
>
> 如何平衡故障数据共享与用户隐私保护？在信号盲区（如地下车库）如何实现离线诊断？现行法规是否允许远程修改车辆核心控制系统？

升级包开发：车企根据用户反馈或测试结果开发软件更新包，并进行安全验证。

灰度发布：小范围推送升级包，监测兼容性与稳定性。

全量推送：通过云端批量下发升级指令至目标车辆。

本地安装：车辆在空闲时段自动下载并安装更新，确保不影响驾驶安全。

升级验证：系统重启后自检功能完整性，上报升级结果至云端。

3.技术原理剖析：远程诊断与OTA升级的核心机制

（1）关键技术一：车云协同通信架构

车载通信模块：支持5G、C-V2X等高带宽、低时延通信协议，确保数据实时传输。

边缘计算：在车载ECU或路侧单元预处理数据，减少云端负载（如过滤无效振动信号）。

安全加密：采用TLS/SSL协议保障数据传输安全，防止恶意攻击（如CAN总线入侵）。

（2）关键技术二：云端AI诊断引擎

多模态数据融合：整合结构化数据（故障码）与非结构化数据（驾驶视频、语音日志），提升诊断全面性。

联邦学习：各车企在保护隐私前提下共享故障模型，提升AI泛化能力。

数字孪生：构建虚拟镜像车辆，模拟故障发生过程，辅助根因分析。

（3）关键技术三：OTA升级安全机制

双重验证：升级包需通过车企签名认证与车辆本地验签，防止篡改。

回滚设计：若升级失败，自动回退至上一稳定版本，保障系统可用性。

差分升级：仅传输更新部分（Delta文件），节省流量与时间。

5.1.3 预测性维护：防患于未然

> **案例导入**
>
> 一位网约车司机每天在城市拥堵路段奔波，车辆发动机频繁起停，按传统5000km保养周期更换机油，不到一年却发现发动机异响；另一位长途货车司机严格遵循保养手册，却在高速公路上突发轴承断裂，导致货物延误和高额维修费用。这些困境背后，是传统"一刀切"保养模式的低效与局限。
>
> 如今，AI预测性维护正悄然改变这一切：搭载智能系统的车辆能实时感知发动机振动异常，精准判断"当前工况下机油更换最佳时机为4500km"；物流车队的货车可提前一周预警轴承磨损，避免抛锚风险。从私家车养护到商用车管理，AI让汽车维护从"凭经验定期保养"变为"按状态精准养护"。

1.传统模式下的车辆维护流程和核心痛点

传统车辆维护流程长期依赖固定周期与人工经验驱动，整个流程中，维护操作严格遵循既定标准，缺乏对车辆实际使用工况（如拥堵路况、重载行驶）及单个部件损耗差异的动态评估，仅依赖人工经验判断表面问题，既不采集传感器数据进行深度分析，也不针对潜在故障进行提前预测，最终形成"定期到店、固定保养、事后记录"的闭环模式，如图5-1-10所示。

"定期保养"的模式效率低下，忽视工况差异，统一周期导致部分车辆"过度保养"（如长期低速行驶的车辆）或"养护滞后"（如重载货车）。依赖人工经验排查，变速器齿轮微裂纹、轴承滚珠磨损等渐进式故障难以提前识别，常导致"小病拖大"。因盲目更换部件和突发故障，也会导致养护成本虚高。

2. AI预测性维护

AI预测性维护通过部署在车辆各部件的传感器（如振动传感器、温度传感器、压力传感器等）实时采集超100项数据，包括发动机振动频率、机油铁屑含量、电池电芯电压差、驾驶习惯（急加速/急刹频率）等，构建车辆"数字孪生"模型。系统通过分析数据趋势，精准计算每个部件的"最佳保养时机"和"故障风险阈值"。

AI预测性维护包括：

1）轴承故障：通过轮边轴承振动传感器数据，系统监测到某车辆轴承振动频率在高速行驶时出现周期性异常波动。结合历史故障库分析，判断为"滚珠磨损初期"，提前5~7天推送维修工单。维修后拆解发现，轴承滚珠已有3处微裂纹，避免了高速行驶中轴承断裂引发的翻车事故。

2）电池衰减：针对电动重型货车，系统实时监控电芯电压一致性，当发现某电池组内单体电压差超过安全阈值时，自动调整充电电流和均衡策略，避免个别电芯过充/过放。实施后，电池寿命延长15%，单辆车电池更换成本降低8万元。

3）油耗优化：结合驾驶员急加速频率、胎压数据、发动机负荷率等参数，AI实时推送"经济驾驶模式"建议。例如，当检测到某驾驶员急加速频率高于同车型均值20%时，系统通过车机屏幕提示"平缓加速可节省3%油耗"，并同步分析发动机积炭风险，建议定期使用燃油清洁剂。车队整体油

图5-1-10　车辆维修常见流程

> **TIPS 小贴士**
>
> LSTM（长短期记忆网络）是一种特殊的循环神经网络（RNN），专为解决传统RNN的梯度消失/爆炸问题设计，擅长处理时序数据。它通过门控机制（输入门、遗忘门、输出门）控制信息流动：遗忘门决定保留或丢弃历史信息，输入门筛选新信息存入细胞状态，输出门控制当前输出。这种结构让LSTM能有效捕捉长序列中的依赖关系，广泛用于自然语言处理、时间序列预测等场景，如文本生成、股价预测、语音识别等。

耗下降8%，年节省燃油成本超500万元。

3. AI预测性维护系统核心技术

AI预测系统通过多技术融合构建了"监测-诊断-决策"全链条能力，其核心由时间序列分析、故障模式识别、剩余寿命预测三大模块组成。这些技术突破传统维护的经验依赖，实现从"事后维修"到"事前预判"的范式革新。

（1）时间序列分析：基于LSTM的部件健康动态监测 通过LSTM（长短期记忆网络）等深度学习模型，AI预测系统对传感器实时采集的时序数据（如变速器油温、轴承振动幅度、发动机转速等）进行深度建模，构建部件级"健康曲线"。该技术突破传统人工检测的滞后性，实现对渐进式退化的灵敏感知。基于LSTM的部件健康动态监测基本流程如图5-1-11所示。

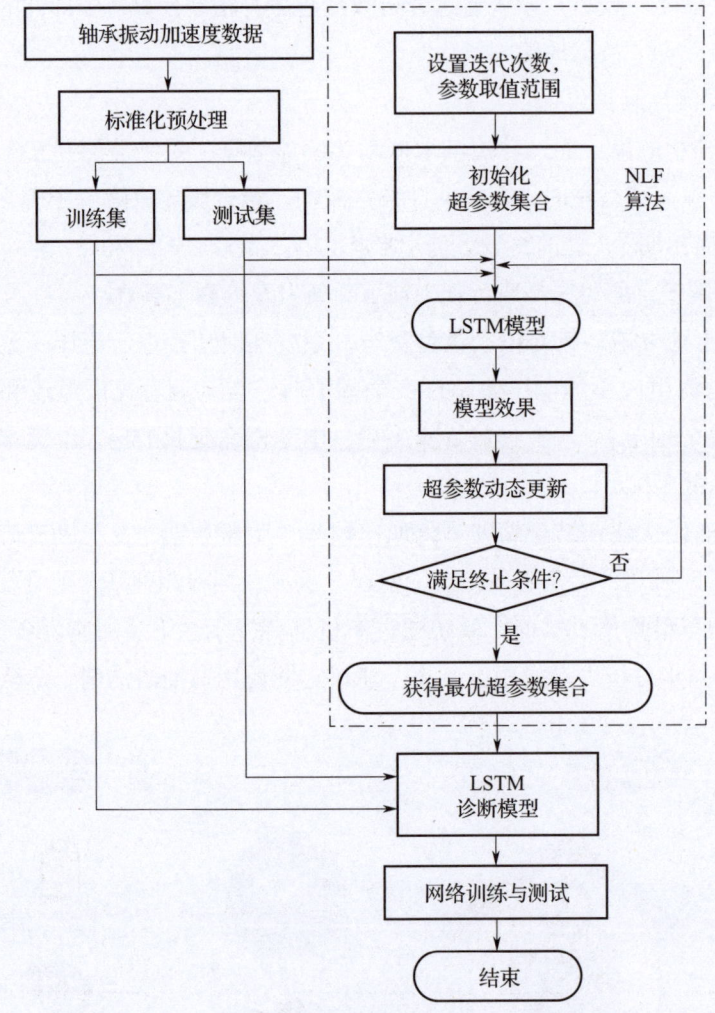

图5-1-11 基于LSTM的部件健康动态监测基本流程

数据建模：LSTM凭借其独特的门控机制，自动捕捉时序数据中的长期依赖关系。例如，针对轴承振动信号，模型可识别周期性异常波动（如频率40Hz以上的高频噪声），结合变速器油温的趋势性上升（每100km升温>2℃），通过滑动窗口算法生成动态健康指标（如标准差、趋势斜率），形成部件状态的量化评估模型。

异常检测：系统设定"阈值+特征关联"双重规则（如变速器油温波动标准差连续5天超阈值+换挡平顺度下降20%），当轴承振动信号的峰度值超过历史均值1.5倍时，触发"潜在磨损风险"标记。结合历史故障数据训练的概率模型（如随机森林分类器），可预测故障发生概率（如轴承滚珠磨损概率达75%时推送预警），将人工巡检的"月度排查"缩短为"实时监测"。

技术优势：该技术可识别传统人工难以察觉的早期退化，如轴承滚珠0.01mm级微裂纹（通过振动信号的包络谱分析）、制动片0.5mm级异常磨损（结合制动压力与行驶里程数据），将故障发现时间提前3~7天，避免轴承断裂导致翻车、制动片失效引发事故等严重后果。

（2）故障模式识别：万级数据驱动的多维度关联推理　依托10万个以上历史故障数据训练的混合模型［含卷积神经网络（CNN）、图神经网络（GNN）］，AI系统实现超300种异常模式的精准识别，突破人工经验的局限性。

特征工程：通过CNN提取图像类数据特征（如机油铁屑显微图像中的裂纹形态），结合GNN建模部件关联关系（如空调系统中压缩机–膨胀阀–制冷剂压力的耦合网络），构建"故障特征图谱"。例如，将压缩机转速、制冷剂压力、膨胀阀开度等参数映射为图结构中的节点，边权值代表参数间的关联强度，形成多物理量耦合的故障知识库。

关联分析：当检测到"压缩机起停频率异常（>20次/h）+制冷剂压力波动（±15%阈值）"时，系统通过图谱推理得出92%概率指向"膨胀阀堵塞"，并自动调取同车型历史案例库验证关联规则。这种"数据驱动+规则校验"的模式，避免了单一参数误判（如仅依据压力异常误判为压缩机故障），将空调系统故障诊断准确率从70%提升至95%。

复杂场景优势：在多部件耦合故障（如发动机漏油+轴承异响+缸压异常）中，GNN通过图结构推理，可识别"曲轴油封老化→机油泄漏→轴承润滑不足→振动异常"的链式故障路径。相比传统规则引擎（仅能判断单一故障），该技术在复杂场景下的准确率提升40%，实现从"孤立故障点定位"到"系统级故障链分析"的跨越。

（3）剩余寿命预测：材料模型与实时工况的融合估算　结合材料老化物理模型（如电池电化学模型、制动片摩擦损耗公式）与实时工况数据（行驶里程、负载强度、环境温度等），AI实现部件剩余寿命的精准量化预测。

多源融合建模：例如，对于电动车电池，基于电化学阻抗谱模型（EIS）和充放电循环数据，结合实时荷电状态（SOC）、健康状态（SOH）参数，通过卡尔曼滤波算法动态调整模型参数，输出"剩余循环次数1200次"或"安全行驶里程1.2万千米"（精度±5%），为电池更换计划提供精准依据。对于燃油车发动机，通过机油金属屑含量（铁/铜元素浓度）、缸压波形数据，耦合活塞环磨损动力学模型（如Archard磨损公式），结合负载强

> **TIPS 小贴士**
>
> 当机械部件（如轴承、齿轮）存在缺陷时，振动信号会被故障冲击调制（类似"振幅忽强忽弱"），包络谱能清晰呈现故障的特征频率（如轴承滚子通过频率），从而精准识别早期故障，广泛用于旋转机械的状态监测。

度（平均转矩>额定转矩80%的时长占比），预测"活塞环磨损极限剩余5000km"，误差率控制在10%以内。

动态校准机制：利用实时反馈数据（如实际维修更换后的寿命数据）对模型参数进行在线校准，通过强化学习算法更新材料老化模型的边界条件。例如，当某批次制动片实际寿命比预测值低时，系统自动修正"高温环境下摩擦系数衰减"参数，形成"预测−验证−优化"闭环，使剩余寿命预测误差随使用时间逐步降低。

> **知识拓展**
>
> ### 卡尔曼滤波算法
>
> 卡尔曼滤波（Kalman Filter）是一种高效的递归算法，广泛应用于动态系统的状态估计和信号处理领域。卡尔曼滤波基于贝叶斯定理，通过动态更新后验概率分布（状态估计的均值和协方差），在高斯噪声假设下，通过最小化均方误差（MSE）实现最优估计。卡尔曼滤波及其扩展算法主要应用于车辆剩余寿命（Remaining Useful Life，RUL）预测，是预测性维护（Predictive Maintenance）领域的重要研究方向。在车辆预测性维护中，根据车辆传感器数据（如振动、温度、压力、电流等）和退化模型，预测关键部件（如电池、发动机、制动系统等）的剩余使用寿命，辅助AI系统做出更准确的车辆（电池等）寿命预测数据。
>
> 卡尔曼滤波在车辆剩余寿命预测中，通过状态估计−退化建模−寿命外推的框架，为复杂动态系统提供了一种高效、可解释的预测方法。未来趋势是与深度学习、边缘计算结合，解决模型泛化性、实时性和不确定性问题。

练习题

一、选择题

1. 传统汽车故障诊断的核心痛点不包括（　　）。
   A. 效率高　　　　B. 准确性差　　　　C. 依赖人工经验　　　　D. 流程繁琐

2. OTA升级的核心是（　　）。
   A. 本地维修　　　　B. 云端进化　　　　C. 人工诊断　　　　D. 硬件更换

3. 预测性维护通过（　　）技术实现部件健康状态的实时监测。
   A. 傅里叶变换　　　　　　　　　　B. 联邦学习
   C. LSTM时间序列分析　　　　　　D. 知识图谱

4. 远程诊断的数据传输依赖（　　）通信协议。
   A. 5G/C-V2X　　　　B. Wi-Fi　　　　C. 蓝牙　　　　D. NFC

二、填空题

1. AI诊断模型训练的数据来源包括故障车辆运行数据、维修记录和_____。
2. 远程诊断的核心是通过车载通信模块将数据上传至_____进行分析。
3. OTA升级的四个关键流程是升级包开发、灰度发布、全量推送和_____。

三、简答题

AI在汽车故障诊断中的核心优势有哪些？

5.2 个性化用户服务

在汽车用户服务领域,"数据孤岛"与"经验主义"的传统模式正被彻底颠覆。

你是否想过:

1)一次简单的语音指令,如何触发背后100多个传感器数据的协同计算?

2)跨地域用户群体画像,怎样驱动车企推出"一城一策"的定制化服务包?

3)车辆故障预警能否在用户感知前,通过云端数据分析自动完成服务预约?

本节将深入解析汽车大数据、用户画像和智能应用,揭示汽车服务如何从"被动响应"升级为"先知先行"的智慧生命体。

5.2.1 汽车大数据:人工智能的智慧基座

> **案例导入**
>
> 小明所在的大学城新开了一家新能源汽车体验店,店主希望吸引年轻学生用户,但不知如何制定营销策略。小明和同学组成数据分析团队,决定通过收集多维度数据帮助店主解决问题。
>
> 首先通过Python爬取新能源汽车当月销量Top 10榜单,分析热门车型的价格区间,抓取各大汽车论坛对于不同车型的评论;同时设计问卷并在学校发放200份,统计学生对购车预算、品牌偏好、充电桩需求等数据,并绘制关注因素词云图,如图5-2-1所示;最后获取店主提供的试驾记录和预约数据,整理试驾转化率和用户关注点。整理上述数据之后,通过人工智能开始清洗和处理,如提取关注点高频词、剔除问卷中陷阱题不合格的低质问卷等。
>
>
>
> 图5-2-1 "学生购车关注因素"词云图
>
> 依据智能绘制的"学生购车关注因素"词云图,发现"性价比"是学生群体的主要需求。结合购车预算分布图,建议店主增加5万~10万元价位车型的库存,并在校园周边增设充电桩。

1. 汽车大数据的概念

这一场景生动地阐释了汽车大数据的核心特征:当海量的评论、问卷、试驾与预约记录等(Volume,体量;Variety,多样)汇入人工智能分析系统时，数据的多维价值开始显现——实时提取高频关注点（Velocity，速度），通过自然语言处理，结合地理信息系统标注充电桩缺口区域，最终将分散的数据流转化为可执行的商业决策（Value，价值）。这也正是大数据的4V特征，如图5-2-2所示，印证了汽车大数据从"信息碎片"到"决策燃料"的蜕变。

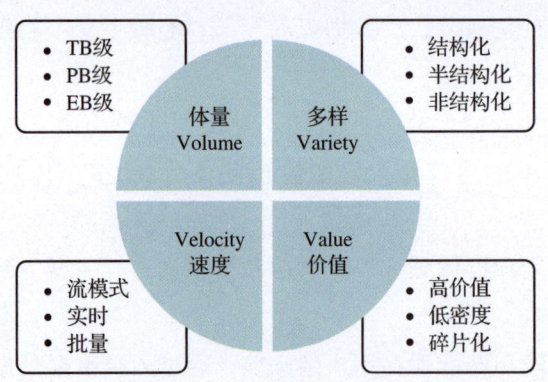

图5-2-2　大数据的4V特征

（1）数据规模大（Volume）　汽车大数据规模庞大，涉及车辆全生命周期产生的海量信息，如传感器数据、用户行为数据、车联网数据等。数据量常达到TB、PB甚至EB级别，远超传统数据处理工具的承载能力。

（2）数据种类多（Variety）　在汽车领域，企业采集和分析的数据已从传统的车辆运行参数扩展到更丰富的维度，这些数据既包含结构化的时间序列数据，也涉及非结构化的图像、点云和音频信息，为智能驾驶算法优化、车辆健康管理和用户体验提升提供了数据支撑，见表5-2-1。

表5-2-1　汽车大数据分类

数据大类	数据小类	数据范围
车辆数据	车辆基础数据	车型型号、生产企业、品牌、VIN、发动机号、电池编码、软硬件版本号、车牌、颜色、尺寸等车辆特性数据
	车辆运行数据	车身系统、动力系统、电气系统、舒适系统等车辆运行状态参数
	感知决策数据	车辆行驶控制、灯光控制、环境感知融合算法等指令数据
	应用服务数据	出行辅助数据（如天气预报、交通拥堵、导航等）、影音娱乐数据（收音机、新闻等）及生活服务数据（日程提醒、停车场推送）等
个人数据	个人身份数据	用户身份证号、电话号、住址等身份信息，用户网络身份标识信息及个人面部特征、指纹、虹膜、声纹等生物识别信息等
	用户服务隐私数据	用户使用习惯数据、个人通话数据、车内音视频数据、用户财产信息及用户监测数据等
车外环境数据	环境感知数据	通过摄像头、雷达等传感器从汽车外部环境采集的道路、建筑、地形、基础设施数据等
	V2X数据	实时道路交通信号及监控数据、车路协同数据等
	位置信息数据	卫星定位数据、惯性定位数据、差分定位数据等

（3）处理速度快（Velocity）　数据产生和更新的频率也是衡量大数据的一个重要特征。例如，自动驾驶时的传感器数据需以毫秒级速度处理，车联网数据也需实时传输以支持交通调度。传统批量处理模式已无法满足需求，

需依赖流式计算、边缘计算预处理等技术。

（4）数据价值密度低（Value）　数据量在呈现几何级数增长的同时，这些海量数据背后隐藏的有用信息却没有呈现出相应比例的增长，反而是获取有用信息的难度不断加大。例如，行车记录仪中含有大量的连续的音视频资源，这些信息产生了大量数据，但是仅有事故片段的数据具有高价值。

2. 汽车大数据的存储分类

通过规范热、温、冷数据的分类存储与智能流转，确保汽车大数据安全合规、优化计算效率，赋能实时决策、智能分析与长期价值挖掘，如图5-2-3所示。

> **TIPS 小贴士**
>
> 早期大型机与数据中心为平衡高昂的高速存储（如内存、磁盘）成本与海量数据增长的矛盾，依据数据的访问频率和业务关键性，将极少访问的归档数据置于低成本磁带（冷数据），将周期性分析数据存于性价比磁盘（温数据），而将需实时处理的核心业务数据保留在高速介质（热数据）。此理念后被分布式存储系统和云存储服务继承并标准化，成为优化性能与成本的普适架构范式。

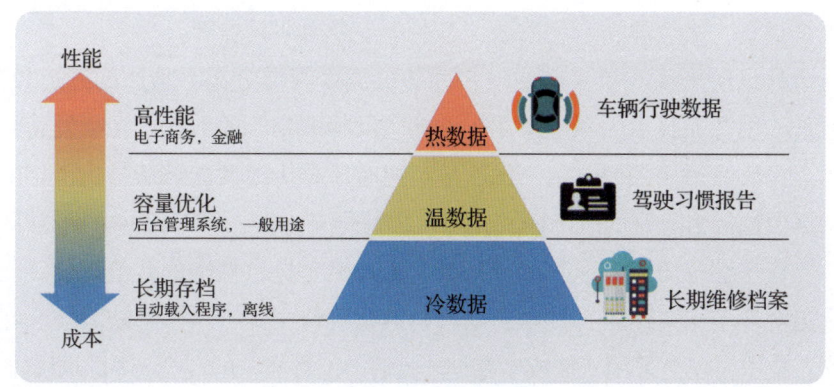

图5-2-3　汽车大数据的存储分类

（1）热数据层：实时数据的高速处理与响应　热数据层是汽车大数据架构中处理高时效性、高频率更新数据的核心层级，主要服务于车辆实时交互与安全预警场景。该层存储的数据包括：车辆GPS轨迹数据、传感器状态数据、ADAS实时反馈等。

通过实时人工智能分析让汽车瞬间做出智能决策。当在驾驶时，人工智能会毫秒级识别危险——比如紧急制动时，它不仅能触发碰撞预警，还会结合车道偏移数据判断是否要自动纠正方向；GPS轨迹和实时路况在人工智能系统中动态融合，随时推荐最优路线；就连发动机的轻微异常振动也逃不过人工智能的"耳朵"，它会立即进行诊断故障并提醒用户。这背后是内存计算与流处理计算的技术，即轻量化人工智能模型直接在内存里处理数据，而流处理平台边接收传感器数据边用机器学习做判断，车载人工智能芯片还能和云端协同处理突发状况。热数据驱动的人工智能能自主预判风险、提前守护安全——比如连续急刹时，它不只会亮警示灯，还会同步评估驾驶员状态，必要时直接介入控制。

（2）温数据层：平衡性能与成本的业务分析中枢　温数据层用于存储访问频率适中、需周期性分析的数据，既需保证查询效率，又需控制存储成本。典型数据包括：用户月度驾驶行为报告、车辆能耗分析数据、阶段性运维日志等。

人工智能技术的引入使温数据层从简单的存储查询升级为智能分析平

台——通过聚类算法自动识别用户的驾驶风格，区分激进型或保守型驾驶员；基于决策树模型分析历史能耗数据，为每位车主提供个性化的节能建议；使用时序预测模型处理运维日志，提前预测零部件的更换周期。在技术实现上，分布式数据库与嵌入式机器学习模型的结合实现了"近数据计算"，时序数据库的智能分析功能可自动生成包含预测指标的报表，而混合存储策略则通过人工智能预测自动优化数据存储位置。典型应用包括将月度报告升级为预测性洞见，如提前预警电池衰减趋势；通过人工智能特征工程提升用户画像精度；以及在保险定价、车队运维等场景实现数据驱动的智能决策。

（3）冷数据层：低成本长期归档与价值深挖　冷数据层存储低频访问但需长期保留的数据，通常用于合规存档或潜在价值挖掘。典型数据包括：历史维修档案、保险理赔全量数据、车辆全生命周期日志等。

冷数据层采用对象存储或磁带库等低成本存储方案，虽访问延迟较高，但通过人工智能技术的深度应用，这些"沉睡多年"的数据正在焕发新的生命力。在故障预测领域，基于深度学习的时序分析模型能够从长达十年的维保数据中挖掘出隐藏的故障模式，实现提前预警；在二手车评估方面，"随机森林"算法综合历史车况和维修记录，为每辆车提供精准的残值评估；而在质量追溯环节，自然语言技术自动解析海量维修文本，构建起缺陷关联知识图谱。技术实现上采用"低成本存储+云端人工智能"的混合架构，原始数据存储在对象存储或磁带库中，分析时调用云端人工智能服务进行批量处理。

3. 人工智能与汽车大数据的结合

汽车大数据通过精准分析用户行为、车辆性能和路况信息，实现智能驾驶优化、个性化服务提升和全产业链效率革新。

（1）数据从哪里来——汽车数据来源的"全景地图"

1）汽车的"感官系统"。现代汽车就像一台移动的智能设备，通过车外的车联网和车内的车身传感器实时收集信息，如图5-2-4所示。例如，视

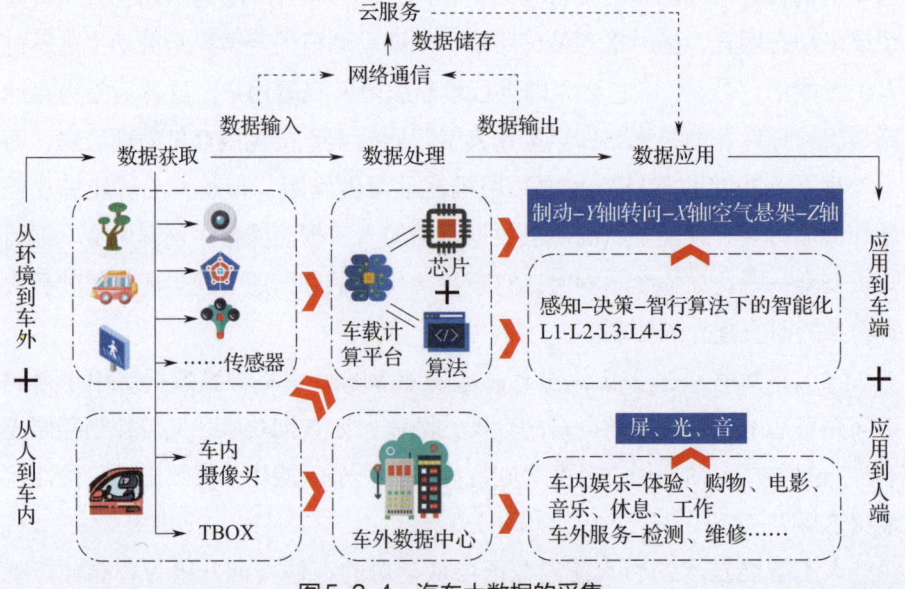

图5-2-4　汽车大数据的采集

觉算法处理8K摄像头捕捉的复杂路况，毫米波雷达的原始点云数据通过神经网络解析，甚至方向盘转角这样的细微操作都被转化为驾驶风格特征向量。这些数据通过车端人工智能芯片的实时处理，既支撑自动驾驶决策，又通过联邦学习持续优化云端模型。

2）你的行为就是数据。用户在使用汽车的过程中，会主动或被动产生大量数据。行为分析人工智能构建立体用户画像，自然语言处理解析语音指令的情感倾向，计算机视觉识别车内人员姿态，强化学习算法预测用户的出行偏好。此外，4S店的维修记录、共享汽车的订单数据，都在默默描绘用户的用车习惯。

3）看不见的"协作网"。人工智能实现多源数据融合，路侧单元的实时车流数据与云端交通大模型交互，充电桩运营商的动态定价数据被强化学习算法优化，甚至天气预测模型都与新能源车的续航算法深度耦合。例如，某导航APP通过图神经网络，实现了充电桩占用状态的分钟级预测。

（2）数据帮你用车——养车省钱的"智能管家"

1）从"凭感觉"到"看数据"。在智能汽车时代，驾驶行为不再是模糊的"感觉"，而是变成了一组组清晰可读的数据。现代智能汽车配备的驾驶分析系统犹如一位全天候的"数字教练"，一方面可以辅助驾驶行为，如图5-2-5所示，另一方面也精准记录着每一次加速、制动和行驶偏好，人工智能通过多维度的数据分析生成个性化的驾驶报告。新能源车主能通过分析能耗曲线找到最佳驾驶模式，合理利用能量回收系统提升能效表现。

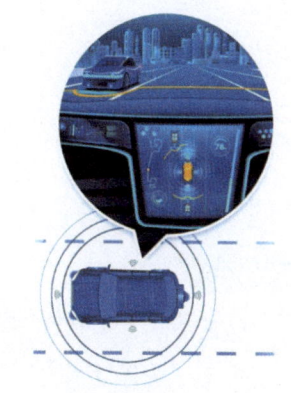

图5-2-5 "数字教练"的辅助驾驶

2）数据让"糊涂账"变"明白账"。养车花费不再靠估算，数据帮助精准控制每分钱。以"小熊油耗"为代表的专业APP可自动记录每次加油数据，通过人工智能算法分析不同路况下的真实油耗差异，帮助车主优化驾驶习惯。对于新能源车主，国网e充电等APP的智能比价系统可自动匹配分时电价策略，选择0—8点低谷充电的用户，平均每月节省电费支出骤降。这些数据工具让养车成本从以往的模糊估算转变为可量化的精准控制。

3）数据帮你"不当冤大头"。在汽车后市场，数据正成为消费者维权的有力武器。以配件更换为例，"车享家"APP的实时比价系统显示，原厂空气滤芯在4S店的溢价超出预期，而第三方认证品牌在保证同等质量的前提下，价格仅为一半甚至更低。更智能的是，比亚迪等品牌的车载系统已实现远程故障诊断，相当数量的软件问题可通过OTA升级解决，为车主节省无效送检。这些数据工具有效打破了汽修行业的信息不对称，让消费更加透明。

（3）数据预见未来——汽车行业的"明日世界"

1）新能源车的"普及密码"。人工智能结合数据正在加速燃油车向新能源车的转型。通过分析充电桩分布、电价波动和用户续航焦虑，车企能精准推出适配车型。如城市充电桩覆盖率与电动车销量增长成正相关；冬季北方用户更关注"电池加热"功能，车企针对性升级技术，如图5-2-6所示。未来，数据还将预测电池回收需求，避免环境污染。

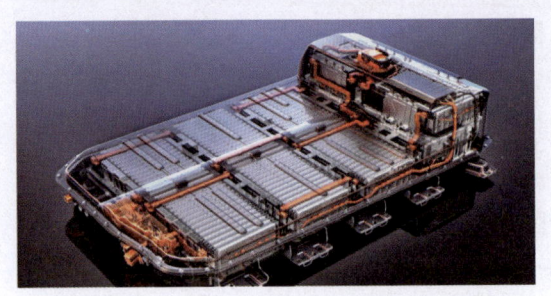

图5-2-6 电池热管理中的低温加热技术

2)智能驾驶的"场景革命"。自动驾驶从实验室走向日常。通过百万辆车的路测数据,人工智能系统学会识别暴雨中的模糊车道线、突然窜出的行人;郊区道路"农用三轮车"出现频率高,针对性优化避让算法;城市导航数据则帮助车辆预判学校路段高峰期的儿童穿行。未来,车与信号灯、道路监控实时互联,堵车或事故将大幅减少。

3)重新定义"拥有汽车"。像租共享单车一样,共享汽车平台(如GoFun、滴滴共享车)通过分析高校上课时间、商圈周末人流,精准投放车辆。未来,通过智能驾驶,闲置车辆可自动"接单",上班时,你的电车在小区充电站附近"跑滴滴";假期,你的越野车被租给自驾游客。数据平台实时结算收益,让你的车从"烧钱机器"变成"赚钱工具"。

5.2.2 用户画像:智能驱动的汽车消费洞察

案例导入

凌晨两点,网约车司机张师傅看到仪表盘上突然亮起动力电池过热警告灯,如图5-2-7所示。

他还没来得及掏出手机,车载屏幕便自动亮起:"检测到电池冷却系统异常,最近的合作维修站已预留工位,夜间通道已开启,本次维修费用将由您上月购买的'全能保'服务包全额抵扣。"导航地图上,一条避开拥堵的绿色路线瞬时生成,三千米外的维修站已开始预热诊断设备。

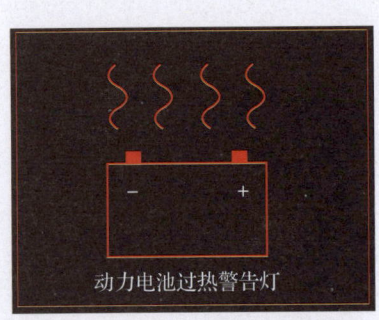

图5-2-7 动力电池过热警告灯

这场"未卜先知"的救援背后,是海量数据对用户画像的精准绘制。当张师傅的车辆传感器首次捕捉到电池温度波动时,系统便开启了一场数据追踪:过去七天他日均380km的运营里程(计算标签"高频次长里程用户")、三个月内三次夜间充电记录(动态标签"错峰补能偏好"),以及上周刚续费的"全能保"服务包(算法标签"高服务敏感度用户"),这些看似孤立的数据点被人工智能快速串联。通过比对"网约车驾驶员"群体画像中"收入损失容忍度低于20分钟"的核心特征,系统直接跳过了常规的故障确认流程,将服务响应速度压缩至分钟级。

1.用户画像的概念

(1)用户标签与用户画像 用户标签是通过对原始数据(如行为、属性等)进行整理、分类后提炼出的抽象符号,代表一类用户的共性特征。例如性别标签"男/女"或消费偏好"高客单价"。用户标签也是用户画像的核心组成部分,通过多维度标签整合形成对用户的全面描述,例如结合"年龄25~30岁""月消费5000元以上"等标签可定义典型用户群体。

用户画像是指通过整合用户多维数据(如基本信息、行为特征、车辆属性等),构建标签化模型以精准描绘客户群体的方法,基于大量用户数据的深度挖掘与分析而形成的综合性用户模型,其核心目标是支持企业制定个性化营销策略、优化服务体验并提升运营效率。它融合了用户的个人信息(如年龄、性别、地域等)、行为数据(如消费习惯、兴趣偏好等)以及场景信息(如使用习惯、触媒习惯等),通过统计分析或建模抽象,形成每个用户的独特属性标签体系,画像如图5-2-8所示。

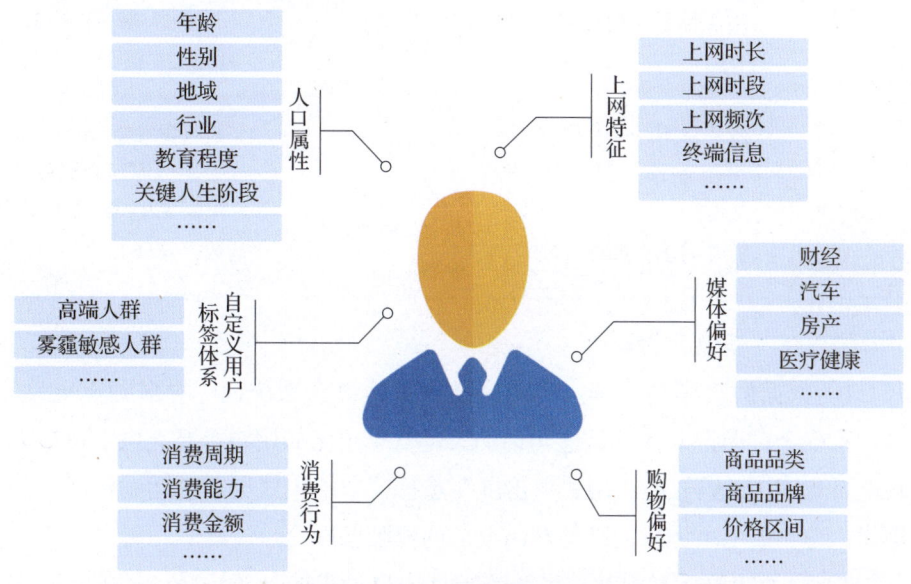

图5-2-8 用户画像标签体系

在营销方案的制定中,群体用户画像则更具有商业价值,通过整合人口属性、消费行为、场景偏好等多维度标签体系,挖掘跨群体的共性标签与需求热点,构建精准触达策略,以车辆类型分类为例,群体用户画像见表5-2-2。

表5-2-2 按车辆类型分类的群体用户画像

用户群体	核心标签	行为特征	需求优先级
网约车司机	职业属性:全职/兼职驾驶员 车辆类型:新能源车为主 日均里程:200~500km 收入结构:订单抽成制	高频充电/换电 注重维保时效性 依赖平台规则调整(如车型认证)	1.降低运营成本(电费/维保) 2.减少车辆闲置时间 3.合规性保障(年检/保险)
经济型私家车主	家庭结构:有孩家庭 购车预算:10万~20万元 用车场景:日常通勤/短途自驾	定期基础保养 比价行为明显 关注油耗/保险优惠	1.价格透明化 2.社区化便捷服务 3.故障预防指导(如免费检测)

(续)

用户群体	核心标签	行为特征	需求优先级
高端私家车主	身份特征：企业主/高管 车辆价值：50万元以上 服务期待：尊享体验	定期深度养护 定制改装需求 购买原厂延保套餐	1. 专属服务顾问 2. 隐私保护（上门取送车） 3. 稀缺性服务（限量配件）
企业公务车用户	管理角色：行政/后勤部门 车辆规模：10~50台 用车性质：商务接待/员工通勤	集中采购维保服务 要求电子化对账 注重品牌形象	1. 标准化服务流程 2. 数据化管理（车辆使用报表） 3. 应急响应机制（备用车提供）
政府公务车用户	采购规则：公开招标 用车性质：执法/巡查/公务出行 管理要求：严格合规	定点维修保养 强调流程合法性 需求周期性（如两会期间车辆保障）	1. 政企合作资质 2. 24小时应急服务 3. 保密性要求（车辆数据安全）

（2）用户画像的构建

1）数据的收集与理解。当用户通过车载语音系统说"导航到充电站"时，系统会自动记录并分析这句话的关键信息（比如用户需要充电、可能面临电量焦虑）。类似地，用户点击屏幕选择"节能模式"或"运动模式"的操作，也会被记录下来，帮助判断他们的驾驶偏好。

2）行为的分析与预测。系统会统计用户过去的行车记录。例如：某位车主每周五下班后常去超市，周末喜欢自驾去郊外。结合天气预报（如周末是晴天），就能推测"这周末车主很可能去郊游"，进而提前推荐路线或附近景点。

3）动态调整用户画像。用户的需求会随时间变化。比如一位新能源车主最近频繁寻找充电站，系统会标记他"近期对续航能力敏感"，那么就可以通过APP推荐省电驾驶技巧或充电优惠活动，最终根据这些动态更新的标签，形成最新的动态用户画像，如图5-2-9所示。

2. 人工智能驱动的画像生成逻辑

（1）数据清洗与特征加工　用户画像的生成并非简单数据堆砌，而是通过人工智能技术对海量信息进行深度加工，一方面需要依托车企数据的浅层分析，该类数据的特点是精准但缓慢迭代，另一方面则需要依托各类平台掌握的海量个体特征，其特点是快速更新但价值密度低，需要清洗整理，如图5-2-10所示。在数据清洗阶段，系统会自动识别并排除异常数据——例如年龄超过60岁，但驾驶风格激进，且多长途旅行，可能是用户随意填写的无效信息，需要清洗。特征工程则进一步将原始数据转化为可理解的用户特征，比如通过分析方向盘转角变化频率，系统能够生成"驾驶风

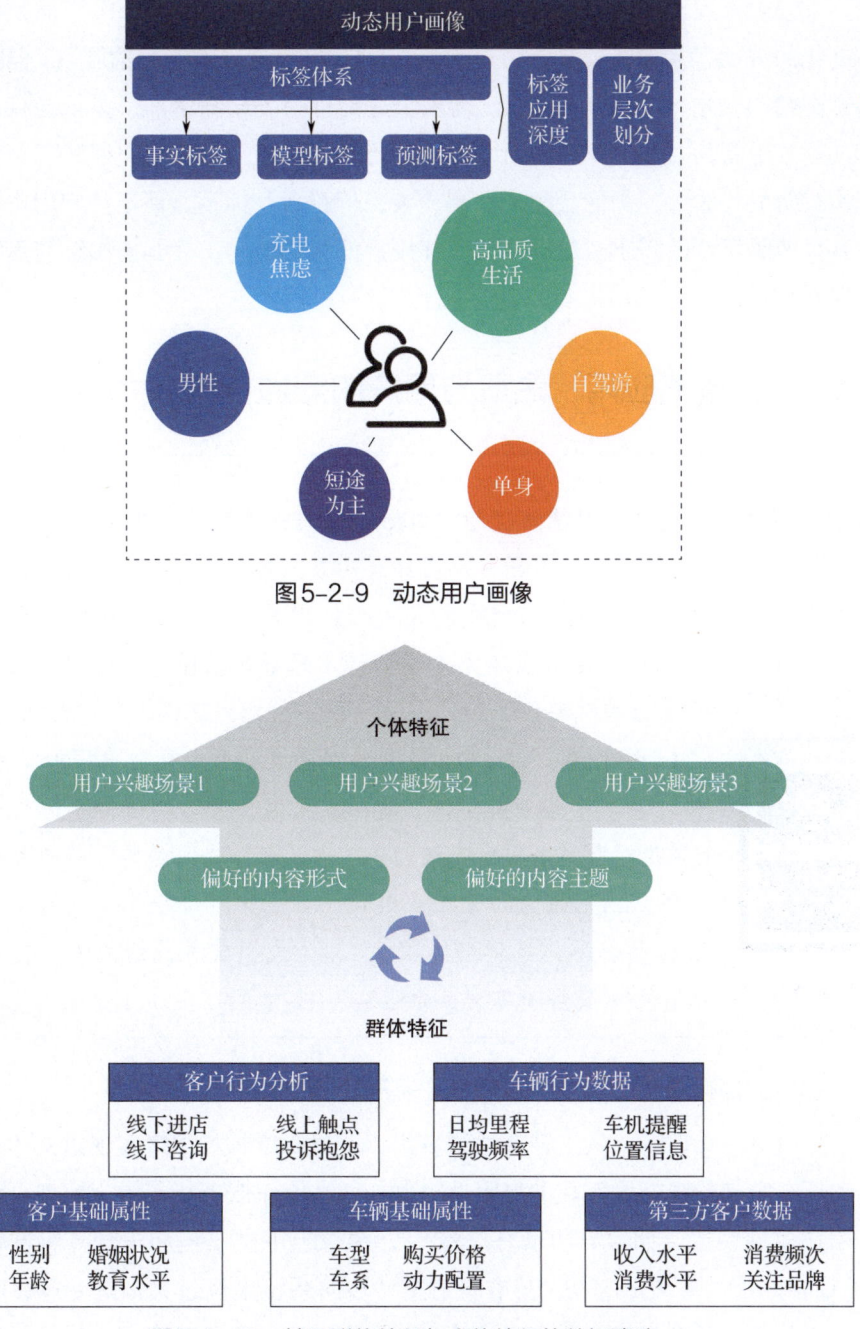

图5-2-9 动态用户画像

图5-2-10 基于群体特征与个体特征的数据清洗

> **TIPS 小贴士**
>
> **个体特征与群体特征**
>
> 个体特征（如消费敏感度、路径偏好）支撑精准触达，通过行为序列分析实现"千人千面"的颗粒度运营；群体特征（如高校学生通勤模式、新手父母安全诉求）驱动策略设计，基于聚类算法抽象出可复用的场景化解决方案。二者实现动态互补，既满足个性化体验，又保障规模化运营效率。

格指数"，用0~100分直观反映用户是谨慎型还是冒险型驾驶员。这种转化让冰冷的数据有了人性化的表达。

（2）行为规律与群体洞察 当数据标准化后，人工智能通过模式挖掘构建分层分类体系。基于驾驶半径、时段、频次的三维聚类分析，可划分出城市通勤型用户群体（如日均里程≤50km，通勤时段集中）和跨城出行型用户群体（如单次里程≥200km，节假日活跃）。关联规则挖掘进一步揭示行为耦合关系：在北方区域用户中，冬季座椅加热功能使用率与防滑轮胎购置率呈现强正相关。此类发现为产品组合优化提供决策依据，例如开发冬季出行套装服务。

（3）画像的动态生命力　用户画像并非一成不变的"快照"，而是持续进化的"动态录像"。部分用户购车初期被标记为"短途通勤族"，但随着家庭结构变化（如孩子出生），周末长途出行频率逐渐增加，系统会自动将其标签更新为"家庭出行主导者"。更智能的是，当北方用户连续三年冬季购买防滑轮胎后，画像会生成"雪季装备依赖者"标签，甚至预判用户可能升级四驱车型的需求。这种实时感知用户变化的能力，让画像始终与真实需求同步。

5.2.3　智能应用：企业与用户的沟通桥梁

案例导入

小明夜间开车回老家，上高速时遇到一个问题，每当车速超过80km/h，方向盘就会变得"轻飘飘"，像在冰面上滑动。小明向4S店客服求助，却遇到了沟通难题：小明描述"方向盘像风筝线一样飘"，客服误判为"胎压异常"。小明上网搜索后询问"转向虚位过大"如何处理，但客服人员无法理解专业术语，反复要求描述具体故障码。好不容易描述清楚了，又因需联系技术部门，10小时后才能给出检修建议。

此时，搭载大语言模型的智能客服系统展现出强大能力：通过语义理解分析"飘"的深层语义，结合实时传感器数据（如转向助力电机转矩波动），精准定位该问题属于转向系统故障。而后通过检索车企维修手册、车主论坛相似案例（冬季橡胶套硬化导致虚位增大），生成图文并茂的故障分析报告，并附带解决方案，如图5-2-11所示。

图5-2-11　转向虚位调整方式

1. 大语言模型：智能应用的核心基石

（1）语义理解　人工智能大语言模型通过深度神经网络实现语义的深层解析，突破传统规则匹配的局限性。例如，在汽车服务场景中，模型可识别用户模糊表述（如"方向盘有点飘"），结合上下文语境和车辆传感器数据（如转向助力系统状态），精准映射至"转向系统虚位过大"的专业诊断结论。此外，模型支持多语言混合输入与方言处理，例如广东用户以粤语描述"冷气唔够冻"，系统自动关联空调滤芯堵塞、制冷剂不足等潜在问题，并通过知识图谱追溯关联的维修案例库。

（2）增强检索　基于检索增强生成（RAG）框架，系统整合车企私有知识库（车辆维修手册、技术公告）与互联网动态数据（如车友论坛讨论、召回信息），实现精准知识检索，确保解决方案合规性，增强场景适应性。

例如，当用户询问"电车冬季续航下降怎么办"，系统不仅提取官方电池管理指南，还会关联用户所在地区的温度分布数据，推荐"预加热电池+充电桩地图"组合方案。通过对比学习技术，模型可区分相似问题（如"刹车异响"与"悬挂异响"），检索准确率较传统关键词匹配提升明显。

（3）个性化交流　通过动态对话状态跟踪（DST）技术，模型实时捕捉用户交互偏好。例如，对技术型用户自动切换至参数对比模式（如电机转矩、电池能量密度），而对家庭用户则聚焦安全配置与空间体验。

2.场景应用：跨越空间的零距离沟通

（1）智能客服　传统客服依赖人工坐席，存在高峰期响应速度慢、重复性问题处理效率低、服务时间受限等问题。而智能客服基于生成式人工智能技术，能够实现24小时不间断服务，快速识别用户意图并精准匹配解决方案。例如，通过深度学习模型理解方言和复杂语义，甚至结合车辆实时数据（如故障代码）提供针对性建议。此外，智能客服可通过多轮对话动态调整策略，如根据用户情绪反馈切换服务方式，避免人工客服因情绪波动导致的体验下降。

生成式人工智能技术已应用于多家车企的客服系统，支持逻辑推理和知识问答，实现"拟人化"交互，如图5-2-12所示。例如，用户询问"刹车异响可能原因"时，系统不仅能列举常见故障，还能结合车辆里程、保养记录等数据推荐就近维修点，并同步预约工单。人工智能还能通过自主学习优化知识库，如分析历史会话数据，识别高频问题并生成标准应答模板，提升服务效率。

图5-2-12　智能客服

（2）金牌销售　传统销售依赖人工经验，存在客户需求洞察不足、试驾安排低效、购车方案同质化等问题。例如，销售顾问难以实时掌握用户跨渠道行为数据（如官网浏览记录、社交媒体互动），导致推荐精准度低。

通过人工智能整合用户静态属性（如收入、家庭结构）和动态行为（如试驾时长、配置关注点），构建立体化画像，实现"千人千面"的销售策略。例如，系统可自动推送符合用户预算的金融方案，或根据其通勤路线推荐续驶里程适配的车型。在试驾环节，人工智能助手可实时分析驾驶行为（如急加速频率），动态生成性能报告并推荐定制化配置包。此外，人工智能驱动的虚拟销售员可模拟真实对话，如图5-2-13所示，通过虚拟仿真技术展示车辆改装效果，提升转化率。

（3）数字导览员　基于数字人技术，人工智能导览员可实时生成科技

图5-2-13　虚拟销售员

感、未来风等多样化场景，如图5-2-14所示。

  1）技术型场景：调用工业设计原型图、动态拆解视频，搭配机甲猛兽形象增强视觉冲击力。

  2）家庭场景：生成温馨色彩基调，采用亲和力强的女性虚拟形象，结合座椅舒适度评测数据，动态展示安全配置。

  3）年轻用户场景：结合实时语音情绪识别，触发动漫风格界面与快节奏背景音乐，提升互动趣味性。

图5-2-14 基于数字人技术的导览场景设计

练习题

一、选择题

1.（　　）技术是温数据层实现智能分析的关键支撑。
  A.内存计算与流处理
  B.分布式数据库与嵌入式机器学习模型
  C.对象存储与磁带库
  D.联邦学习与车联网

2.汽车大数据中"处理速度快（Velocity）"的典型体现是（　　）。
  A.分析历史维修档案预测故障
  B.自动驾驶传感器数据需毫秒级处理
  C.问卷数据清洗剔除低质样本
  D.存储十年维保数据用于合规存档

3.用户标签类型中，通过机器学习预测用户潜在消费倾向的标签属于（　　）。
  A.静态标签   B.动态标签
  C.计算标签   D.算法标签

4.人工智能在用户画像构建中，通过分析用户驾驶行为（如踏板开合度、制动频率）来预测部件损耗，这主要应用于（　　）。
  A.产品设计优化   B.售后精准服务
  C.商业理念创新   D.数据清洗流程

5. 智能客服系统在处理用户模糊表述（如"方向盘有点飘"）时，主要依赖大语言模型的（　　）。
   A. 语音识别技术　　　　　　　　　B. 语义理解与上下文分析
   C. 多语言翻译功能　　　　　　　　D. 数据存储扩容
6. 数字导览员（　　）实现针对不同用户群体的个性化导览。
   A. 依赖人工手动切换场景　　　　　B. 通过识别场景特征自动匹配风格
   C. 仅基于车辆维修记录　　　　　　D. 固定使用单一虚拟形象

二、填空题

1. 在用户画像的动态调整过程中，当一位新能源车主频繁寻找充电站时，系统可能生成"_____"标签，以反映其近期对续航能力的敏感度。
2. 转向系统故障中，"方向盘轻飘飘"对应的专业术语描述可能是_____。

三、简答题

1. 结合大数据的4V特征（Volume，Variety，Velocity，Value），分析以下场景：某新能源汽车公司通过车载传感器实时收集用户驾驶行为数据（如急加速、制动频率），同时整合天气信息、路况信息和社交媒体舆情数据，并在云端用AI模型生成个性化驾驶报告。报告帮助用户优化能耗习惯，并为车企改进产品设计提供依据。

   请说明此场景中哪些环节体现了4V特征，并解释原因。

2. 结合用户画像的构建逻辑（数据收集、行为分析、动态调整），解释人工智能如何使画像具备"动态生命力"。请描述关键步骤并说明其对企业的价值。
3. 分析数字人技术在导览场景中如何实现"个性化需求的深度满足"，并说明其对企业端价值的影响。

5.3 AI赋能：汽车后市场进入新时代

在我们日常接触最多的"汽车后市场"——包括维修保养、零配件供应、二手车、保险理赔等服务环节中，AI正悄然引发一场深刻的变革，过去依赖经验判断和人工操作的模式，正在被基于数据驱动的人工智能技术改变。你是否想过：

1）二手车交易能否像刷短视频一样智能匹配？
2）一次事故理赔，AI可以比人工更快给出精准评估？

本节内容将带你一起走进AI赋能下的汽车后市场，看看它是如何重塑传统的车险理赔和二手车交易的，同时讨论它是如何提升服务效率、创造全新体验的。

5.3.1 重塑车险服务新体验

案例导入

一次看似简单的交通事故，背后却暗藏着理赔的困境

图5-3-1 一起轻微追尾交通事故现场

在一个匆匆忙忙的工作日清晨，李先生驾驶着自己的爱车上班途中不幸遭遇了一起轻微追尾事故（如图5-3-1）。事故虽不严重，仅仅造成车辆尾部轻微凹陷，但这次理赔经历却让他疲惫不堪。为了完成定损和理赔，李先生不得不多次与保险公司电话沟通，安排时间前往定损点等待人工勘察，再将车辆开往维修厂进行维修评估和确认。整个过程共持续了将近4天，不仅影响了他的正常工作和生活，还造成了诸多不便。这一经历并非个例，而是当前传统车险理赔模式中普遍存在的现实。

1. 传统模式下的车辆定损理赔流程与核心痛点

长期以来，车险理赔一直是一个依赖人工判断与线下操作的繁琐过程。整个流程通常包括事故报案、现场查勘、人工定损、理赔审核与维修支付等环节，如图5-3-2所示。从操作流程来看，一般事故发生后，车主需要第一时间向保险公司报案，由后者安排定损员前往事故现场进行查勘。定损员依据经验判断受损情况，进行拍照、记录、估价等操作，然后提交理赔材料。之后，车主可能需要携带相关纸质材料前往指定维修点进行再次确认或审批，最终完成维修和赔付。

从整个流程来看，传统理赔存在三个显著问题：效率低、体验差、争议多。首先，由于流程繁琐且大多依赖人工操作，理赔速度往往难以满足用户对"快速响应"的期待。以定损为例，从事故发生到最终定损完成，至少需

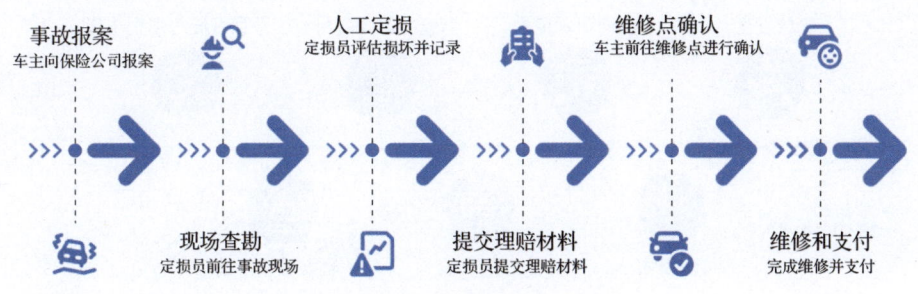

图 5-3-2　车险理赔常见流程

要定损员、审核人员、维修技师三方协调配合,任何一个环节的延迟都将影响整体进程。

其次,在评估环节中,由于定损标准主要依赖个体经验,缺乏统一性与规范化,导致不同定损员可能对同一事故的评估结果存在差异。尤其在边界模糊或损伤程度复杂的情况下,车主常常质疑评估结果,甚至引发理赔争议。

最后,传统理赔的沟通链条较长,车主、保险公司与维修厂之间信息难以对接,反馈效率低,容易造成误解甚至信息遗漏。此外,纸质资料繁杂、重复核验频繁,也进一步拉长了赔付周期,严重影响客户满意度。

2. AI赋能:开启智能理赔新时代

如今,有了AI赋能,传统的车险理赔流程正在被深度重塑。在AI的加持下,从事故报案到赔款到账,越来越多的环节可以借助AI实现智能化与自动化,极大地提升了处理效率与客户体验。人工智能在图像识别、数据分析、自然语言处理等技术领域的不断成熟,为车险理赔注入了强大动力,推动理赔过程进入"智能理赔"新时代。

在传统理赔流程中,定损环节依赖人工经验进行判断,效率低、误差大,且主观性较强。而通过引入AI技术,尤其是图像识别与深度学习模型,可以实现车辆定损高度自动化。具体来说,AI系统可以对车主上传的事故照片进行精确分析,识别出受损部位(如前保险杠、后视镜、车门等),并进一步判断其损伤类型(如凹陷、裂痕、断裂等),随后匹配车辆型号与配件价格数据库,自动生成维修方案与理赔金额建议。

另外,凭借大模型支撑下的自然语言处理(NLP)技术,交通事故理赔的交流过程也可以大大简化,用户可通过语音或文本与智能客服交互,完成查询、报案、理赔状态追踪等操作。所以,在人工智能技术的支持下,理赔过程会变成如图5-3-3所示的流程,很多业务都实现了自动化。

这种AI定损不仅提升了估损的客观性与一致性,还大幅缩短了评估时间。例如,通过保险公司提供的APP中的"秒赔"服务,车主只需通过APP上传事故现场照片,系统便可在几分钟内完成从定损、报价到赔付指令下达的全流程,整个过程无需人工干预,真正实现了"智能理赔"。

> **想一想**
>
> 你认为在传统的理赔过程中,哪些环节可能影响理赔的公平性,哪些环节是导致理赔时间长的主要原因?AI技术可以优化哪些环节?

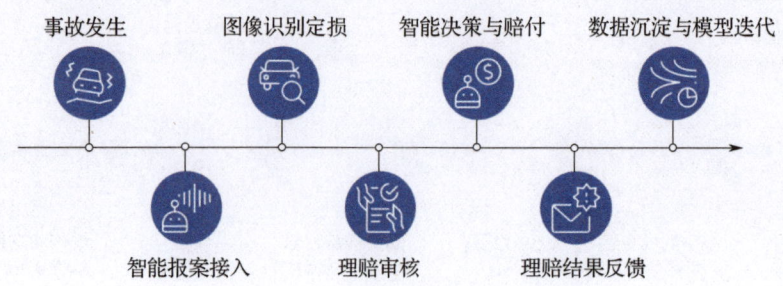

图5-3-3 AI智能理赔基本流程

除定损之外，AI也正在深度参与理赔审核环节。系统可以自动比对理赔申请中的内容与保单条款，智能识别是否属于保险责任范围。同时结合历史理赔数据和欺诈识别模型，判断是否存在异常行为或风险，从而有效防范骗保行为。

所以，在AI的支撑下，智能理赔的主要流程变得智能、高效。具体如下：

1）事故发生：车主拍照留证，并通过APP或小程序发起快速报案。

2）智能报案接入（NLP+语音识别）：智能客服接入，语音或文本引导，实现自动采集事故基本信息。

3）图像识别定损（AI核心环节）：客户用手机及时拍照并将图像上传至云端，AI模型秒级识别受损部位与损伤类型，智能理赔系统会自动匹配车辆型号和相关的配件数据库，生成维修报价单和赔偿建议。

4）理赔审核（AI审核+规则引擎）：智能理赔系统自动比对客户的保单条款，判断是否在赔付范围内，并启用反欺诈模型识别可能存在的异常理赔请求。

5）智能决策与赔付：智能理赔系统自动形成审批建议，无需人工干预即触发赔付流程，赔款可秒级到账（即"秒赔"服务）。

6）理赔结果反馈：理赔到账后，客户APP端收到赔付通知，同时提供维修方案与赔付明细，可选择维修网点或赔付提现。

7）数据沉淀与模型迭代：智能理赔系统还会将交通案件数据用于模型优化，提升后续定损、识别、风控准确率。

整体来看，基于AI的车险理赔流程呈现出以下几个关键特点：

1）自动化程度高：从报案、定损、审核到赔付，多个环节可实现无人值守处理。

2）响应速度很快：AI大幅提升处理效率，实现"分钟级"乃至"秒级"赔付。

3）标准化程度强：算法判断减少了人工主观差异，使理赔更具一致性与公平性。

4）风控能力增强：借助大数据分析与模型训练，AI有助于提高风险识别与反欺诈能力。

3.技术原理剖析：AI定损系统的核心机制

AI定损并非"黑箱"，其背后是一套复杂且协同运行的技术体系。首先，通过图像识别技术［如卷积神经网络（CNN）等深度学习模型］，系统能够自动识别车辆照片中的关键部件，并定位损伤区域。接着，利用图像分类模型判断损伤严重程度，将事故损伤等级分为"轻度"、"中度"或"严重"。

在此基础上，系统通过自然语言处理和知识图谱技术对保单条款进行理解，并比对当前事故的受损信息，自动判断是否满足理赔条件。这种智能匹配机制不仅减少了人工审核的工作量，也提高了理赔准确性与合规性。

值得注意的是，AI定损模型需要大量的高质量标注数据进行训练。例如，数十万张事故车辆照片、专家人工定损记录、维修费用数据库等，都是支撑模型优化的重要基础。同时，模型还通过持续学习与误差修正机制，不断提升判断准确率。

下面，对智能理赔的每个环节背后的技术支撑进行简单的分析说明。

（1）图像识别：从照片中"看懂"事故　AI定损流程的第一步是对车主上传的事故照片进行图像识别与处理。这一过程主要依赖卷积神经网络（CNN）等深度学习模型。车辆在事故中通常会产生凹陷、划痕、破碎等多种损伤，AI系统需要具备从复杂背景中提取车辆主体、识别关键零部件（如车灯、保险杠、车门、后视镜等）的能力。

在模型训练阶段，系统通常会输入数十万张带有精准标注的事故图像数据。这些图像通过标注工具进行"语义分割"，即将每个车身部位的轮廓以像素级别描绘清楚，使模型能学习到不同零部件在不同角度和光照条件下的视觉特征。随后，模型将学习如何判断这些部位是否受损以及损伤的特征。图5-3-4展示了卷积神经网络模型进行车损检测的框架结构。

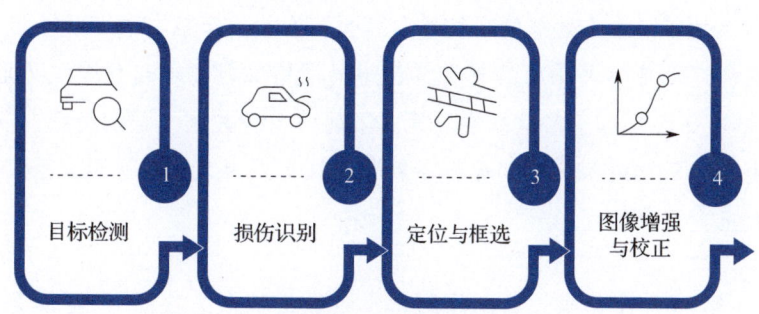

图5-3-4　卷积神经网络车损检测的框架结构

在应用阶段，系统对新照片进行推理操作，自动完成以下任务：

1）目标检测：识别并标记照片中的关键车辆部位。

2）损伤识别：判断是否存在凹陷、裂痕、掉漆、断裂等类型的损伤。

3）定位与框选：用边界框或分割图准确标出受损部位位置。

4）图像增强与校正：对角度模糊、光照异常的图像进行预处理，提升识别准确率。

想一想

你能否根据自己的理解，给出一个估算车损失报价的数学表达式？

_____

_____

_____

（2）损伤分类与估价：建立"严重程度"标签 在完成对损伤部位的检测后，系统将损伤信息输入分类模型，以评估其严重程度等级。这一分类标准通常由保险公司根据实际维修成本与安全影响标准定义，比如：

1）轻度损伤：如轻微划痕、浅层凹陷。

2）中度损伤：如局部部件变形或裂纹。

3）严重损伤：如结构性破坏、功能性部件损坏等。

接下来，系统将查询车辆型号与配件数据库，对应损伤部位匹配标准维修项目与零部件价格，并计算维修总成本。部分系统还引入图神经网络（GNN）来实现部件之间的依赖建模，例如前照灯受损可能涉及保险杠、线束等的关联检查，从而实现更精细的估价过程。图5-3-5展示了理赔报价智能生成过程。

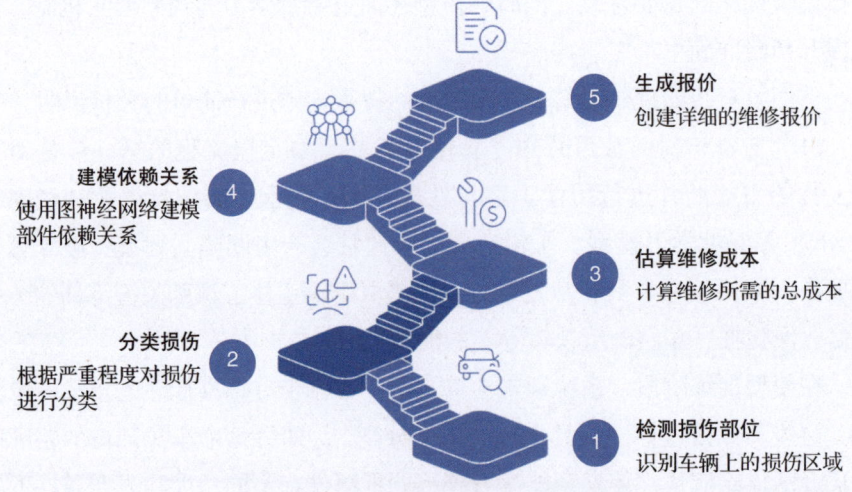

图5-3-5 智能理赔报价的生成过程

知识拓展

图神经网络（GNN）是一种专门用于处理图结构数据的深度学习模型。图由"节点"和"边"组成，常见于社交网络、知识图谱、交通路网、汽车部件关系等场景。传统神经网络难以处理这种非欧几里得结构，而GNN通过在图中传播和聚合邻居节点的信息，能够学习节点之间的复杂关系与结构特征。以车险理赔为例，知识图谱可以表示"事故类型""受损部件""理赔条款"等实体及其之间的关联，GNN则可在此基础上建模推理，辅助AI系统做出更准确的理赔判断。

（3）理赔条件判断：从图片到保单条款的"语义匹配" 定损完成后，系统将进入另一个关键阶段：判断事故是否满足理赔条件。这一过程融合了自然语言处理（NLP）与知识图谱技术。如图5-3-6所示，系统首先需要理解保单条款的内容，例如"只赔付由于第三方责任导致的车损""不涵盖自然灾害"等规定。通过大语言模型（如DeepSeek）结合保险领域词汇，系统能够将保单条款进行结构化处理并建立"条款语义图谱"。接着，系统将此次事故的定损结果与图谱进行语义比对，以判断其是否在理赔范围内。例如，如果照片显示车辆遭遇水淹，系统将推断是否为"洪水导致的自然灾害"，然后查找保单中是否包含相关免责条款，从而决定是否可赔付。

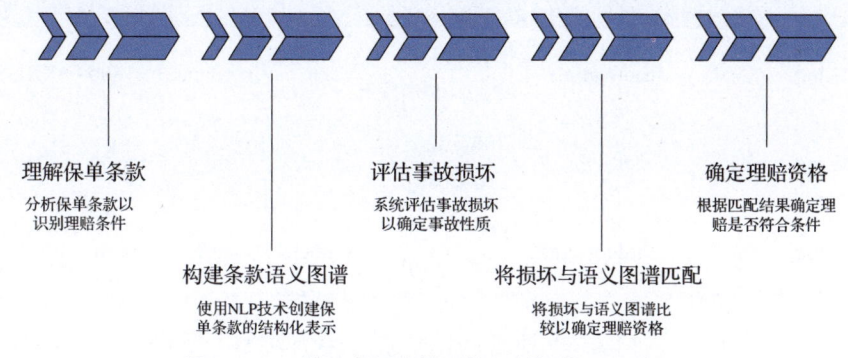

图5-3-6　基于大语言模型的保单智能匹配过程

（4）模型训练与持续优化：越用越准的智能系统　值得注意的是，AI定损系统的高准确性不是一蹴而就的成果，而是建立在海量数据标注与持续模型训练优化机制基础之上的。以下几种数据资源至关重要：

1）事故照片标注：借助海量事故照片标注，不断训练模型，实现"部件—损伤类型"对照关系。

2）专家定损记录：学习专家定损记录数据，为AI提供"黄金标准"。

3）维修配件数据：建立维修工时历史数据和配件信息数据库，使得理赔估价更为精细化。

4）历史理赔案例：建立历史理赔案例库，通过在线训练，不断完善理赔判断模型。

此外，系统通常部署模型持续学习机制，对不确定预测结果标记为"人工审核"，再将审核结果反向用于模型训练（即"人机协同优化"）。同时引入异常检测机制，通过残差网络、判别模型识别可能的欺诈行为或图像伪造。图5-3-7展示了AI定损模型训练的基本流程。

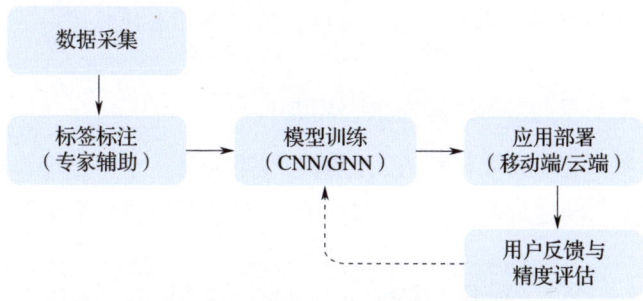

图5-3-7　AI定损模型训练的基本流程

表5-3-1给出了一种用于AI定损模型训练的数据集标记样表，即对采集的损伤照片逐个进行标记，标记出照片所属的车型、损伤部位、损伤区域、损伤类型、损伤程度、维修估价、是否属于保险范围等。

> **想一想**
>
> AI定损是否能完全取代人工判断？在复杂、多车、多责任的事故中，AI能否做出准确评估？算法决策的公平性如何验证？

表 5-3-1　AI 定损模型训练数据集标记样表

编号	车型	损伤部位	损伤区域	损伤类型	损伤程度	陈本	入保
001.jpg	大众	frontbumper	[120, 340, 200, 150]	dent	moderate	1800	TRUE
002.jpg	别克	leftlight	[90, 320, 100, 80]	crack	mild	—	—
003.jpg	帕萨特	reardoorright	[410, 300, 140, 120]	scratch	mild	450	TRUE

综上所述，AI定损系统通过图像识别、语言理解、规则匹配和深度学习模型的协同，使车险理赔实现从"拍照"到"赔付"的闭环自动化，不仅提升了处理效率，也显著降低了欺诈风险。

5.3.2　打造透明高效的二手车交易模式

> **案例导入**
>
> **二手车交易中的"隐形套路"**
>
> 二手车交易往往有很多"坑"。看似外观整洁、车况"经检测无异常"，销售人员反复强调"非事故车""高性价比"，其实可能是一个严重泡水的车（图5-3-8）。当我们提车后不久，二手车很有可能频频出故障：发动机抖动、制动系统异常，甚至通过第三方平台发现车辆有过严重追尾事故记录。最终，自己承担的维修费用接近购车款的四分之一。这一切，源于一个缺失了"透明与信任"的评估流程。
>
>
>
> 图 5-3-8　二手车交易市场中的泡水车
>
> 二手车交易的"坑"不是少数。在国内二手车交易市场，每年千万辆的交易中，大量二手车通过"人工+主观经验"的简单方式进行估价交易，更有甚者是某些"挖坑"方式，让购车人苦不堪言。
>
> 面对如此巨大的市场体量和风险空间，AI技术的引入是否可以打破"信息黑箱"，实现真正意义上的"可信估值"与"智能检测"？

1. 二手车交易的基本过程与核心痛点

传统二手车交易主要依赖人工经验、线下交易、手工办理，流程通常较为繁琐且信息透明度较低。二手车交易的一般过程如图5-3-9所示。

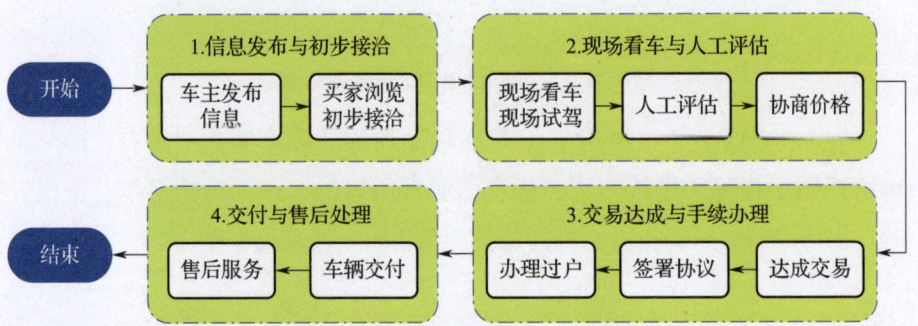

图 5-3-9　二手车交易的一般过程

在传统二手车交易中，消费者常常面临多个层面的核心痛点，严重影响交易的公平性、效率和安全性。

（1）信息不透明，车况真伪难辨　多数买家难以获取车辆完整的维修记录、事故历史和使用情况，仅能依赖卖家提供的信息，导致"问题车"频频流入市场。一旦出现事故隐瞒、调表等行为，消费者往往在交易完成后才发现，造成经济损失和维权困难。事故车"洗白"、调表车"隐身"、泡水车"修复上架"等现象时有发生。由于维修记录缺失、车主信息割裂，消费者常常处于信息劣势。

（2）车评靠经验，价格可信度低　传统评估依赖人工经验，缺乏统一标准。评估师之间存在显著差异，容易产生价格偏差。部分车商甚至存在"高估低买"或"低估高卖"的误导行为，损害交易公平性，增加了买卖双方的不信任。即便同一辆车，不同评估师可能得出截然不同的车况等级，尤其在轻微事故、翻新修复、零部件老化等方面判断存在较大偏差，消费者难以信服。个别评估员可能因平台利益、个人提成，存在"打分造假"或压价行为，损害买卖双方利益。

（3）交易较繁琐，耗时又耗精力　从看车、试驾、协商价格到办理过户等一整套流程，往往需要多次线下接洽，耗时耗力。特别是跨地区交易时，流程更加复杂，极大降低了交易效率，也抬高了交易成本。检测流程动辄3~5小时甚至更久，涉及多个系统与环节（拆检、诊断、图片采集等），严重拖慢交易节奏，降低平台运营效率。

（4）法律保障不足，交易风险较大　在私下交易或非正规平台上，合同文本不规范，权责不清，常见的"口头承诺"很难形成法律效力。一旦产生纠纷，如车辆隐患、虚假信息等，缺乏有效法律支撑，消费者维权难度高、成本大。

（5）售后追责困难，买车属于弱势　交易完成后，一旦车辆出现质量问题或潜在缺陷，由于缺乏售后保障机制，买家往往无处申诉，原车主责任难以追究。这类"交易即终结"的模式，使买家在售后维权方面处于极为被动的地位。

2. AI赋能：重塑二手车交易流程

伴随AI技术的不断成熟，传统评估的瓶颈正在逐渐被打破。以计算机视觉、大数据分析、自然语言处理和知识图谱为代表的新一代AI工具，未来会使二手车评估进入"数据驱动+智能判断"的新阶段。在人工智能的加持下，二手车交易发生质的变化，实现如图5-3-10所示的二手车交易流程。

（1）智能信息采集与车况初评　在智能二手车交易流程中，卖家首先通过平台上传车辆的基本信息，包括品牌、型号、年款、行驶里程以及使用地区等，同时在系统引导下拍摄并提交标准化车辆照片，确保涵盖车辆各个关键部位。若配备OBD设备，还可同步上传车辆的实时运行数据。随

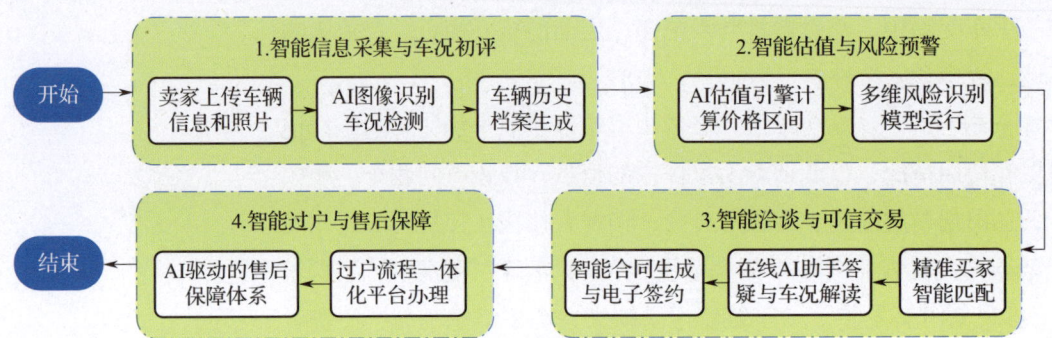

图5-3-10　AI赋能下的智能二手车交易流程

> **TIPS 小贴士**
>
> 车载诊断系统（On-Board Diagnostics，OBD）是一种用于监测车辆发动机及相关系统运行状态的车载电子系统。它通过连接车辆的传感器和控制模块，实时采集发动机、排放系统、变速器等关键部件的运行数据，当检测到故障（如排放超标、传感器异常等）时，会触发故障码（DTC）并点亮仪表盘上的故障指示灯（MIL），帮助维修人员快速定位问题。

后，AI图像识别模型会对车辆图像进行自动分析，精准识别划痕、凹陷、锈蚀等外观损伤，生成包含损伤等级、维修建议及可信度评分的检测报告。同时，平台系统自动调取交强险理赔、4S店保养、事故定损、年检与维修等多源数据，为车辆构建完整的"数字画像"，实现车况的透明呈现与历史的可追溯。

（2）智能估值与风险预警　接下来，AI估值引擎会综合车况评分、区域市场行情、品牌保值率及交易活跃度等多维因素，智能计算车辆的当前市场参考价，并给出高、中、低三档预估价格区间，提升定价的客观性与透明度。同时，多维风险识别模型同步运行，对比里程数与使用年限的一致性，分析故障数据中是否存在异常情况（如短期频繁维修、OBD异常警报等），并依据检测结果进行风险等级打分，生成如"调表嫌疑""事故嫌疑"等标签，最终输出详尽的风险提示与车辆信任等级。

（3）智能洽谈与可信交易　在定价与风险评估完成后，平台将通过精准买家智能匹配系统，依据买家的搜索行为、预算偏好、地域筛选条件及历史交易模型，智能推荐高匹配度车源，并提供自动订阅与报价提醒功能。同时，在线AI助手依托自然语言处理技术，实时生成车况摘要，支持用户就车辆报告进行提问并获取自动解答，增强信息透明度与互动体验。最终，系统根据平台标准模板与车辆检测结果，自动生成个性化交易合同，并通过电子签署方式完成线上签约，全程留存加密证据链，有效保障交易合规与安全。

（4）智能过户与售后保障　在交易完成后，过户手续可通过平台一体化系统办理，联动车管所实现在线预约、车辆查验、缴税及变更登记等全流程操作，并提供办理进度的实时更新，提升效率与便捷性。同时，AI驱动的售后保障体系将为用户提供交易后一段时间的智能诊断服务，对潜在隐患或交易争议出具AI复核报告，辅助界定责任，进一步增强售后透明度，并可根据车辆情况智能匹配第三方质保或延保服务，为买家提供更全面的保障。

3.智能二手车交易背后的AI技术支撑

智能二手车交易，要做到更为高效、公平、可信且有保障的交易，需要经过智能车损检测、历史档案生成、市场价定位与风险评估等几个环节，如图 5-3-11 所示。

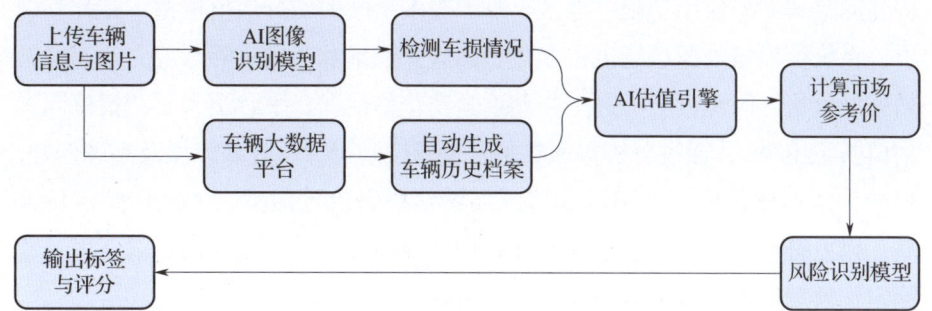

图 5-3-11　智能二手车交易流程

其背后的技术支撑至少包含以下几个方面。

（1）图像识别+OBD 数据，构建"智能诊断体系"

1）图像识别。在二手车评估中，图像识别技术借助深度卷积神经网络（CNN），能够对车辆表面进行自动化的细致分析（图 5-3-12）。系统可快速处理数百张标准化车辆图像，识别车身上的划痕、凹陷、漆面异色等问题，并输出相应的损伤评分和维修建议。这种"非接触式检测"极大提升了评估效率与一致性，避免了传统人工检视中存在的主观偏差，同时为后续的智能估价和交易提供精准的车况依据。

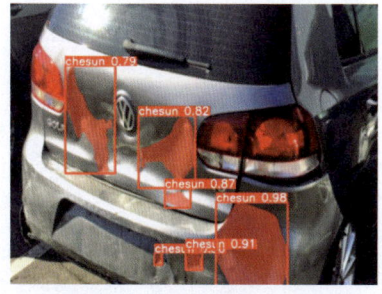

图 5-3-12　AI 智能识别车损

2）车载数据分析。车载诊断系统（OBD）数据的深度分析，是 AI 技术在二手车智能评估中的另一关键支点。通过实时读取发动机、变速器、转向系统、排放控制等核心模块的运行状态，系统能掌握车辆运行的"内部健康状况"，如图 5-3-13 所示。再结合机器学习模型对这些数据进行趋势分析与异常识别，可有效预警动力系统故障、非法调表、关键零部件损耗等潜在问题，从而在交易前就为买卖双方提供高可信度的技术保障。

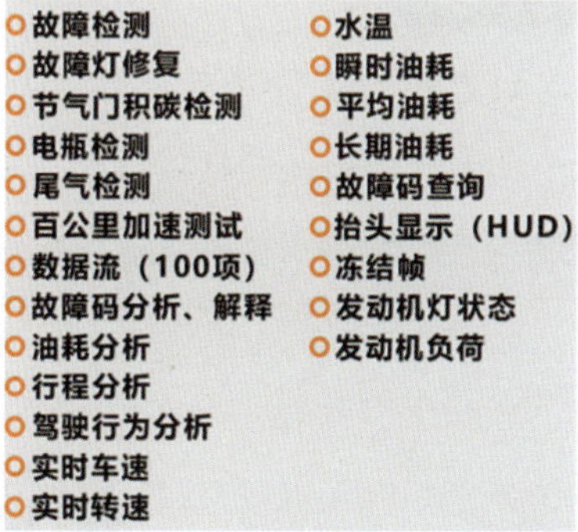

图 5-3-13　OBD 读取仪主要功能

（2）数据溯源：还原车辆真实"前世今生"　AI 平台对接保险理赔平台、交通事故记录、4S 店维修数据库、车管所数据，并融合自然语言处理对非结构化维修记录进行解读与分类，见表 5-3-2，自动生成车辆全生命周期报告。

表 5-3-2　车辆历史档案样表

信息项	样本数据
初次登记时间	2018 年 5 月
维修记录	2021 年更换制动系统
事故记录	2020 年左前侧碰撞，更换灯组
使用强度	平均每年行驶 1.4 万千米
车主更换次数	1 次
是否出险	否
行驶区域	华东沿海

TIPS 小贴士

梯度提升决策树（GBDT）是一种基于集成学习思想的算法，原理是通过迭代生成一系列弱决策树（通常是深度较浅的回归树），并将它们的预测结果加权组合，最终形成一个强预测模型。GBDT擅长处理非线性数据和特征交互，在分类、回归任务中表现优异，且对异常值不敏感，无需复杂的特征预处理。

想一想

AI定价的逻辑能否足够公开透明以赢得用户信任？

（3）智能定价模型：公平透明的"算法估值" AI定价模型通常基于梯度提升决策树等机器学习算法，从海量历史交易数据中提取价格波动规律，构建涵盖车型、使用年限、地区、季节等多维度的细分估值模型。在此基础上，系统可根据当前市场供需变化、品牌保值率及车辆实际状况，动态输出精准的价格区间预测。为进一步贴近真实交易情况，平台引入了"情感因素估值修正模块"，通过分析买家在平台上的搜索行为、收藏习惯及品牌偏好，智能识别如颜色偏好、稀缺配置或品牌情感溢价等因素，适度调整定价策略，以更符合市场真实意愿和成交心理，提高交易匹配度与用户满意度。智能定价模型如图5-3-14所示。

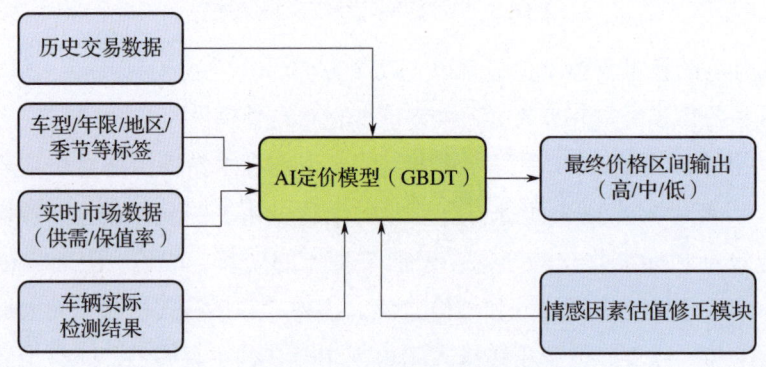

图5-3-14 智能定价模型

（4）风控引擎：识别交易中"隐藏的地雷" 风控引擎在智能二手车交易中扮演着"隐患扫描器"的角色，能够精准识别潜藏于交易链条中的"隐藏地雷"。通过引入图神经网络（GNN），系统可对车辆在不同平台和不同车主之间的流转路径进行建图分析，识别异常交易模式，如频繁过户、跨区域倒卖、可疑集群操作等，从而锁定"高风险车辆"。此外，部分先进平台还部署了多模态反欺诈模型，融合图像识别、语音识别与文本语义分析技术，对车辆照片、车况描述、语音备注等信息进行一致性校验，发现人为伪装或隐瞒的痕迹，实现跨维度交叉验证，大幅提升风险识别的准确率与前置预警能力。

练习题

一、单选题

1. AI在车险理赔中（　　）环节最直接减少人工主观判断。
   A. 报案登记　　　　　　　　　B. 图像识别定损
   C. 审核保单条款　　　　　　　D. 赔款到账

2. （　　）不是AI智能理赔典型特征。
   A. 响应速度快　　　　　　　　B. 标准化程度高
   C. 更复杂的沟通链条　　　　　D. 风控能力增强

3. AI定损系统中，用于识别车辆部件位置和损伤类型的主要技术是（　　）。
   A. 卷积神经网络（CNN）　　　　　B. 图神经网络（GNN）
   C. 增强现实（AR）　　　　　　　　D. 决策树（DT）
4. 在二手车交易中，AI智能估值系统最可能用到（　　）技术。
   A. GBDT算法　　　　　　　　　　B. 语音识别
   C. 增强现实　　　　　　　　　　　D. 区块链
5. （　　）不是AI在二手车交易中可以自动完成的功能。
   A. 检测隐藏事故痕迹　　　　　　　B. 读取OBD实时数据
   C. 乡镇车管所过户　　　　　　　　D. 提供标准合同模板

二、多选题

1. 在车险理赔中，（　　）属于AI的具体应用。
   A. NLP智能客服接入　　　　　　　B. 图像识别定损
   C. 人工定损审核　　　　　　　　　D. 反欺诈模型检测
   E. 纸质资料人工归档
2. AI赋能二手车流程中，（　　）属于风险识别功能。
   A. 检测泡水车漆面异常　　　　　　B. OBD读取异常报警
   C. 使用GNN识别可疑频繁过户　　　D. 智能合同生成
   E. 智能签约电子存证
3. 关于AI系统在车险/二手车行业中的优势，下列说法正确的有（　　）。
   A. 可完全替代人工判断　　　　　　B. 缩短处理时间至秒级
   C. 提升评估一致性　　　　　　　　D. 增强客户体验
   E. 永远不会出错

三、简答题

1. 简述AI定损系统的主要技术流程，并说明每一环节如何协作提升理赔效率。
2. 从信息不对称角度，分析AI技术在二手车交易中的价值，并举例说明。
3. 结合内容谈谈AI在车险理赔或二手车评估中的潜在挑战，并提出应对策略。

实践任务1：设计二手车评估智能体

【任务目标】

开发一个服务于二手车评估的在线平台，并实现"任务要求"中描述的功能。

【任务要求】

1. 进入某个支持AI工作流的创建的平台，如Coze平台。

2. 在该AI平台构建一个智能体。

3. 具体要求如下。

1）二手车信息采集与车况初评：能快速精准采集二手车基础信息，并依据专业评估模型给出车况初评报告，涵盖车辆外观、内饰、机械状况等基础评价。

2）车辆估值与风险预警：结合车况初评、市场行情和车辆历史记录等多维度信息，运用算法模型给出合理估值区间，同时分析车辆可能存在的风险因素，给出评估报告。

3）交易达成与交易指导：根据买卖双方需求和偏好匹配潜在交易对象，提供安全可靠的交易流程指导，保障交易公平、公正、透明，给出交易建议。

4）过户指导与售后保障：协助办理二手车过户手续，提供过户流程说明和文件指导，还提供一定期限内的质量保证、维修服务推荐等售后保障。

【成果形式】

成果形式可以是下面几种形式之一：

1. 设计一个智能体的实现方案（PPT形式）。
2. 基于某个AI开发平台设计一个可测试的智能体。
3. 基于某个AI平台构建一个智能体小程序。
4. 其他体现人工智能赋能二手车评估的应用实现。

【实践指导】

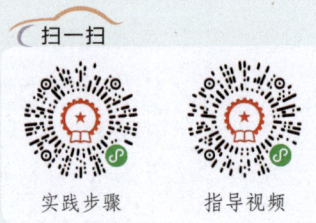

扫一扫

实践步骤　　指导视频

实践任务2：设计数字人车展导览员

【任务目标】

生成一段介绍车辆的虚拟数字人视频，并实现"任务要求"中描述的功能。

【任务要求】

1. 针对特定品牌某车型，收集车辆参数与性能等。
2. 自行设计数字人形象，匹配车辆形象。
3. 设计导览文本，以相符的风格介绍车辆。
4. 生成数字人视频。

5. 具体要求如下。

1）车辆信息采集：收集目标车型的详细参数（尺寸、动力、配置等）及官方性能数据。

2）适配风格设计：设计符合车型调性的数字人形象（如运动、豪华或科技风格）。

3）导览文本设计：撰写简洁生动的解说词，突出车辆核心卖点。

4）视频编辑及导出（可选）：合成数字人与车辆画面，输出高清宣传视频。

【成果形式】

成果形式可以是下面几种形式之一：

1. 设计一个数字人的实现方案（PPT形式）。
2. 基于某个数字人平台设计一个可调试的数字人。
3. 基于某个数字人平台导出一个设计好的导览视频。
4. 其他体现数字人技术的应用实现。

【实践指导】

实践步骤

指导视频

参考文献

［1］周志华. 机器学习［M］. 北京：清华大学出版社，2016.

［2］李航. 统计学习方法［M］. 2版. 北京：清华大学出版社，2019.

［3］远程升级（OTA）编写组. 智能网联汽车远程升级（OTA）发展现状与建议［M］//中国汽车工程学会，国家智能网联汽车创新中心. 中国智能网联汽车产业发展报告（2023~2024）. 北京：社会科学文献出版社，2024：287-302.

［4］张丽莉，储江伟，强添刚，等. 现代汽车故障诊断方法及其应用研究［J］. 机械研究与应用，2008，21（1）：8-16.

［5］舍恩伯格，库克耶. 大数据时代：生活、工作与思维的大变革［M］. 周涛，等译. 杭州：浙江人民出版社，2013.

［6］陈康，武永卫，余宏亮，等. 大数据存储技术［M］. 北京：人民邮电出版社，2021.

［7］库伯，莱曼，克罗宁，等. AboutFace4：交互设计精髓［M］. 倪卫国，刘松涛，杭敏，等译. 北京：电子工业出版社，2015.

［8］蔡自兴，刘丽珏，陈白帆，等. 人工智能及其应用［M］. 7版. 北京：清华大学出版社，2024.

第 6 章
汽车人工智能基石与未来展望

在智能汽车构筑的数字版图上，规则、技术与未来正编织成三维立体的认知坐标。本章以"规则筑牢底盘，技术驱动引擎，未来领航方向"为轴，聚焦汽车人工智能发展的"根基"与"远方"。在本章，我们将剖析 AI 技术引发的伦理挑战与法规应对，探索标准化建设如何为创新保驾护航；我们将见证 AI 如何重塑汽车产业链的每一个环节，以及这一变革对人才能力提出的全新要求；我们还将触摸技术前沿的脉动，展望那些正在从想象走向现实的未来图景。产业层面软件定义汽车催生"硬件标准化+软件服务化"新模式，技术在创新与安全的平衡中加速演进。正如上海车展广汽星灵 AI 系统所展现的，汽车人工智能已不仅是技术升级，更是人类出行的范式革命。

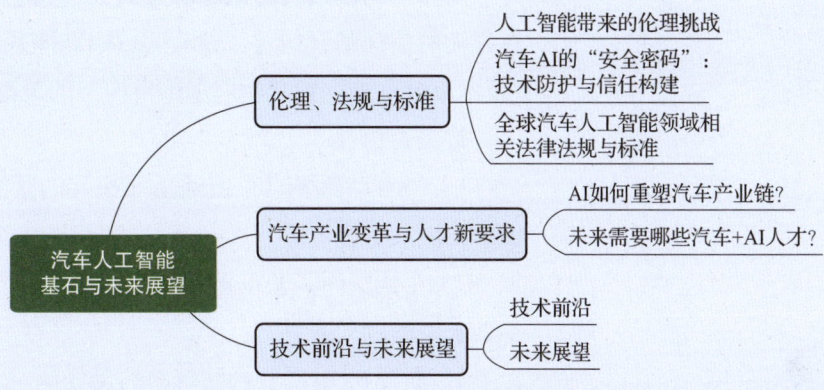

- 汽车人工智能基石与未来展望
  - 伦理、法规与标准
    - 人工智能带来的伦理挑战
    - 汽车AI的"安全密码"：技术防护与信任构建
    - 全球汽车人工智能领域相关法律法规与标准
  - 汽车产业变革与人才新要求
    - AI如何重塑汽车产业链？
    - 未来需要哪些汽车+AI人才？
  - 技术前沿与未来展望
    - 技术前沿
    - 未来展望

1. 梳理全球主要经济体智能汽车领域的立法动态，分析政策对产业技术路线与市场格局的影响。
2. 阐释汽车智能化伦理准则、安全标准及法规的核心内容与适用场景。
3. 对比不同智能驾驶合规标准，解析认证流程中技术验证、数据合规的关键步骤。
4. 归纳智能驾驶责任认定模式，结合典型案例分析权责划分原则。
5. 预测汽车智能化技术、应用、产业生态的未来趋势。
6. 能依据全球主要经济体智能汽车相关法律法规，分析具体案例中事故责任主体及责任划分比例，形成简易责任判定报告。
7. 能使用标准化认证相关工具，对某一智能驾驶功能模块进行合规性自查，输出整改清单。
8. 能针对"汽车 + AI"新兴岗位，结合自身专业背景，制定包含 3 项核心技能的短期学习计划，并说明每项技能的实践路径。
9. 在法规政策研究中保持客观公正，形成正确的职业价值观。
10. 强化智能汽车安全与伦理意识，树立技术发展的责任观念。
11. 拓展全球视野，关注国际产业动态，认识各国发展的差异与合作机会。

6.1 伦理、法规与标准

在汽车产业加速智能化转型的进程中，当人工智能技术深度融入研发、制造与应用场景，一系列关乎技术发展与人类社会伦理的核心命题正亟待破解。从自动驾驶系统的道德决策边界，到全球数据治理的规则博弈，从技术可靠性的信任基石构建，到跨区域标准体系的协同融合，汽车产业正面临从"技术单维突进"到"治理多维重构"的关键转折。

你是否想过：

1）当自动驾驶汽车遭遇生死抉择的紧急场景，算法该如何权衡生命价值的伦理天平？

2）车辆实时采集的海量数据在驱动技术迭代时，如何划定隐私保护与创新发展的合理边界？

3）面对L3级以上自动驾驶的责任认定难题，传统法规体系能否承载技术变革带来的权责重构？

4）在全球技术标准差异显著的现状下，如何构建兼顾安全底线与创新活力的伦理治理框架？

本节将深入剖析AI技术引发的伦理挑战、法规体系的适应性变革与标准化建设的全球实践，带你见证汽车产业从"技术野蛮生长"到"治理规则赋能"的范式跃迁——看人类如何在创新热情与安全底线间寻找平衡，让技术进步始终行走在伦理合规的轨道上。

6.1.1 人工智能带来的伦理挑战

> **案例导入**
>
> **数据泄露风波**
>
> 2023年，美国某车企发生一起数据泄露事件，影响了超过7.5万人。这起事件被认定为"内部不法行为"的结果。美国缅因州总检察长办公室已经对此发布了通知，指出两名前员工涉嫌违反了IT安全和数据保护政策，盗取了机密信息，并与媒体分享了这些数据。针对此事，该公司已取得法院的支持，阻止这两名前员工进一步使用、访问或传播这些数据，否则将面临刑事处罚。
>
> 被泄露的文件包含了大约100GB的机密数据，其中包括员工的姓名、地址、手机号码和电子邮件等联系信息。此外，还有大约2400起关于车辆突然加速的客户投诉以及1500起关于制动问题的投诉。这些敏感数据的外泄给客户、员工以及合作伙伴的隐私带来了严重威胁。

上述案例引发了我们的思考：汽车人工智能技术在收集和使用数据时，边界究竟在哪里？这仅仅是一个个案，还是整个行业的共性问题？带着这些疑问，本小节将从数据隐私与安全风险、自动驾驶的道德决策困境、责任判定三个维度，深入探讨汽车人工智能面临的核心伦理挑战。

1. 数据隐私与安全风险

（1）车辆数据采集的边界：必要性与隐私保护的平衡

1）车辆数据采集的必要性与隐私保护的平衡。在智能网联汽车时代，数据已成为驱动技术迭代的核心生产要素。车辆通过各种传感器，包括摄像头、传声器等设备，实时采集包含位置信息、驾驶行为、生物特征（如指纹、面部数据）、座舱交互记录等多维度数据。这些数据既是优化自动驾驶算法、提升用户体验的基础，也可能成为侵犯用户隐私的潜在风险源。

在智能网联汽车构建的数字世界里，数据早已不是简单的信息碎片，而是驱动汽车从"机械载体"进化为"智能终端"的核心生产要素。当我们坐进搭载毫米波雷达、激光摄像头、生物识别模块的新型座驾时，车辆正通过24小时在线的传感器阵列，构建属于每位用户的"数字孪生体"——你的每一次变道轨迹、每次踩制动踏板的力度，甚至指纹解锁习惯，都在形成多维度的行为数据矩阵。

图6-1-1 某品牌车主通过车机查看陌生车主的行车记录仪画面

这些被实时采集的"驾驶数字足迹"，正以毫米级精度喂养着自动驾驶算法：高精度地图依赖位置数据持续更新，疲劳监测系统需要面部表情数据训练模型，语音交互系统则通过座舱对话记录优化语义识别。数据合规利用时，它们是推动L4级自动驾驶落地的"数字燃料"；但当生物特征数据（指纹/人脸）、敏感位置信息（家庭住址/行车路线）脱离安全控制，就可能成为黑色产业链的"待售商品"。

2）数据采集边界的争议。例如，自动驾驶系统需采集实时路况数据以优化决策，但部分车企过度收集用户日常通勤路线、车内对话内容等敏感信息，引发"数据收集是否超出必要范围"的争议。2022年，某品牌汽车车主发布了一条视频，其内容展示了某品牌汽车可查看陌生车主行车记录仪画面，如图6-1-1所示，暴露了数据采集边界模糊的行业共性问题。

3）生物特征数据的特殊风险。智能座舱中的人脸识别、指纹识别等技术，在实现个性化服务的同时，也将用户生物特征数据暴露于风险中。2023年，某汽车品牌因软件漏洞导致用户面部识别数据泄露，被网络安全机构通报。此类数据一旦被恶意利用，可能导致身份盗用、精准钓鱼攻击等严重后果。

> **知识拓展**
>
> 《中华人民共和国个人信息保护法》中规定的数据采集"最小必要"原则，是保障个人信息安全、平衡信息利用与权益保护的关键准则，该原则在第六条得以明确，即"处理个人信息应当具有明确、合理的目的，并应当与处理目的直接相关，采取对个人权益影响最小的方式。收集个人信息，应当限于实现处理目的的最小范围，不得过度收集个人信息。"
>
> 智能汽车采集用户驾驶行为数据，若目的是优化车辆性能，那么收集数据应紧紧围绕这一目的展开。例如，车辆为实现基本的导航功能，仅需获取用户的出发地、目的地以及实时位置信息即可，无需收集用户的浏览记录、通话记录等无关信息。

（2）深度伪造技术对车辆系统的潜在威胁　如图6-1-2所示，深度伪造（Deepfake）技术通过人工智能生成高度逼真的伪造数据（如图像、语音、视频），已经对汽车系统的安全性构成新型威胁。

图6-1-2　Deepfake技术伪造生物特征

1）交互系统攻击。在语音交互场景中，攻击者可伪造车主语音指令。攻击者通过公开渠道（如社交媒体、用户访谈视频）获取目标车主的语音数据，构建声纹模型，再利用生成式对抗网络（GAN）或扩散模型生成与车主声纹高度匹配的伪造指令就可以实现远程控制车辆开窗、解锁甚至起动车辆。

2）视觉感知欺骗。针对自动驾驶的视觉识别系统，攻击者可伪造交通标志、行人图像等，误导车辆做出错误决策。例如，通过在真实路牌上粘贴特制贴纸，使自动驾驶系统将"限速60km/h"误识别为"限速100km/h"，从而引发超速风险。

2. 自动驾驶的道德决策困境

（1）紧急场景下的生命价值权衡：AI如何"做选择"？　自动驾驶系统在面对无法避免的事故时，需基于预设算法做出道德决策，这引发了对"机器伦理"的广泛讨论。典型如"电车难题"的现实化——如图6-1-3所示——当车辆必须在"保护乘客安全"与"避免碰撞行人"之间选择时，算法应如何权衡？

图6-1-3　电车难题

解决"机器伦理"问题有两个路径：功利主义算法和伦理规则库。功利主义算法以"最大化整体利益"为核心，试图通过量化伤害与收益，在事故不可避免时选择损失最小的方案。这种算法的优势在于决策逻辑清晰，能快速响应紧急情况。然而，它存在诸多争议：一方面，生命价值难以简单量化，将人的生命"明码标价"违背基本伦理；另一方面，数据偏差会导致不公平决策，若训练数据中缺乏特定群体样本，算法可能系统性忽视这部分人的安全。

伦理规则库是将人类社会公认的道德准则转化为机器可执行的规则集合，为自动驾驶系统划定行为边界。自动驾驶系统通过读取规则库，对传感器获取的信息进行判断，选择符合规则的行为。但该模式面临规则冲突和场景覆盖不足的挑战。当多个规则相互矛盾时，系统难以抉择。

（2）算法偏见与公平性争议　算法偏见可能源于数据采集偏差、标注错误或模型设计缺陷，导致系统对不同群体的识别准确率存在差异。

1）行人检测的"肤色偏见"。研究表明，部分自动驾驶系统对深色皮肤行人的检测准确率比浅色皮肤低5%~8%，原因是训练数据中深色皮肤行人样本占比不足。2020年，美国国家运输安全委员会（NTSB）在调查报告中指出，某品牌自动驾驶系统对穿深色衣服的行人响应延迟更长，增加了事故风险。

2）地域文化差异引发的决策冲突。在交通规则复杂的地区（如某些国家的混合交通场景），基于欧美数据训练的算法可能无法适应"人车混行、非机动优先"的本地规则，导致决策失误。某跨国车企在东南亚市场的测试中发现，其自动泊车系统对"摩托车突然闯入"的识别率显著低于欧美市场。

3.责任判定：谁为AI的"错误"买单？

当汽车人工智能系统引发事故或损害时，传统法律框架面临责任主体模糊、因果关系难以界定的挑战。

（1）责任主体的多元化与模糊性

1）L3级以上自动驾驶的责任划分困境。在L3级（有条件自动驾驶）场景中，当系统发出接管请求但驾驶员未及时响应时发生事故，责任应归于车企、驾驶员还是软件供应商？2024年12月，《北京市自动驾驶汽车条例》通过，自2025年4月1日起施行，为L3级及以上级别自动驾驶汽车提供制度规范，包括个人乘用车出行场景；同月，《武汉市智能网联汽车发展促进条例》也正式发布，自2025年3月1日起正式施行，见表6-1-1。

> **想一想**
>
> 当自动驾驶车辆在紧急情况下必须造成伤害时，责任为何需要在算法设计者、车企、用户之间划分？各主体承担责任的法律依据与技术伦理基础分别是什么？若算法设计者因训练数据偏差或伦理逻辑预设导致决策失误，其责任边界应如何界定？

表6-1-1　各地对L3级自动驾驶发生交通事故的责任界定

城市		武汉	北京	深圳
相同点	驾驶人责任	如车辆发出接管请求或处于不适合自动驾驶的状态，驾驶人应立即接管车辆，若未及时接管导致交通事故发生，驾驶人须承担相应责任		
区别	责任判定的具体规定	发生道路交通事故，由公安机关交通管理部门依照道路交通安全法律、法规进行事故责任认定，若依法应当由智能网联汽车一方承担责任的，由车辆所有人或者管理人承担赔偿责任，并可以依法向负有责任的相关主体追偿	发生交通事故的，相关企业和个人应当配合公安机关交通管理部门的调查处理，并按照要求提供相应证据材料，公安机关交通管理部门按照国家有关规定调查和处理	有驾驶人的智能网联汽车发生交通事故造成损害，属于汽车一方责任的，由驾驶人承担赔偿责任；若因汽车存在缺陷造成损害，车辆驾驶人或者所有人、管理人赔偿后，可以依法向生产者、销售者请求赔偿
	数据作为责任认定依据	智能网联汽车车载设备、路侧设备、监管平台等记录的车辆运行状态和周边环境的客观信息，可以作为认定交通违法行为和事故责任的依据		相关企业和个人需提供事故过程信息或事故分析报告

2）数据服务提供商的连带责任。若事故原因涉及第三方数据服务（如地图数据错误、云端指令延迟），责任认定更为复杂。例如，2020年2月，一辆搭载Honda Sensing Elite L3级自动驾驶系统的本田Legend测试车，因使用的高精度地图未及时更新临时施工路段，导致自动驾驶系统误判路线引发事故。

（2）保险制度的颠覆性变革

1）保险产品创新。传统车险主要围绕驾驶员风险定价，而AI时代催生了"系统责任险""数据安全险""算法缺陷险"等新型险种。例如，特斯拉推出的"Autopilot安全保障险"，专门针对自动驾驶系统故障导致的事故进行赔付。

2）理赔模式重构。依托区块链技术，保险行业实现"智能合约理赔"。当车辆传感器与事故监测系统触发预设条件（如急刹碰撞、系统报错），智能合约自动启动理赔流程，无需人工介入即可完成定损与赔付。同时，AI理赔评估模型通过分析事故车辆的传感器数据、算法日志，快速还原事故真相，将理赔时效从传统的数天缩短至分钟级。

4. 从技术伦理到社会共识

汽车人工智能的伦理挑战，本质上是技术快速迭代与社会规范滞后的矛盾体现。解决这些问题，需要构建"技术–法律–社会"协同的治理体系。

1）技术层面：研发隐私计算、联邦学习等技术，在数据"可用不可见"的前提下实现算法优化。

2）法律层面：加快制定《智能汽车伦理准则》，明确数据采集边界、算法透明义务与责任划分规则。

3）社会层面：通过公众参与式研讨，建立符合人类价值观的AI伦理共识，避免技术发展脱离社会期望。

6.1.2 汽车AI的"安全密码"：技术防护与信任构建

随着智能汽车的普及，人工智能在带来便捷的同时，也让人们对"系统会不会失灵""数据安不安全""能不能放心交给机器"等问题产生疑虑。本节将从技术可靠性与社会信任两大维度，拆解如何让汽车AI既"聪明"又"靠谱"，为安全出行保驾护航。

> **案例导入**
>
> **自动驾驶事故**
>
> 2024年一位车主分享视频，反映在激活自动辅助驾驶功能时，其车辆在遇到前方静止货车后停顿约10秒，却突然加速撞向前车，车主表示"几乎来不及反应制动"。据车主所述，事故发生后联系该汽车品牌官方，得到的回复是系统未能识别前车，故责任及损失归属车主个人。
>
> 这一事件引发广泛讨论，部分声音建议在复杂路况下避免使用自动辅助驾驶功能，也有声音猜测可能是人为操作失误。

> 这一案例引发了我们的思考：在使用汽车人工智能技术的同时，如何避免安全事故的发生？又如何消除人们对于汽车人工智能带来问题的疑虑？带着这些疑问，我们将深入探讨守护汽车人工智能的"安全密码"。

1. 技术可靠性：构建多层防护网，让系统"稳如泰山"

汽车AI的可靠性是行车安全的基石，工程师们从系统设计到故障应对打造了多重保障机制，就像给汽车装上了"安全保险库"。

（1）冗余设计：关键部件的"双保险"策略 为防止单一模块失效导致系统崩溃，智能汽车普遍采用冗余设计，核心思路是"重要功能多套配置，随时切换不卡顿"。

特斯拉Model 3配备12个超声波传感器、8个摄像头和1个毫米波雷达，如同为车辆安装了"立体感知阵列"。不同传感器各有优势：摄像头擅长识别颜色和标识，毫米波雷达能穿透雨雾，超声波传感器精测短距离。当部分传感器受环境干扰（如暴雨模糊摄像头），多传感器融合算法会自动调用其他数据补位。这种"硬件备份+软件容错"的设计，让系统在极端情况下仍能维持基本功能。表6-1-2展示了汽车高阶辅助驾驶冗余系统范围及主流方法。

表6-1-2 汽车高阶辅助驾驶冗余系统范围及主流方法

冗余范围		主流方法	解决问题
感知定位冗余		激光雷达、高清摄像头、毫米波雷达、超声波传感器、高精地图、高精定位等冗余感知	实现感知硬件能力互补，并强化感知能力
控制器冗余		布置两个高性能智能驾驶计算平台，支持单计算平台故障后的热切换安全机制	实现"双核大脑"的双智驾域控算力强大，稳定性高
执行器冗余	制动冗余	机械冗余+电子冗余的双安全失效模式的制动解决方案	实现0~120km/h全速域情况的可靠制动控制
	转向冗余	EPS硬件采用双CPU、双桥驱动、双绕组电机	实现任意单一回路故障，仍能有转向助力
通信冗余		双接两路制动、转向、动力的线控通信链路	实现任一通信故障的通信"热切换"（不停机的状态下进行切换）
电源冗余		供电故障下，智驾系统可以独立安全控制	解决集中式架构的电源缺乏冗余的问题，如偏置电源中的单个元件出现故障，可能导致大型系统故障

（2）网络安全：抵御黑客攻击的"数字盾牌" 车联网的普及让汽车面临数据窃取、指令篡改等风险。2015年，美国黑客Charlie Miller和Chris

Valasek通过无线网络远程入侵了一辆汽车的车载系统,成功控制了车辆的空调、电台、刮水器,并最终接管了驱动和制动系统,如图6-1-4所示,敲响了汽车网络安全的警钟。如今,汽车行业已构建了"预防–监测–修复"全链条防护体系。

图6-1-4　2015年美国黑帽大会上黑客介绍如何入侵汽车

1)数据加密:信息传输的"保密通道"。采用AES-256等高强度加密算法,对车与车(V2V)、车与基础设施(V2I)的交互数据进行端到端加密,确保黑客即使截获数据也无法破解,就像给通信内容上了一把"电子密码锁"。

2)入侵检测系统(IDS):24小时在线"网络巡警"。通过机器学习算法分析车载网络流量,实时识别异常访问行为。例如小鹏X-OS系统的IDS能自动阻断未经授权的远程连接,将潜在攻击拦截在系统之外。

3)OTA安全更新:远程修复漏洞的"即时补丁"。特斯拉、蔚来等车企通过OTA技术,可快速推送网络安全补丁,无需用户到店即可修复系统漏洞,实现"实时防护,动态升级"。

ISO/SAE 21434《道路车辆:网络安全工程》标准明确要求,汽车制造商需在系统设计阶段嵌入网络安全防护机制,从硬件芯片到软件算法形成全链路安全闭环。

2. 社会信任构建:让技术"说人话",用户"敢托付"

技术可靠是基础,让公众"信任AI"还需跨越认知鸿沟。不同群体对自动驾驶的接受度差异显著:年轻用户更易接纳新技术,而年长用户更依赖传统驾驶经验;中国、印度等市场接受度较高,德国、日本等则相对保守。破解信任难题,需要双向沟通。

(1)技术透明化:让AI决策"看得见、摸得着"

1)可视化决策过程。百度Apollo通过动画演示系统在复杂场景(如遇行人紧急制动)的决策逻辑:如何计算制动距离、如何规划避让路径,将抽象的算法逻辑转化为直观的动态演示,让用户理解"AI不是黑箱,而是有章可循"。

2）数据驱动的信任背书。特斯拉定期发布《特斯拉车辆安全报告》，公开Autopilot在高速公路、城市道路等不同场景的事故率，并与人类驾驶数据对比，用客观数据证明"AI驾驶比人类更安全"，增强公众对技术的信心。

（2）风险沟通：明确"能力边界"，拒绝"过度承诺" 2025年，某品牌汽车因未识别高速公路施工场景导致事故的案例，如图6-1-5所示，暴露出"技术能力与用户认知不匹配"的问题。行业正从两方面改进。

图6-1-5 高速公路自动驾驶事故

1）车企：清晰标注"使用说明书"。在用户手册、驾驶培训中明确告知系统局限性，例如蔚来NAD自动驾驶系统标注："暴雨、隧道等场景可能出现识别误差，驾驶员需随时准备接管"。通过"能力清单"让用户明白"AI是辅助，不是替代"。

2）政策：规范宣传，强化人机协同。国家强制要求：

①禁止使用"全自动驾驶"等模糊宣传，必须明确标注智能驾驶等级（如L2）；

②L2级以上系统需配备驾驶员状态监测系统（DMS），通过摄像头实时监测视线偏移、方向盘脱手等行为，及时警报并强制接管，避免用户"过度依赖"。

6.1.3 全球汽车人工智能领域相关法律法规与标准

1.法律法规动态与区域差异

在人工智能深度渗透汽车产业的背景下，全球汽车人工智能法律法规与标准体系正经历结构性重构。各国基于产业基础、技术路线和社会价值的差异，形成了各具特色的立法框架，其动态演进既反映技术创新的紧迫性，也折射出不同法域对安全、隐私与产业竞争力的权衡。

> **想一想**
>
> 如何向"怀疑派"用户解释系统安全性？假设用户质疑"自动驾驶关键时刻能靠得住吗？"，可从三方面回应：
>
> 1.技术保障：我们采用了传感器、控制器、执行器的多重冗余设计，就像给系统上了"双保险"，单点故障不影响整体运行。
>
> 2.数据佐证：根据我们的安全报告，自动驾驶模式下的事故率比人类驾驶低××%，技术经过数百万公里真实路况验证。
>
> 3.责任边界：系统功能边界在用户手册中明确标注，且配备DMS实时监测驾驶员状态，确保人机协同安全——您始终是最终决策者，AI只是得力助手。

> **模拟案例**

智能汽车误判信号灯引发交叉路口碰撞

在繁华都市的晚高峰时段，交通信号灯闪烁变换，人流车流交织如麻。一辆搭载着A科技公司最新智能驾驶系统的电动轿车，正以智能驾驶模式行驶在主干道上，时速为59km/h。车内的张先生放松地靠在座椅上，将驾驶完全交给车辆的智能系统。

如图6-1-6所示，当车辆行驶至一个大型交叉路口时，本应显示红灯的信号灯因故障突然熄灭。智能驾驶系统误将此状况判断为绿灯通行，径直驶入路口。与此同时，横向车道一辆正常行驶的SUV来不及制动，两车在路口中央剧烈碰撞。瞬间，玻璃碎裂声、金属扭曲声与刺耳的警报声此起彼伏，车辆零件散落一地，周围行人惊慌避让，交通陷入一片混乱。

图6-1-6　模拟交通事故现场

（1）欧盟：系统安全性严格追责　根据2024年生效的欧盟《人工智能法案》(AI Act)，高风险AI系统（如L4级自动驾驶）的制造商被明确界定为主要责任主体，需实时记录系统决策日志，并在系统发生重大修改时重新进行合规评估。2024年修订版新增对生成式AI的监管条款，违规企业最高可处全球营业额6%的罚款。法案还规定，若进口商或分销商对高风险系统进行实质性修改（如变更用途或核心算法），其角色将转移为"系统提供者"，需承担全部法律责任。

> **模拟法庭**

模拟案例事故发生后，欧盟交通管理部门迅速启动调查程序，依据相关法规对涉事智能驾驶系统展开审查。技术团队通过深度分析车辆数据发现，该系统在面对信号灯故障这类极端情况时，缺乏有效的应急处理机制，且在设计过程中未充分模拟此类场景进行测试。

根据欧盟法规，A科技公司作为智能驾驶系统的开发者，需承担主要责任。监管机构认定其未能确保系统在复杂环境下的安全性，违反了高风险人工智能系统的相关规定。A科技公司不仅面临高达全球年营业额7%的巨额罚款，还被责令立即召回所有存在相同问题的车辆，并在三个月内完成系统升级，以增强对交通信号灯异常情况的识别与应对能力。而驾驶员张先生因正常使用自动驾驶功能，在此次事故中无需承担责任。

（2）美国：技术中立原则以及多方责任动态界定　2024年美国发布的《自动驾驶汽车政策指南》要求各州不得限制技术路线选择（如纯视觉或多传感器融合）。数据显示，采用技术中立原则的州自动驾驶测试牌照发放量同比增加了27%。此外，联邦法规明确允许L4级自动驾驶在特定场景下豁免传统安全标准，以促进技术创新。

> **模拟法庭**
>
> 　　在美国纽约州，事故调查由当地交通管理部门联合国家公路交通安全管理局（NHTSA）共同展开。秉持《自动驾驶汽车政策指南》的技术中立原则，调查重点围绕车辆技术缺陷、驾驶员操作以及基础设施状况展开。
>
> 　　经调查，智能驾驶系统的算法在信号灯熄灭时，未能准确判断通行条件，存在设计漏洞；同时，驾驶员张先生在驾驶过程中低头查看手机，未及时关注路况，也未能在系统出现异常时及时接管车辆。此外，交通信号灯故障属于基础设施问题，相关部门在日常维护中存在疏漏。
>
> 　　最终，责任被多方分担：A科技公司因系统缺陷需承担40%的责任，需负责部分赔偿并改进系统；驾驶员张先生因未尽到合理的监管义务，需承担30%的责任，面临交通违法处罚及保险费用大幅上涨；当地交通管理部门因信号灯维护不力，需承担30%的责任，需对事故受害者进行相应补偿，并加强基础设施巡检。

（3）中国法律法规的实践经验　　中国2021年发布的《智能网联汽车道路测试与示范应用管理规范（试行）》强调，在法律层面，对于事故责任的认定仍然是综合多方面因素进行判断，包括车辆的技术状态、驾驶员的操作、道路环境等。2023年，工业和信息化部、公安部、住房和城乡建设部、交通运输部联合发布了《关于开展智能网联汽车准入和上路通行试点工作的通知》，部署开展智能网联汽车准入和上路通行试点工作。

> **模拟法庭**
>
> 　　在中国，交警与智能网联汽车专家组成的联合调查组迅速介入。根据《智能网联汽车道路测试与示范应用管理规范》《道路交通安全法》等法律法规，调查从人机交互、系统性能、法规遵守等多个维度展开。
>
> 　　调查结果显示，智能驾驶系统在面对信号灯故障时，未能及时发出有效警示，且缺乏可靠的应急处理方案；驾驶员张先生在开启自动驾驶功能后，未按照规定保持注意力，未及时察觉异常并采取措施；此外，交通信号灯故障也反映出基础设施维护存在不足。
>
> 　　按照中国法规，将对责任进行综合划分：A科技公司因产品技术缺陷，需承担45%的责任，需对系统进行优化升级，并向消费者作出说明；驾驶员张先生因违反"驾驶时不得分心"的规定，且未履行接管义务，可能承担35%的责任，将面临罚款、扣分等处罚；当地交通管理部门因设施维护不当，可能承担20%的责任，需加强信号灯巡检并完善故障预警机制。此次事件还推动了中国智能汽车应急响应标准的修订，要求企业必须强化系统在极端场景下的警示与处理能力。
>
> 　　【说明】上述是判决的一种可能性，如果有证据表明智能驾驶系统存在严重的设计缺陷或漏洞，且车企在事故发生前已经知晓但未采取有效措施进行修复或改进，那么法院可能会判定车企承担更高的责任比例，可能超过案例中原定的45%的责任。例如，在一些极端天气或特殊场景下，智能驾驶系统的表现明显不符合安全标准，而车企未能提前进行充分的测试和优化，导致事故发生，此时车企可能需要承担主要责任。其次，如果能证明驾驶员在事故发生时确实处于合理的注意力集中状态，并且智能驾驶系统的故障或异常情况超出了一般驾驶员的应对能力，那么驾驶员可能承担相对较轻的责任。

2. 标准化与认证体系

在汽车人工智能深度重构交通生态的背景下，标准化与认证体系的协同创新成为全球产业治理的核心命题。这一体系不仅是技术合规的"度量衡"，更是平衡安全与创新的"调节阀"，其动态演进折射出各国在技术主权、产业竞争力与社会伦理之间的复杂博弈。

（1）国际安全标准在AI汽车中的应用　ISO 26262在不断发展和更新过程中越来越关注人工智能相关的安全问题。如ISO 26262第三版调整第6部分更适用于机器学习，扩展关于机器学习配置的附录C，并给出处理训练数据的指南。2018年发布的ISO 26262-11也给出使用人工智能的安全关键系统开发的指南。2024年12月发布的ISO/PAS 8800：2024《道路车辆：安全和人工智能》标准，对汽车领域人工智能技术应用进行了规范。该标准调整或扩展了目前ISO 26262道路车辆功能安全和ISO 21448预期功能安全（SOTIF）标准中定义的方法论，其核心内容涉及人工智能系统安全要求诸多方面，可视为与ISO 26262相关的对人工智能规范的重要补充。

> **知识拓展**
>
> ISO 26262是国际标准化组织（ISO）制定的关于道路车辆功能安全的标准。ISO/PAS 8800：2024是ISO于2024年12月发布的《道路车辆：安全和人工智能》标准。
>
> ISO 26262与ISO/PAS 8800：2024标准共同为汽车领域的安全保障提供支持，具体关系如图6-1-7所示。

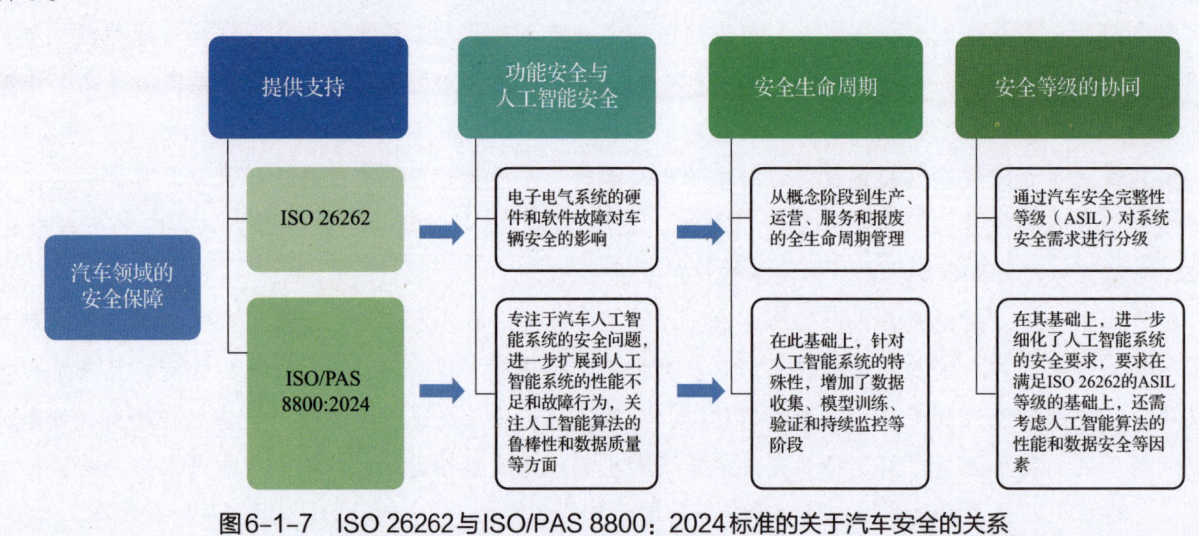

图6-1-7　ISO 26262与ISO/PAS 8800：2024标准的关于汽车安全的关系

（2）各国智能驾驶和自动驾驶的合规标准　总体来说，各国关于智能驾驶和自动驾驶的原则如图6-1-8所示。

1）责任归属与法律合规。明确多方责任：强调建立分层责任体系，涵盖制造商（算法设计缺陷）、运营商（系统维护）、用户（合理使用）及第三方（如数据提供方）。

动态法律框架：各国正逐步建立适配智能驾驶和自动驾驶的法律体系，如我国《国家新一代人工智能标准体系建设指南》（下面简称为《指南》），

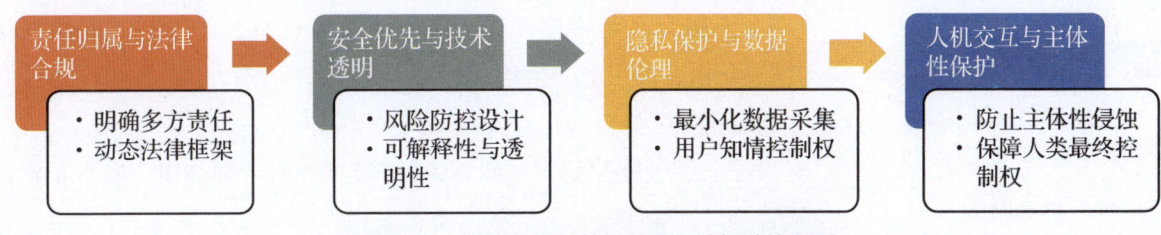

图6-1-8　各国关于智能驾驶和自动驾驶的原则

确保责任判定与现有交通法规（如《道路交通安全法》）衔接，同时预留技术迭代空间。

2）安全优先与技术透明。风险防控设计：《指南》倡导"安全阈值优先"原则，如要求自动驾驶系统嵌入冗余机制（如多传感器校验）和最小化伤害算法等。

可解释性与透明性：技术需满足ISO/IEC 24029标准，确保算法决策逻辑可追溯，强调透明性原则，避免"黑箱"操作。例如，紧急避让决策需向监管机构开放代码审查。

> **知识拓展**
>
> ISO/IEC 24029是国际标准化组织（ISO）和国际电工委员会（IEC）共同发布的关于人工智能中神经网络鲁棒性评估的标准。鲁棒性（Robustness）是指系统、模型、算法或其他实体在面对各种干扰、不确定性、变化或不完美因素时，仍能保持其性能稳定、可靠运行的能力。如自动泊车系统，车位被突然闯入的车辆占据，或有行人突然出现在泊车路径上时，鲁棒的神经网络能够迅速做出正确的决策，如重新规划路径或暂停泊车，如图6-1-9所示。

图6-1-9　自动泊车

3）隐私保护与数据伦理。最小化数据采集：加拿大《个人信息保护与电子文档法》、欧盟《通用数据保护条例》和中国《中华人民共和国个人信息保护法》、《汽车数据安全管理若干规定（试行）》中均规定，仅收集必要行车数据，匿名化处理敏感信息，反对"全景监狱式监控"。

用户知情控制权：用户有权选择数据共享范围（如是否上传行驶路径），并通过"隐私仪表盘"实时管理权限，呼应文档提出的"自决隐私"理念。

> **知识拓展**
>
> 数据归属：我国要求车企将自动驾驶数据存储在中国境内，事故调查时需配合提供。我国通过政策框架、国际合作和技术保障三方面实现动态平衡。在政策框架层面，《中华人民共和国数据安全法》和《中华人民共和国个人信息保护法》构建了数据出境安全评估、认证和标准合同三重路径，形成分类分级管理制度。《全球数据安全倡议》的提出，标志着我国在国际数字治理领域从规则跟随者向规则制定者转变。技术保障方面，区块链、隐私计算等技术被应用于跨境数据流动场景，实现"数据可用不可见"的安全流通。

想一想

过度拟人化设计（如情感化语音助手）是否可能导致用户产生情感依赖，从而侵蚀用户的主体性？在人机交互界面设计中，如何明确区分自动化建议与人类决策边界？

4）人机交互与主体性保护。防止主体性侵蚀：限制过度拟人化设计（如情感化语音助手），避免用户产生情感依赖，警示"人际关系弱化"。人机界面需明确区分自动化建议与人类决策边界。

保障人类最终控制权：如ISO 26262功能安全标准中，要求车辆保留人工接管接口，确保紧急情况下人类优先。

练习题

一、选择题

1. （　　）不属于汽车AI的伦理挑战。
   A. 数据泄露导致用户隐私暴露
   B. 自动驾驶在暴雨中误判路况
   C. 算法对深色皮肤行人识别率低
   D. L3级事故中责任主体模糊

2. 根据欧盟《人工智能法案》，高风险AI系统违规的最高罚款为企业全球营业额的（　　）。
   A. 4%　　　　B. 6%　　　　C. 8%　　　　D. 10%

二、填空题

1. 深度伪造技术可通过伪造＿＿＿＿或＿＿＿＿误导自动驾驶系统。
2. ISO 26262标准主要规范汽车＿＿＿＿安全，而ISO/PAS 8800补充了＿＿＿＿系统的安全要求。
3. 数据采集的"最小必要"原则出自中国《＿＿＿＿＿＿＿＿＿＿》。

三、简答题

1. 简述自动驾驶"电车难题"的核心伦理困境及两种技术解决方案。
2. 对比美国与中国在L3级事故责任划分上的差异（各举1例）。

6.2 汽车产业变革与人才新要求

6.2.1 AI如何重塑汽车产业链?

汽车产业如同一个庞大的超级舞台,以往传统车企始终是舞台上的核心主角。然而如今,AI就像一位极具创新力的新锐导演,携同众多科技公司"新演员"强势登场,改写了整个产业剧本。曾经以机械制造为主导的产业模式,正逐步转型为"软件定义汽车"(SDV)的智能发展模式。

1. 产业链重构与商业模式创新:传统车企与科技公司的协同与竞争

传统汽车产业链是以主机厂为核心的体系,各环节紧密围绕发动机、变速器等机械部件开展工作。但随着AI技术的兴起,科技公司凭借算法、算力和数据处理能力等核心优势强势切入,使得产业链演变为"车企+科技企业"跨界合作竞争的新模式。

(1)深度绑定:华为和车企的协同创新模式 华为推出"华为智能汽车解决方案"(即智选模式,如图6-2-1所示),与车企展开深度合作。不仅为车企提供自动驾驶算法、智能座舱系统等核心技术,还深度参与产品设计、品牌营销及终端销售等环节。以问界系列车型为例,搭载华为鸿蒙座舱和ADS自动驾驶系统后,车辆智能化水平大幅提升,实现了"硬件标准化+软件差异化"的产品优势,在市场竞争中形成独特竞争力。

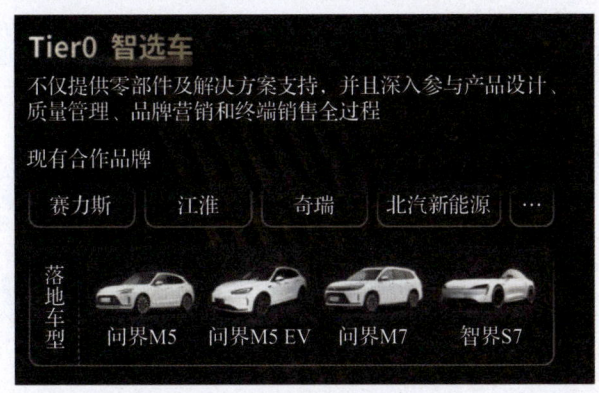

图6-2-1 华为智能汽车智选模式

(2)开放平台:百度Apollo的生态共建模式 如图6-2-2所示,百度Apollo打造的开放自动驾驶平台,如同一个极具吸引力的"技术朋友圈",将主机厂、一级供应商、传感器厂商等众多产业参与者汇聚在一起。各方通过共享数据和算法,极大加速了技术迭代进程。截至2024年,国内80%以上的主流车企已加入该平台,形成"技术开源+商业化落地"的协同创新网络,有力推动了自动驾驶技术的发展与应用。

图 6-2-2　百度 Apollo 的开放合作伙伴生态体系

（3）垂直整合：特斯拉的全栈自研之路　特斯拉堪称汽车产业的"全能型选手"，通过组建专属 AI 芯片研发团队，成功推出 FSD 芯片，并借助 OTA 技术持续为车辆进行智能化升级。相较于传统车企对外部供应商的依赖，特斯拉实现了从"硬件定义汽车"到"软件驱动硬件"的转型，凭借全栈自研能力在市场中占据领先地位。

值得关注的是，汽车产业链的价值重心正逐步从硬件向软件与服务转移。据麦肯锡预测，到 2030 年，智能网联相关的软件及服务收入，有望达到汽车产业总利润的 30% 以上。

（4）软件定义汽车：汽车智能化转型　随着 SDV 理念的提出，汽车从单纯的机械产品转变为"四个轮子上的超级计算机"，这一转变对汽车供应链提出了全新要求，如图 6-2-3 所示。

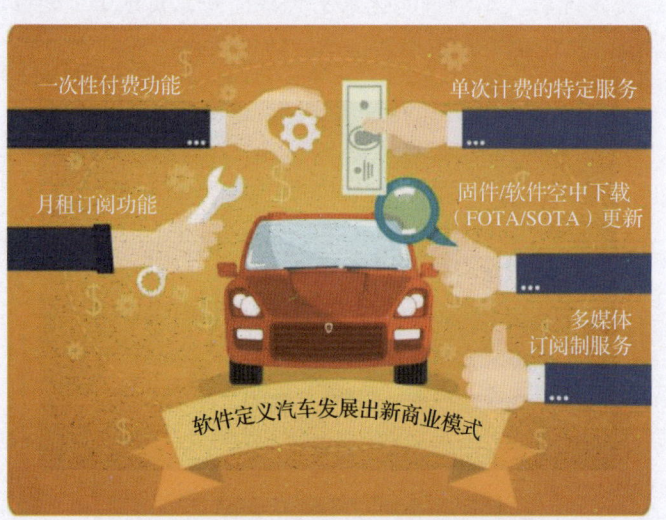

图 6-2-3　软件定义汽车发展出新商业模式

> **想一想**
>
> AI 技术让汽车从"硬件主导"向"软件定义"转变，这一变革可能会对汽车零部件供应商、整车制造商等产业链各环节带来哪些影响？哪些环节可能会面临转型挑战？

汽车核心部件加速智能化升级，算力芯片、传感器、域控制器等逐渐取代传统机械部件，成为产业发展的关键要素。例如，宁德时代推出"电池 +AI 算法"一体化解决方案，通过电池管理系统（BMS）实时优化电池充放电策略，可使车辆续驶里程提升 15% 以上。

车企也开始重视用户数据价值，利用驾驶数据和座舱使用习惯优化产品设计。蔚来 NIO Life 根据用户对座舱的使用反馈，改进座椅材质和交互界面，实现了"研发–生产–服务"的闭环优化，有效提升用户体验。

在供应链方面，分布式控制系统逐步取代传统分布式ECU，虽然降低了线束复杂度，但对供应商跨领域协同合作能力提出了更高要求。

2.产业生态：世界主要车企的AI战略与发展路线

（1）能源协同：车企布局能源生态新蓝图　　特斯拉凭借Powerwall储能系统与车辆电池的联动，构建起"新能源汽车+可再生能源"的闭环体系。用户不仅能通过车辆电池为家庭供电，还可在电价低谷期充电、高峰时放电，实现能源的灵活调配。同时，特斯拉的超级充电站网络也在探索与电网的双向互动，通过车辆电池参与电网调峰，缓解用电压力，推动"车网融合"的落地。

丰田则将能源协同聚焦于氢燃料电池领域，推出Mirai氢燃料电池车，并构建氢能源生态网络。其AI技术应用于燃料电池的能量管理系统，实时优化氢气消耗效率，同时联合能源企业布局加氢站，从车辆到基础设施全方位打造清洁的能源生态。

（2）数据价值挖掘：AI驱动车企服务转型　　奔驰在AI战略中着重挖掘数据价值，推出DRIVE PILOT L3级自动驾驶订阅服务。通过用户的驾驶行为数据，奔驰能够精准优化自动驾驶功能，并为不同用户提供个性化的服务套餐。此外，奔驰还利用座舱交互数据，持续迭代MBUX智能人机交互系统，增强用户体验，实现从"卖硬件"向"卖服务"的转型。

宝马同样积极布局，基于用户数据开发车载语音助手付费功能，通过AI分析用户的语音指令习惯，不断提升语音交互的准确性与智能化水平。同时，宝马还利用车辆运行数据开展预测性维护服务，提前告知用户车辆潜在问题，提高售后服务的主动性与精准度。

特斯拉通过Autopilot系统收集海量驾驶数据，持续优化自动驾驶算法。用户购买车辆后，特斯拉通过OTA升级不断解锁新功能，丰富用户体验，同时基于数据开发增值服务，进一步拓展盈利空间。

（3）全球化竞争格局：车企AI战略差异化突围　　在全球化竞争中，各车企AI战略呈现差异化特点。中国车企凭借5G基础设施、电池产业集群以及海量数据优势，在智能网联汽车领域快速崛起。比亚迪与华为合作，将乾崑智驾系统与自身电动技术结合，提升车辆智能化水平，加速开拓国际市场。

欧盟车企如大众集团，通过《数字罗盘计划》推动车载数据本地化存储，构建区域产业壁垒。大众推出的"Roadmap E"战略，计划在2025年前推出70款新能源车型，并投入大量资源研发自动驾驶技术，同时加强与欧洲科技企业合作，确保在数据安全与技术自主可控的前提下，提升全球竞争力。

美国车企特斯拉凭借FSD芯片与领先的自动驾驶算法，巩固技术领先地位。通用汽车则通过收购自动驾驶初创公司Cruise，加快自动驾驶商业化进程，计划在多个城市推出Robotaxi服务，抢占出行服务市场。

> **想一想**
>
> 结合本地汽车产业发展实际，分析传统车企与科技公司合作的优势与挑战。以大众汽车与华为合作开发智能网联汽车解决方案为例，探讨在技术协同过程中，如何保障双方品牌形象与市场定位的独特性？

这些世界主要车企的AI战略与发展路线，不仅反映了汽车产业生态跨界融合的趋势，也为未来产业发展指明方向。不同地区、不同车企根据自身优势制定差异化战略，在跨界融合的浪潮中寻求突破，共同推动汽车产业向智能化、生态化方向迈进。

6.2.2　未来需要哪些汽车+AI人才？

汽车产业与AI的深度融合不仅为汽车赋予了前所未有的智能特性，还带来了众多极具前景的职业发展机遇。接下来将介绍，在这个充满创新活力的领域，需要具备何种能力的人才，又有哪些新兴的职业岗位。

案例导入

长安汽车AI实验室团队用AI重构智能座舱交互范式

在2025年上海车展的长安汽车展台上，一辆搭载全新智能座舱系统的概念车引发行业热议。当驾驶员说出"打开天窗、调低温度、播放《晴天》"时，车辆在0.8s内同步完成三项操作，同时根据实时路况自动推荐最优路线——这一突破性体验背后，是长安汽车AI实验室团队历时3年的技术攻关。

在重庆长安科技园的智能座舱实验室里，"90后"项目负责人罗咏刚正带领团队进行最后的系统调试。他的电脑屏幕上，多模态交互数据流实时跳动，而工作台摆放着37版语音交互原型设计稿。"我们每天要处理超过10万条用户语音指令，通过Transformer大模型分析驾驶员情绪、语境和场景关联，比如在暴雨天气下自动强化导航语音的紧迫感。"罗咏刚的工作，体现了数据驱动型岗位对用户行为深度解析的价值。

隔壁的算法开发室里，副总设计师孟艺凝正在优化线下语音处理模块。她主导的"云端+本地"双模架构，通过将80%的高频指令处理下沉到车载CPU，使弱网环境下的交互成功率从45%提升至92%。"我们重新设计了DSP数字信号处理流程，通过量化压缩技术将数据传输延迟降低至20ms以内。"孟艺凝的创新，揭示了系统架构型岗位在平衡技术可行性与用户体验中的关键作用。

在仿真测试中心，"00后"工程师李翔正在验证最新的语音模型。他开发的意图识别算法通过融合10万小时真实驾驶对话数据，使多意图控制准确率从68%提升至91%。"比如用户说'前面风景不错'，系统能自动关联到'打开车窗、调整座椅'的潜在需求。"李翔的工作，展现了测试验证型岗位在数据迭代与模型优化中的核心价值。

这些真实场景背后，是"汽车+AI"领域岗位的鲜明特征：数据科学家用大模型挖掘用户需求，系统架构师用工程思维重构交互逻辑，测试工程师用场景库验证技术边界……当汽车从"四个轮子加沙发"进化为"移动的智能交互终端"，这些新兴岗位正成为驱动行业变革的核心力量。

1.复合型人才的核心能力

在"汽车+AI"领域，复合型人才备受青睐，堪称推动行业持续创新发展的关键力量。这一领域要求从业者构建起跨学科的知识体系，熟练掌握汽车工程、AI技术以及通信技术等多个领域的知识。

（1）跨学科知识体系　汽车工程知识是理解汽车的基础。从汽车的整体构造，到动力系统如何为车辆提供前进的动力，再到底盘技术怎样保障车辆的操控稳定性，这些知识都是根基所在。例如，在自动驾驶系统开发过程中，开发者需要依据汽车动力学原理，精确设计车辆的转向、制动等控制指令。只有这样，才能确保车辆在各种复杂的行驶工况下，都能安全、稳定地运行，为后续AI技术的应用奠定坚实基础。

AI技术在汽车智能化进程中发挥着核心作用，其中涵盖机器学习、深度学习、自然语言处理等关键领域。机器学习算法就像是汽车的"智慧大脑"，它能够让汽车系统从海量的数据中挖掘规律。以故障诊断为例，通过对汽车运行过程中产生的各类数据进行分析，机器学习算法可以精准地判断车辆是否存在故障以及故障的类型；在驾驶行为分析方面，它能根据驾驶员的操作习惯和车辆行驶数据，评估驾驶行为的安全性和经济性。深度学习则在图像识别和语音识别领域大放异彩，像智能座舱中广泛应用的人脸识别解锁功能，以及方便快捷的语音交互控制功能，都是深度学习技术的杰作。

通信技术在车联网发展中占据着重要地位，是实现车辆与外界信息交互的桥梁。车辆与车辆（V2V）、车辆与基础设施（V2I）之间的高效通信，以及车内各系统间稳定的数据传输，都依赖于通信技术的有力支持。比如车路协同系统，借助先进的5G通信技术，车辆能够实时获取路况信息、信号灯状态等关键数据，提前做出合理的行驶决策，从而显著提升出行效率与安全性。

各专业融合如图6-2-4所示。

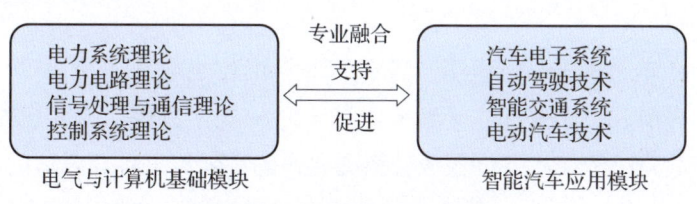

图6-2-4 专业融合示意图

（2）实践能力要求　除了扎实的理论知识，实践能力同样至关重要。仿真测试是在虚拟环境中模拟各种真实的汽车行驶场景，对AI算法、自动驾驶系统等进行全面验证和优化的重要手段。通过搭建极端天气、复杂路况等多样化的测试场景，可以在产品实际应用之前，提前发现潜在问题，有效降低研发成本与风险。数据标注为AI模型训练提供了基础素材，准确地标注图像、文本、语音等数据，能够极大地提高模型训练的准确性和可靠性，让AI模型"学习"得更加高效。模型优化则是在训练过程中，通过调整算法参数、改进模型结构等方式，不断提升模型的性能，使其更好地满足汽车智能化应用的实际需求，如图6-2-5所示。

2.新兴职业岗位分析

随着汽车智能化的快速发展，人社部发布了智能网联汽车测试员与装调运维员等新职业，这些新职业的出现，准确反映了行业发展的新需求。

（1）AI算法工程师与车联网安全专家的市场需求　AI算法工程师在汽车智能化变革中扮演着核心角色。他们的主要工作是设计、开发和优化AI

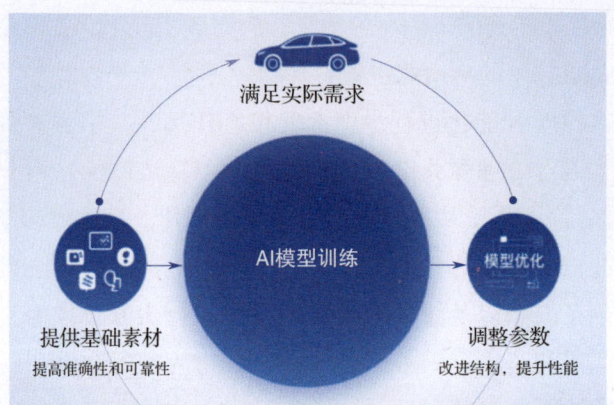

图6-2-5　生成AI模型训练结构图

算法，以实现汽车的各种智能化功能。例如，为自动驾驶系统开发先进的环境感知算法，使车辆能够精准识别道路、行人、障碍物等周围环境信息；设计科学合理的决策规划算法，让车辆根据感知信息做出安全、高效的行驶决策。

车联网安全专家是保障车联网安全的关键人物。随着车联网技术的广泛应用，网络安全风险也日益增加。他们需要制定完善的车联网安全策略，对车辆网络架构进行全面的安全评估，及时发现并防范黑客攻击、数据泄露等安全威胁，确保车辆和用户数据的安全，为智能网联汽车的发展筑牢安全防线。

（2）汽车销售+AI　汽车"售后售前"岗位也融入了更多"汽车+AI"的元素。售前人员需要深入了解智能汽车的AI技术特性，为客户提供专业、准确的产品介绍和技术咨询服务，根据客户的实际需求推荐合适的车型和配置；售后人员则可借助AI技术，实现远程故障诊断、智能维修指导等功能，显著提升售后服务的效率和质量。

（3）AI伦理与合规专家　AI伦理与合规专家需建立AI系统的伦理评估框架，例如在自动驾驶决策算法中嵌入公平性校验模块，避免对特定群体的歧视。AI伦理与合规专家的典型工作包括：制定数据隐私保护策略，确保用户数据匿名化处理；参与法规解读，推动自动驾驶系统符合国际标准；设计伦理决策模拟场景，验证算法的社会价值导向。

（4）智能座舱AI创新专员　智能座舱AI创新专员通过设计多模态交互系统，整合语音、视觉、手势等输入方式，开发个性化用户体验功能（如疲劳监测、情绪感知）。AI创新专员还可以主导AI大模型在车端的部署与优化，例如通过本地轻量级模型实现高频指令的即时响应，同时通过云端模型处理复杂意图。他们需与硬件团队协作，优化传感器数据融合流程，降低交互延迟。

3.职业发展建议

为了更好地适应"汽车+AI"领域的职业发展需求，从业人员需要不断提升多种关键技能。

数据分析能力是获取有价值信息的重要手段。通过对海量的汽车运行数据、用户行为数据进行深入分析，可以挖掘出许多有价值的信息，为产品优化、服务提升提供有力的数据支持。例如，通过分析用户的驾驶习惯数据，能够优化自动驾驶系统的控制策略，提升驾驶的舒适性和安全性。

熟练掌握AI工具是开展AI技术研发和应用的基础。像TensorFlow、PyTorch等深度学习框架，以及相关的数据处理和分析工具，都是这个领域必备的"武器"。掌握这些工具，能够更加高效地进行AI算法的开发和模型训练。

跨领域沟通能力在多学科交叉融合的工作环境中至关重要。在"汽车+AI"领域，汽车工程师、AI专家、通信专家等不同专业背景的人员需要密切合作。良好的沟通能力能够促进知识共享、协同创新，确保项目的顺利推进。

练习题

一、选择题

1.（　　）不属于AI对汽车产业链的重塑。
 A.华为与车企合作的智选模式　　B.特斯拉全栈自研FSD芯片
 C.传统车企增加机械部件研发投入　　D.奔驰推出DRIVE PILOT订阅服务

2."软件定义汽车（SDV）"的核心是（　　）。
 A.硬件标准化+软件服务化　　B.机械部件智能化
 C.线下销售数字化　　D.单一传感器高精度化

3.在"汽车+AI"领域，复合型人才需具备的核心能力不包括（　　）。
 A.汽车工程知识　　B.AI算法调试
 C.量子导航技术开发　　D.通信协议分析

二、填空题

1.汽车产业链正从"硬件定义"向"＿＿＿＿"转型，催生＿＿＿＿商业模式。

2.华为与车企的合作模式被称为"＿＿＿＿"，深度参与产品设计与销售。

3.汽车+AI人才需具备＿＿＿＿、＿＿＿＿和通信技术的跨学科知识体系。

三、简答题

1.简述AI如何推动汽车产业链从"主机厂主导"转向"生态合作"。

2.智能座舱AI创新专员的核心职责有哪些？

6.3 技术前沿与未来展望

6.3.1 技术前沿

1. 大模型与多模态融合

在汽车智能化演进的关键节点，大模型与多模态融合技术正成为突破传统智能座舱交互边界、重构人机协同范式的核心驱动力。这种融合不仅实现了文本、视觉、语音、传感器数据的跨模态语义对齐，更构建了从环境感知到用户需求预测的全链条智能体系，推动汽车从功能简单叠加迈向系统级智慧进化，如图6-3-1所示。

依托模仿学习和强化学习的驾驶大模型训练方法，拓宽了车辆运行范围，促进了智能网联汽车快速落地。主流车企已经实现大模型技术在感知、规划和控制领域的应用，部分车企已具备全栈端到端智能驾驶能力。在智能座舱方面，大模型的应用推动实现更自然、更智能的多模态交互，以及更主动、更便捷的场景化服务。

图6-3-1　智能系统通过多模态信息分析用户情绪并进行调节

2. 车路云一体化架构

在智能交通系统向"网联化、平台化、生态化"演进的关键阶段，车路云一体化架构正成为破解单车智能瓶颈、构建未来交通生态的核心技术路径。这种融合车辆端感知、路侧端计算、云端决策的三层架构，通过通信技术实现毫秒级数据交互，不仅重塑了人-车-路-云的协同范式，更推动汽车从独立智能体进化为交通网络的有机节点，如图6-3-2所示。

图6-3-2　车路云一体化

基于5G-A、6G、NR-V2X、卫星通信的车外通信，与基础高速以太网、光纤通信、短距无线通信的车内网络深度融合，将形成车联万物的通信系统，实现广覆盖、大带宽、低时延、高可靠的安全高速通信。

3.构建全面的实时数字孪生系统

2023年9月，国家交通运输部发布了《关于推进公路数字化转型加快智慧公路建设发展的意见》，提出2027年和2035年的目标，分期实现公路全生命期"一套模型、一套数据"，建成实体公路和数字孪生公路两套系统，提升交通整体质量和效率，降低运行成本，构建现代化公路设施体系。为顺应发展趋势，我国近年来，在数字孪生智慧交通方面不断进行技术创新，并取得丰硕的成果。科技部国家科技创新2030——新一代人工智能重大项目"公路交通系统全息感知与数字孪生技术及应用示范"在四川成都启动，通过数字孪生技术构建包含12类交通参与要素的动态仿真环境。北京亦庄试点项目通过路侧毫米波雷达与视觉融合感知，在数字孪生系统中实现了分米级定位精度和200ms刷新周期的全要素重建，为自动驾驶算法训练提供涵盖138种极端场景的完备数据集。

> **知识拓展**
>
> 智慧交通数字孪生系统是一种将数字孪生技术应用于智慧交通领域的创新理念和技术体系。它利用数据采集与传输、数据处理与分析、模型构建与仿真、平台搭建与集成等技术，构建出与真实交通系统相对应的虚拟数字模型，以实现对交通系统的实时监测、优化控制、精准决策和创新服务，如图6-3-3所示。

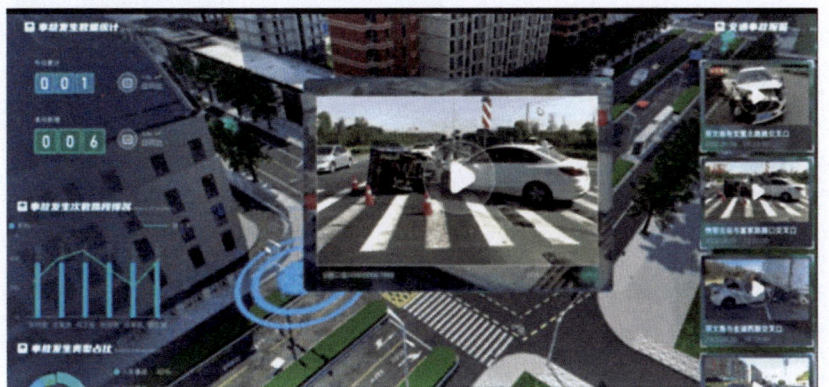

图6-3-3 智慧交通数字孪生系统

4.汽车数据价值挖掘与二次开发

在汽车领域构筑的数字生态中，数据价值挖掘与二次开发恰似一场永不停歇的"数字炼金术"。原始数据从遍布车身的传感器阵列中"汩汩涌出"，这些记录着车辆运行参数、驾驶行为轨迹、乘客交互信息的"数字原矿"，经过清洗、标注、结构化处理后，成为可供深度开发的"数字精金"。

> **想一想**
>
> 我国有哪些成功的汽车数据二次开发案例？这些数据价值的深度挖掘是否有可能触及法律红线？

车企通过分析车辆动力系统、电池管理的实时数据，能精准定位硬件性能瓶颈，为后续车型迭代提供依据；基于驾驶习惯数据，可构建个性化的驾驶行为画像，为用户推送节能驾驶建议或定制化保险方案。例如，根据频繁急加速、紧急制动的驾驶数据，保险公司可针对性调整保费，而车企则能优化制动系统响应逻辑。其他数据价值挖掘如图6-3-4所示。

用户行为挖掘
- 收集座椅使用数据（如高频调节部位、常用场景）
- 结合用户分位（95th/50th/5th体型）
- 构建个性化模型，实现"千人千面"支撑策略

跨领域数据协同
- 整合座椅数据与智驾系统（如ACC启停频率）、座舱生态（音乐播放时长）
- 挖掘潜在关联（如急加速时用户更关注腰部支撑）
- 优化功能联动逻辑

OTA持续进化
- 通过云端大数据训练自适应算法
- 定期推送升级包（如优化气囊触发阈值）
- 延长产品生命周期，提升用户黏性

图6-3-4 其他数据价值挖掘

二次开发则将数据价值推向新维度。跨行业数据融合催生创新应用：将交通拥堵数据、车辆位置数据与城市规划数据结合，政府可优化道路设计与交通信号配时；与电商数据联动，车辆能在用户回家途中自动规划顺路取货路线。此外，脱敏后的驾驶行为大数据经过机器学习训练，可用于开发高精度地图、预测交通流量趋势，甚至赋能智慧城市建设。

在完善的数据治理框架下，构建起数据确权、安全加密、授权使用的全链条机制，才能让汽车数据在合规的轨道上持续释放价值，驱动汽车产业从"硬件制造"向"数据服务"的智能化转型。

6.3.2 未来展望

1.飞行汽车

在2025年上海车展上，国产飞行汽车成为一大亮点。奇瑞、长安汽车、小鹏汇天飞行汽车"陆地航母"、红旗"天辇1号"（图6-3-5）、广汽高域等齐聚亮相，标志着2025年进入飞行汽车1.0发展阶段，载物电动垂直起降（electric Vertical Take-Off and Landing，eVTOL）飞行汽车开始商业化应用，载人eVTOL飞行汽车在特定场景下开始示范应用。预计到2035年左右，进入2.0发展阶段，载物载人eVTOL飞行汽车规模化应用，成为低空交通出行的主要运载工具。2050年左右，进入3.0发展阶段，eVTOL飞行汽车和陆空两栖飞行汽车实现大众化应用，构建起三维立体智慧交通体系；将与人工智能技术高度融合，面对复杂天气、地形和交通状况，能自动规划航线、调整飞行姿态和速度，避开障碍物和其他飞行器；同时将与地面交通系统及空中交通管制系统深度融合，实现空地协同的智能交通管理。

图6-3-5 红旗"天辇1号"豪华飞行汽车

> **知识拓展**
>
> 飞行汽车的管理涉及低空空域的规划与使用、飞行活动的审批与监管、相关安全标准的制定以及配套基础设施的建设等多个方面，以确保飞行汽车在低空空域安全、有序地运行。低空空域是指地球表面以上一定高度范围的空域，一般是指真高1000m（含）以下的空域，该空域内飞行活动多样，包括通用航空飞行（如小型飞机观光、航空摄影、农业植保、航空物探等）、无人机飞行以及一些特定的军事飞行训练等。不同类型的飞行活动目的、飞行特性和要求各不相同，增加了空域管理的复杂性。低空空域是一种有限的、宝贵的国家资源，如同土地、矿产等资源一样，具有可开发、利用和管理的属性。

2. 多功能变形汽车

在汽车领域，车辆变形技术一直是令人心驰神往的前沿概念。它不仅仅存在于科幻电影和想象之中，实际上，在现实的汽车工程中，目前全球有多款汽车能够在不同场景下改变自身形态，以满足多样化的出行需求，为智慧交通带来变革。人工智能的控制算法和机器学习技术，能依据传感器收集的车辆状态、环境及用户指令，实现变形汽车自动化变形控制；通过环境感知技术，借助各类传感器与图像识别等，助力车辆适应不同环境做出变形调整；借助语音、手势识别等交互技术，满足用户个性化需求；故障诊断技术可监测车辆部件，及时发现隐患，甚至实现自我修复。人工智能全方位为变形汽车的运行、适应、交互和维护提供关键支持。目前世界上一些变形汽车主要包括以下方式：

1）改变车身尺寸：由以色列"城市变形金刚"汽车公司研发的CT-2型汽车，整车宽度约137cm，调整后可缩小至97.5cm，轮距在最小模式下可收缩至1m内，最高时速40km，能轻松穿梭于城市街道，寻找停车位也更方便；行驶在宽阔道路上时，轮距可展开至1.4m，最高时速达90km。

2）调整车身结构：如图6-3-6所示，长安启源E07通过行李舱和座舱的组合实现空间拓展，空气悬架降低时可变身高性能轿跑，升高则变成高通过性SUV，行李舱盖滑开还能变成高装载露营车。此外，红旗E-HS9变形机甲由一汽红旗与中央美术学院孙世前工作室联手打造，由红旗E-HS9实车拆解后重构。

图6-3-6　变形汽车——长安启源E07

3. 量子导航技术

量子导航是一种利用量子技术实现高精度导航定位的先进技术。它融合了多种量子原理和技术，可以通过自身的量子传感器和计算单元实现自主导航，减少对外部卫星信号的依赖，提高了导航系统的自主性和生存能力，尤其适用于卫星信号受限或不可靠的环境，如深海、地下、电磁干扰严重的区域等。它的关键技术及原理包括：

> **想一想**
>
> 假设某城市计划开通基于eVTOL的空中通勤线路（市中心至机场），飞行高度为300~600m。但该空域内已存在无人机物流航线（100~200m）、观光热气球活动（200~300m）及直升机医疗救援航线（600~800m）。请结合低空空域管理规则和eVTOL技术特点，分析以下问题：
>
> 1. 如何科学划分垂直空域，避免不同飞行活动间的冲突？
>
> 2. 若遇到突发天气（如强对流），eVTOL与其他飞行器应如何协同避让？

1）量子陀螺仪：基于量子力学中的量子干涉原理，利用原子或光子的量子态来精确测量物体的旋转角速度。与传统陀螺仪相比，量子陀螺仪具有更高的精度和稳定性，不受外界磁场、振动等因素的干扰，能够为载体提供精确的姿态信息。

2）量子纠缠定位：借助量子纠缠这一特殊的量子力学现象，将地面站或卫星与导航终端之间建立起一种超远距离的、实时的量子关联。通过对纠缠光子或其他量子系统的状态测量和比对，实现对导航终端的高精度定位，理论上可以达到厘米级甚至更高的定位精度。

3）量子计算机：用于处理导航过程中的复杂计算任务，如路径规划、环境感知与预测等。量子计算机利用量子比特的叠加和纠缠特性，能够实现并行计算，大大提高计算速度和效率，快速处理大量的导航数据，为导航系统提供及时准确的决策支持。

量子导航系统中，量子传感器产生的复杂数据，需AI算法高效处理分析，提高信噪比以保障定位精准。AI还能融合多源信息优化导航性能，自适应调整参数，提升精度与稳定性。面对复杂电磁环境，AI可识别干扰信号并抑制，增强量子导航抗干扰能力。此外，AI能助力量子导航适配自动驾驶、军事作战等复杂场景，根据不同需求灵活调整工作模式，拓展其应用边界。

4. 未来的智驾数据隐私保护

在智能驾驶技术进阶的关键阶段，数据隐私安全正从单一技术防护升级为多维度体系化防御。量子密码学的突破性进展与边缘计算架构的深度革新，共同构建了覆盖数据"采集–处理–传输"全流程隐私保护屏障，为车路协同、个人隐私信息与核心技术机密等敏感场景提供了创新性解决方案。

1）量子同态加密是一种基于量子计算原理的新型加密技术，允许对加密数据直接进行计算处理，无需先解密再操作，支持数据加密状态下直接运算。在智能驾驶场景中，车辆传感器采集的各类数据，经该技术加密后，智能驾驶算法可直接基于密文分析处理。同时，车辆与云端、路侧单元通信时，需共享行驶状态（如车速、位置），但需避免暴露用户轨迹。该技术可以全流程加密确保数据传输与处理安全，即使链路被截获，攻击者也无法获取真实信息，实现数据隐私与可用性的平衡。

2）量子隐形传态技术是一种凭借量子纠缠特性实现量子态的瞬间转移，而无需实际传输物理实体的信息传输技术。当智驾车辆需传输科研、军事等敏感数据时，该技术能瞬间传递数据量子态，无需实际传输数据实体，从根源上杜绝数据窃取与篡改，确保敏感信息在传输过程中万无一失。

3）边缘计算与隐私计算协同，打造高效安全的数据处理模式。车辆本地的边缘计算节点实时处理传感器采集的车距、车速等数据，结合量子随机噪声脱敏等隐私计算技术，将脱敏信息上传至云端。即便云端遭遇黑客攻击，获取的数据也无法还原单辆车的行驶轨迹或车主信息，实现数据从采集、处理到传输全生命周期的严密防护。

> **想一想**
>
> 未来量子导航技术广泛应用于自动驾驶汽车，这会对汽车行业带来哪些新的挑战和机遇？从技术领域、职业技能和行业规范等方面，谈谈你的理解和应对策略。

练习题

一、选择题

1. （　　）不属于车路云一体化架构的组成部分。
   A. 车载激光雷达　　　　　　　　B. 路侧边缘计算单元
   C. 云端数字孪生平台　　　　　　D. 量子隐形传态模块

2. 数字孪生技术在交通中的核心作用是（　　）。
   A. 实现车辆机械部件维修预测　　B. 构建动态仿真的虚拟交通系统
   C. 优化车载娱乐系统交互　　　　D. 加密传输用户数据

3. 飞行汽车 eVTOL 的关键技术不包括（　　）。
   A. 电动垂直起降动力系统　　　　B. 低空交通管理系统
   C. 量子导航定位　　　　　　　　D. 多传感器避障算法

二、填空题

1. 大模型与多模态融合可实现智能座舱的_____交互（如语音+手势协同）。
2. 车路云一体化通过_____、_____、_____三层架构实现毫秒级数据交互。
3. 量子导航技术利用_____和_____实现厘米级定位。

三、简答题

1. 简述数字孪生技术如何优化自动驾驶算法训练。
2. 分析车路云一体化为何能破解单车智能的瓶颈。

 实践任务：构建关于"电车难题"的知识图谱

【任务目标】

构建关于自动驾驶"电车难题"的知识图谱，需重点考多维度的核心内容及其关联关系。

【任务要求】

1. 理解自动驾驶汽车在极端场景下的伦理决策困境，分析不同决策背后的价值观冲突（如功利主义与义务论）。
2. 掌握AI伦理决策中的关键原则（如透明性、可解释性、公平性），并探讨其在法律与公众接受度中的权衡。
3. 在不同层面的要求如下：

1）个人层面：培养"AI+"思维，掌握AI如何与具体场景（自动驾驶车辆）结合，创造商业价值。

2）技术层面：理解自动驾驶系统的决策逻辑（如传感器数据融合、算法优先级设置）。

3）伦理层面：分析"电车难题"中生命价值量化的不可行性，探讨"最小伤害原则"与"责任归属"的矛盾。

4）法律层面：研究现行法规（如《中华人民共和国道路交通安全法》）的局限性，提出改进建议。

5）社会层面：评估公众对不同决策结果的接受度差

异，设计提升信任度的沟通策略。

【实践指导】

【成果形式】

成果形式可以是下面几种形式之一：

1. 构建知识图谱分析工具及模型。

2. 利用模型生成知识图谱结构，以文档形式。

3. 设计一套自动驾驶伦理决策流程框架。

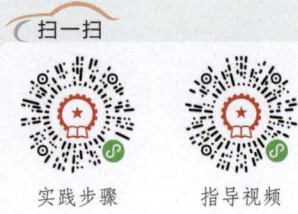

扫一扫

实践步骤　　指导视频

参考文献

[1] European Commission. Regulation on Harmonised Rules on Artificial Intelligence（AI Act）[R]. Brussels：Official Journal of the EU，2024.

[2] NHTSA. Federal Automated Vehicles Policy：2024 Update[R]. Washington：U.S. DOT，2024.

[3] 工业和信息化部，市场监管总局. 智能网联汽车产品准入、召回及软件在线升级管理与技术指南[R]. 北京：工业和信息化部，2025.

[4] 工业和信息化部，公安部，交通运输部. 智能网联汽车道路测试管理规范（试行）[R]. 北京：工业和信息化部，2018.

[5] 全国网络安全标准化技术委员会. 网络安全技术　生成式人工智能服务安全基本要求：GB/T 45654-2025[S]. 北京：中国标准出版社，2025.

[6] ISO. Road vehicles – Functional safety – Part 9：Automotive Safety Integrity Level（ASIL）–Oriented and Safety-Oriented Analyses：ISO 26262-9：2018[S]. Geneva：ISO，2024.

[7] 马鑫. 李克强院士谈单车智能与"车路云一体化"辩证关系[N]. 中国汽车报，2025-04-17.

[8] 刘壮，吴宇赫，陈雨然，等. 通信-感知-计算融合：关键技术、挑战与未来趋势[J/OL]. 计算机科学与探索，1-36[2025-06-20]. http://kns.cnki.net/kcms/detail/11.5602.tp.20250416.1424.002.html.

[9] 范子祎，赵宁，陈智斌. 电动汽车快速充电站的选址和规模优化策略[J/OL]. 昆明理工大学学报（自然科学版），1-14[2025-06-20]. https://doi.org/10.16112/j.cnki.53-1223/n.2025.04.481.

[10] BALTRUŠAITIS T, AHUJA C, MORENCY L P. Multimodal machine learning: a survey and taxonomy[J]. IEEE Transactions on Pattern Analysis and Machine Intelligence，2018，41（2）：423-443.

[11] 吴怡霏. "车、路、云"协同发力L4级自动驾驶公交示范场景[N]. 成都日报，2025-03-15.

[12] 中国煤炭工业协会信息化分会. 露天煤矿无人驾驶技术应用发展报告[R]. 北京：中国煤炭工业协会，2024.

[13] 应申，石群智，李玉，等. 基于"度量-语义-决策"空间的自动驾驶决策[J/OL]. 武汉大学学报（信息科学版），1-15[2025-06-20].https://doi.org/10.13203/j.whugis20250115.

[14] 陈妍妍，田大新，林椿昉，等. 端到端自动驾驶系统研究综述[J]. 中国图象图形学报，2024，29（11）：3216-3237.

[15] 杜慕然. 智慧交通构筑未来城市[J]. 智能建筑与智慧城市，2025（4）：30-32.DOI：10.13655/j.cnki.ibci.2025.04.008.

[16] 王青亚，曹文翰. 新时代交通强国建设的实践进路研究[J]. 西南交通大学学报（社会科学版），2025，26（2）：34-45.